改訂版

インドネシアの宗教美術

鋳造像・法具の世界

伊藤奈保子著

法　藏　館

東南アジアの宗教美術の語るもの

種智院大学学長　頼富本宏

　このたび、東南アジア、とくにインドネシアの宗教美術研究に長年打ち込んできた伊藤奈保子氏が、待望の新著『インドネシアの宗教美術――鋳造像・法具の世界――』を出版されたことは、誠に時宜を得たことであり、心からの慶びを禁じ得ない。

　本書は、2004年、総合研究大学院大学の文化科学研究科に提出された学位請求論文「インドネシア宗教史における鋳造仏・法具の展開――日本との比較――」の主要部分を1冊にまとめて刊行したものであり、近年、関心が高まってきた東南アジアの宗教美術研究において、新たな出発点となる貴重な成果である。とりわけ、インドネシアの仏教・密教に関する日本人の研究書としては、松長恵史氏の『インドネシアの密教』（法蔵館、1999年）に次ぐ2冊目の快挙である。

　伊藤氏の研究の最大の功績は、従来ほとんど注目されず、その存在すら正確に把握されていなかったインドネシア出土の鋳造仏像・神像と法具・仏具類に焦点を定め、ジャワ・スマトラ両島の寺院・遺跡・博物館・美術館・考古資料室などを自らの脚と撮影機材を使って調査・研究した結果、膨大な数量と良質の作例資料を収集したことである。

　その努力と熱意は、インドネシアの植民地時代の宗主国であったオランダをはじめとするヨーロッパやアメリカの博物館・美術館にも及び、関連して集めた仏教の石像、ヒンドゥー教の神像や法具類、さらに自らの眼と手で直接検討できない資料については、欧米文・現地文の著作・写真集から複写した二次資料を含めれば、総資料数は1600点を越す。その飽くなき研究心・向学心には脱帽する他はない。

　ただ、残念ながら著作権等の問題があって大日如来や金剛薩埵などの密教像、観音菩薩や文殊菩薩などの通仏教像、さらには金剛杵・金剛鈴などの主要作例の一部（約半数）しか本書で図版紹介できなかったが、言葉・文章で情報を提供し

ているものも劣らず重要であることは論を俟たない。

　本論の主眼点は、約1000年ほど前の仏教とヒンドゥー教の鋳造仏像・神像（大部分は青銅製）と法具類について、美術史の視点から様式・形式の分析と検討を行い、その作品の時代と文化の背景を抽出することであり、有効で納得できる帰結を得ていることは保証できる。

　本書の第2の特徴として強調できることは、著者は大学から最初の大学院において仏教学・密教学を研究していたため、多くの仏教関連の言語を読むことができるのみならず、仏教・ヒンドゥー教などの多神教的な色彩の強い宗教の個々の尊格（ほとけと神）の意味と意義、さらにはそれらの成立と展開について知識が広く、かつ理解が深いことである。

　その結果、遺存している青銅仏像などの鋳造仏像、石仏像、仏具、およびヒンドゥー教の神像と法具などの神仏表現を通して、古代インドネシア、とくにジャワ・スマトラの両島にいかなる宗教とその文化が栄えていたかをかなりの精度で復元することができる。歴史的には、5〜6世紀の頃から南インド・東インドから海路を通じてインドの仏教とヒンドゥー教が相い拮抗する形で東南アジアに伝播した。交通の要衝であったジャワ・スマトラの両島では、インドと同様、ヒンドゥー教と仏教が混在したが、概して民族性の強いヒンドゥー教の方が幅広く受け容れられた。仏教は少し時代の下るカンボジアのアンコールワット遺跡と同様、普遍的な教えを説く仏教を好んだ王朝の治世下で栄えたことを伊藤氏は明らかにしている。

　本書を、新たな基礎資料を提供する起爆剤として、未だ解明の余地が残るボロブドゥール仏塔、ならびにシャイレーンドラ王朝下の宗教とその美術の実態と歴史的意義がより明らかにならんことを願うものである。

2007年立春の日に

目　　次

東南アジアの宗教美術の語るもの　　頼富本宏 ………………………………… i

序　　章

第1節　研究の目的 ………………………………………………………… 3

第2節　研究史・課題 ……………………………………………………… 6

第3節　本書全体の構想 …………………………………………………… 9

第1章　インドネシアの宗教美術史 —ヒンドゥー教と仏教を中心に—

第1節　概略 …………………………………………………………………17

第2節　文献・碑文 …………………………………………………………22

第3節　遺跡 …………………………………………………………………25

　　第1項　中部ジャワ ……………………………………………………25

　　第2項　東部ジャワ ……………………………………………………44

第2章　インドネシアの宗教美術における鋳造像

第1節　ヒンドゥー尊 ………………………………………………………71

　　第1項　シヴァ系尊 ……………………………………………………72

　　　a. シヴァ　72　　b. ガネーシャ　79

　　第2項　ヴィシュヌ系尊 ………………………………………………83

　　　a. ヴィシュヌ　83　　b. ハリハラ　88

　　第3項　ブラフマー ……………………………………………………90

　　第4項　財宝神 …………………………………………………………94

第5項　女神 ……………………………………………………………106

　　a. パールヴァティー　106　　b. ドゥルガー　109

　　c. サラスヴァティー　113　　d. ラクシュミー　114

第2節　仏教尊 ……………………………………………………………117

　第1項　如来 ……………………………………………………………117

　　a. 坐像　120　　b. 倚坐　125　　c. 立像　127

　第2項　二尊形式・三尊形式 ……………………………………………130

　第3項　二臂観音 ………………………………………………………132

　第4項　二臂菩薩 ………………………………………………………135

　第5項　文殊 ……………………………………………………………137

　第6項　弥勒 ……………………………………………………………141

第3節　密教尊（多臂像尊・女尊）………………………………………143

　第1項　二臂 ……………………………………………………………144

　　a. 金剛法　144　　b. 二臂思惟像　145

　第2項　四臂 ……………………………………………………………146

　　a. 四臂思惟像　146　　b. 四臂坐像　147　　c. 四臂立像　148

　第3項　六臂 ……………………………………………………………149

　　a. 六臂思惟像　149　　b. 六臂坐像・六臂立像　150

　第4項　八臂 ……………………………………………………………150

　　a. 単独像　151　　b. 浮彫り　152

　第5項　十臂 ……………………………………………………………154

　第6項　十二臂 …………………………………………………………154

　第7項　女尊 ……………………………………………………………155

　　a. ターラー　156　　b. チュンダー　157

　　c. プラジュニャーパーラミター　159

　第8項　その他 …………………………………………………………160

第4節　金剛部尊 …………………………………………………………162

　第1項　大日如来 ………………………………………………………163

第2項　金剛手 ……………………………………………… 171

第3項　金剛薩埵 …………………………………………… 177

第4項　持金剛 ……………………………………………… 180

第5項　降三世 ……………………………………………… 181

第6項　マンダラ尊 ………………………………………… 184

第5節　守門像 ………………………………………………… 186

第3章　インドネシアの宗教美術における法具

第1節　鈴杵の形態 ………………………………………… 225

第2節　密教系鈴杵 ………………………………………… 227

第1項　鈴杵に関する文献資料とその周辺 …………… 228

第2項　五鈷杵の実作例 ………………………………… 231

第3項　五鈷鈴の実作例 ………………………………… 236

第4項　五鈷鈴・四種三昧耶形 ………………………… 246

第5項　五鈷鈴・八種三昧耶形 ………………………… 249

第3節　五鈷鈴以外の鈴 …………………………………… 252

第4節　日本との比較 ……………………………………… 262

第4章　インドネシア宗教の特質 ……………………… 271

参考文献一覧 ………………………………………………… 301

あとがき ……………………………………………………… 319

改 訂 版

インドネシアの宗教美術

鋳造像・法具の世界

序　章

第 1 節　研究の目的

　7 世紀頃インドに成立した、仏教の一形態である体系的な密教[1]は、北経路・南経路を経てアジア各地に広まった。そのなかでも日本の平安時代に、中国より空海・最澄・円仁・円珍などの入唐八家によってもたらされた密教[2]は、真言宗・天台宗という形をとり、1200年の時を経た現在でもなお、私たち日本人の生活のなかに息づいている。

　一方、現在ではムスリムが人口の約 9 割を占めるインドネシアにおいても、歴史上の一時期に日本と源を同じくする密教が存在していた。しかし、12世紀頃から行われた急激なイスラーム化の際、密教の痕跡の多くは失われてしまった。その結果、一般的には、インドネシアに密教があったという認識はなされていないと思われる[3]。

　しかし筆者は、以前、古代美術品を扱う会社に勤めていた時、インドネシア、ジャワ島出土の鋳造像を手にする機会を得た。その像は小像ではあったが、他地域の鋳造像にひけをとらない、水準の高い像であった。そして、驚いたことに、日本の真言宗の本尊である智拳印を結ぶ如来、すなわち、「金剛界大日如来」と同じ形状であり、説明にも大日如来をあらわすサンスクリット語の「Vairocana」とあった。大日如来は、学術的分類でいうならまさしく密教に属する尊格である。その後、鋳造像の調査を始めたところ、ジャワにはこのような大日如来像が100軀以上確認でき、インドネシアには密教の仏像がないとする見解は誤りであることを確信した。しかもジャワのそれらの像は 8 ～13世紀のうちに位置付けられ、なかでも 9 世紀中頃の中部ジャワ地域を中心として制作されたものが多い。9 世紀中頃といえば、日本の平安時代にあたり、空海・最澄らにより中国の唐から日本へ、密教がもたらされた時期である。すなわち遠く離れた 2 つの地域において、ほぼ同時期に、同じ形態をおびた「大日如来」が存在していたことと

なる。このことは何を意味するのだろうか。

　現在、インドネシアに密教が存在していたことはほとんど知られておらず、またどのような内容の密教が当地において信仰されていたのか詳細には解明されていない。これは従来大きく研究が欠けていた分野である。そこで、このような経緯から、筆者は本書でインドネシアの密教について、残存遺品資料を中心として考察を試みようと考えた。

　なぜインドネシアには密教仏がないと思われるようになったのだろうか。一般に仏教美術、仏教思想を考察する場合、仏像・工芸品・遺跡という現存する美術遺品の一次資料が最初にとりあげられる。しかしそれとともに、とくに現地の史書や経典、碑文などが重要な二次資料となってくる。ところが、インドネシアは、仏教が隆盛を極めたであろう6世紀頃から12世紀頃にかけての明確な文献資料の残存例が少なく、経典にいたっては皆無に等しい。かろうじていまに伝えられている長文の文献は、10世紀以降成立したとされる古ジャワ語で仏教の成就法などが説かれた『Sang Hyang Kamahāyānikan（サン・ヒアン・カマハーヤーニカン、聖大乗論[4]）』（以下『サン・ヒアン・カマハーヤーニカン』とする）、密教の儀礼（伝法灌頂）の儀軌と考えられ、梵文の偈を古インドネシア語で訳した『Sang Hyang Kamahāyānan Mantranaya（サン・ヒアン・カマハーヤーナン・マントラナヤ、聖真言道大乗[5]）』（以下、『サン・ヒアン・カマハーヤーナン・マントラナヤ』とする）の2点のみである。この現存経典の少なさがインドネシアの仏教、密教を理解する上で大きな問題となって立ちはだかっている[6]。また、美術遺品においても、密教仏のみならず、それ以前からインドネシアに存在するヒンドゥー教・仏教に属する尊像についても、体系的に研究がされていないことがあげられる[7]。こうした理由によりインドネシアにおける密教は、それ以前の仏教各派などの宗教もふくめて、その実態が容易にはつかめなかったのである。

　しかし、近年、インドネシアにおける仏教の再構築が試みられている。なかでも、東部ジャワで1909年に発見されたンガンジュクマンダラ、すなわち青銅の小仏像群による立体マンダラは、後期密教の母タントラに属する経典『Samāyoga-tantra（サマーヨーガタントラ）』の尊格群とほぼ一致することが論証された[8]。このことは、当地に上記の性格の密教が存在していたことを裏づけるものであり、経典資料を失ってしまっているインドネシアにおいて、美術遺品が、当時の密教の性格を紐解く重要な資料となり得ることを証明している。

そして、この仏像群のほかにも鋳造の密教仏の存在は多数確認されているが、その多くは現在まで未整理のままである。また、仏教、とくに密教の儀礼に使用される道具、すなわち「密教法具」にいたっては、三昧耶形を有する作例があること自体、まだ十分には論証、認知がなされていない。

　そこで、本研究においては、こうした近年における研究動向に立脚し、残存する「美術遺品」を通して、いまだ十分には解明されていないインドネシアの密教、さらにその密教を知る上で重要な、密教以前の宗教を含めて究明することを、まず第一の目的としたい。そして、それを通して、アジアの一地域であるインドネシアの未整理で体系化されていない美術を確認することを第二の目的に定めたい。研究対象としては、具体的に宗教に関連した鋳造像（以下、鋳造像と記す）と法具についての調査、考察を行う。これらの資料をメインに扱う理由は、筆者がインドネシアの仏像群を通観したなかで、仏教に属するものは鋳造像・法具に圧倒的に多いからである。石像に関してはヒンドゥー教の像が多く、仏教とくに密教に関する作例はほとんど確認ができない。この相違点も新たな問題としてとりあげられる。以上のことにより、インドネシアでは、仏教の尊像、とくに密教仏を考察するためには、鋳造像をとりあげることが重要かつ有効な方法となる。同時に密教関係の尊像として、もっぱら鋳造像の作例のみが知られることもインドネシアの特徴といえよう。また、これらの鋳造像・法具の性格を研究することは、石像・寺院の壁面に刻まれた仏像群の内容と表現の傾向を知る上でも重要な示唆を与えるものとなるだろう。

　方法としては、まず鋳造像や法具の資料に関する情報を徹底的に収集することから始める。インドネシアの金属製の仏像や法具を、それらが掲載されている書籍などから抜粋し、また筆者が現地の10カ所の博物館、また当地から大量に流出したと考えられる作例については、ヨーロッパの21カ所の博物館を訪れ、写真に収め、調書をとることによって、博物館所蔵資料を確認する。つづいて、個々の作例を分析することになるが、ここでは梵本経典およびその注釈、漢訳経典、図像集などの文献によって、形状別に分類する。こうして整理した作例のうち、その研究対象地域としてはインドネシアのなかでも、とりわけジャワ島（以下、ジャワと称す）に焦点があてられる結果となった。それは、ジャワの作例が、その像の形式・様式からジャワ島出土であることがほかの地域よりも比較的容易に判断でき、また植民地時代の宗主国オランダをはじめとする世界中の博物館におい

6

て、比較的良い状態で保管されているからである。

インドネシアの歴史自体、いまなお不明瞭な点が多い。碑文や中国文献のみならず、現存する遺跡や遺品を手がかりに全体像をさぐっていきたい。

インドにおいて7世紀頃、体系的に成立した密教は、北の陸路と南の海路という2つの経路を経て、さまざまな国に広がった。本書ではとくにインドネシアにおいて、多様な美術遺品を確認することで、同地のヒンドゥー教・仏教・密教の展開をたどりたい。

仏への信仰を具現化した仏像は、材質を異にしつつも、その思想を如実に「姿」のうちに刻み込んでいる。本研究でとりあげるインドネシアの鋳造像・法具にも、広義の金剛界系密教（中期密教）に説かれる姿・文様が顕著にあらわされているのではないか。インドネシア宗教史における鋳造像・法具の展開をたどることにより、インドネシアにおける密教に新しい視点をもたらすとともに、アジアのなかの一地域の美術そのものを広く確認するものとなり、諸地域との関連性の考察へとつながってゆくことに期待したい。

「日本と類似するジャワの鋳造像」1軀との出逢いから始まったインドネシアの密教への関心は、「仏教美術遺品」を通して、いまだ明確にされていないジャワの宗教、とくに密教を明らかにする考察へと繋がる。

第2節　研究史・課題

ここで、論を進めるために必要なインドネシアの宗教に関わる研究史を概括的に振り返り、本書でとりあげるべき課題を明らかにしておきたい。インドネシアの古代宗教についての研究史は、オランダを中心とした西欧の学者により始められた[9]。なかでも、

①歴史的研究として碑文の銘文に関するものが多く、サルカール（H. B. Sarker）氏[10]の書籍が代表的なものとしてあげられる。

また、

②考古学的な研究として、インドネシアの各地に点在するヒンドゥー教や仏教の遺跡に関するいくつか成果があげられ、チャンディ・ボロブドゥールに関する論文は、1920年オランダのライデン大学教授クロム（N. J. Krom）氏[11]を

序　章　7

はじめ、日本では三浦秀之助氏[12]、千原大五郎氏などにより早く刊行されている。とくに遺跡・出土遺品の図像学の研究ではフーシエ（A. Foucher）氏の論文[14]やボッシュ（F. D. K. Bosch）氏[15]の論文が初期のものとしてあげられる。さらに、1960年代に佐和隆研氏を中心とした京都市立芸術大学・龍谷大学からなるインドネシア美術調査団が組織され、その成果として『インドネシアの遺跡と美術』（1973）が出版され、インドネシアの遺跡や神像・仏像に関する知識が日本に広く知られるところとなる[16]。

③仏教関係の文献に関する研究は、1910年のオランダのカッツ（J. Kats）氏をはじめ、1913年ライデン大学教授のスパイヤー（J. S. Speyer）氏により、10世紀頃成立とされる『サン・ヒアン・カマハーヤーニカン[17]』、密教の儀礼の儀軌とされ、梵文を古ジャワ語で訳す『サン・ヒアン・カマハーヤーナン・マントラナヤ[18]』の２本に結実した。

日本では早くは、1915年に荻原雲來氏[19]や1950年に酒井紫朗氏[20]による上記の経典の研究がなされ、荻原氏は『サン・ヒアン・カマハーヤーナン・マントラナヤ』の一部に、中期密教の三要経典『大日経』具縁品の引用を確認し、密教の儀礼である伝法灌頂の所作が記されていることを報告した。また酒井氏はさらに中期密教から後期密教の過渡期にある『理趣広経』の一部があることを明らかにした。この『サン・ヒアン・カマハーヤーナン・マントラナヤ』の一部に取り込まれている『大日経』や『理趣広経』といった経典は、日本において現代でも真言宗などで教義の拠り所となる重要経典であり、ここにインドネシアで発見された経典と日本で信仰されている経典との共通性が確認される。

近年、『サン・ヒアン・カマハーヤーナン・マントラナヤ』、『サン・ヒアン・カマハーヤーニカン』については、岩本裕氏[21]、石井和子氏[22]による両文献の注解がなされ、その内容が日本語でも容易に理解できるようになった。また、日本では、東部ジャワ地域の鋳造像群に関して、松長恵史氏はそれが金剛界系立体マンダラであると論証し、ジャワに金剛界系密教の存在したことが明らかにされた[23]。このように美術遺品から、当時の思想を復元し、解明する方法が、近年注目を集めるにいたっている。松長氏は、いままでの研究成果をふまえ、1999年に『インドネシアの密教』を著し、インドネシアの密教を密教学の立場から明らかにしている。

またチャンディ・ボロブドゥールについても、上述の文献同様、日本の研究者により密教学の立場からの考察が行われている。栂尾祥雲氏はこれを中期密教の

8

経典『金剛頂瑜伽中略出念誦経』に説かれる普賢金剛薩埵を本初仏（ādibu-
ddha）とする立体マンダラであると解釈し、また干潟龍祥氏は一種の立体（羯
磨）マンダラと指摘[25]、石井和子氏は『真実摂経』「別序」および「金剛界如来の
会座」に則したものと解釈する[26]。松長恵史氏は以上の各氏の見解にさらに考察を
加え、断定はさけながらも、『真実摂経』が影響していることをのべている[27]。ま
た、岩本裕氏をはじめ、多くの研究者が五種（もしくは六種）の石像について、
中期密教の金剛界五仏を模しているのではないかという見解を示している[28]。これ
らのチャンディ・ボロブドゥールに関する考察は、いずれも日本にも伝播した中
期密教の経典に基づいて下されたものであり、一部に視点の片寄りの危惧は残る
ものの、ここに限られた時期とはいえ日本とジャワで信仰された宗教思想と文化
の類似性も想定されるといえよう。

　以上のように、従来インドネシアに関する古代宗教、とくに仏教の研究は、初
期においてチャンディとよばれる祠堂（寺院）の建造形式の研究やその周囲から[29]
出土した碑文、遺品の研究が主体となり、建築学的な調査や尊像同定にある程度
の成果はみられるが、経典、儀軌、注釈書などとの対照研究は必ずしも十分に
されることはなかった[30]。また、日本において密教に精通した研究者による文献研
究がなされているものの、それらは英文化されておらず[31]、なお世界に知られるに
はいたっていない。

　また、尊像に関して、とくに本書で扱う鋳造像については、松長恵史氏による
マンダラを構成する仏像群の研究以外は、特定の作例をあげての図像学的な研究
がされるのみで[32]、鋳造像全体を網羅的に把握し、経典などを活用した総合的研究
はなされておらず、法具にいたっては、ほとんど報告がされていない[33]。つまり古
代インドネシアにおける研究の困難さの様相は岩本裕氏の説明に即して表現する
ことができる。氏の言葉をかりると、「ジャワ仏教の資料は相当に豊富で、その
研究に事欠かないのであるが、なお不明な点が多く、いまだに点の羅列に終わっ
ている感がないではない。とくに、その初期、すなわち5世紀から10世紀までに
ついては、ほとんど判らないと言ってよい。しかも、ジャワ仏教の研究にはイン
ド密教に関しての十分な知識を必要とする。加うるに、ジャワにおいて仏教と混
交してジャマン＝ブドを成立させるヒンドゥー教のシヴァ派の宗教思想について
は（中略）今日まで十分に解明されていない憾みがある。さらにもう一つの問題
点を指摘すれば、文献学的研究と考古学的研究・美術史的研究とが調和されてい

ない。とくに、わが国では文献学的研究および歴史的な研究はほとんど皆無に等しい。しかも考古学的・美術史的研究も外国の学者の糟粕をなめて事挙げしているに過ぎないようである。（中略）われわれはまずジャワ仏教の点の集積から始めなければならぬ[34]」。約30年ほど前の言葉であるが、現在までの間に、日本で出版された研究成果は数えるほどである。

インドネシアの仏教については、碑文を含め、経典に関する文献の量が圧倒的に少なく、そのことが全貌を解明するのをまず阻んでいる。また世界文化遺産に指定されている世界最大の仏教寺院、チャンディ・ボロブドゥール（中部ジャワ地域）でさえも、なおその性格は定かにされていない。松長氏の文献によらない美術遺品からの研究が、当時の思想を解明する方法として有用であることが、氏の著書において証明された。しかし、現在までインドネシアの宗教史の全容は、解明されておらず密教の性格についても、中期から後期にかけての密教が信仰されたであろうことが推定されたにとどまっている。

以上のように、インドネシアの宗教に関わる研究史には、膨大な成果がみられるが、本書でめざすような鋳造像・法具の展開、また遺跡をもふくめて、インドネシアの密教の研究に関連づけ、試みようとしたものは、ほとんど見受けられない。そこで本書の課題は、以下のようになる。

インドネシアの密教について、研究がほぼ未着手である鋳造像や法具を研究対象として考察を行う。とりわけ世界に散逸している鋳造像や法具を中心に、遺跡、石像資料を参考としつつ、その形状と造形表現からインドネシアの宗教、とくに密教の性格を明らかにしたい。さらにヒンドゥー教をはじめ多様な宗教が混在していた事実に注目しながら、インドネシアの宗教文化の一端の再構築を試みる。

第3節　本書全体の構想

本書では、以上のことをふまえてインドネシアの宗教美術を考察するにあたり、次のような順序で考察をすすめる。

第1章　インドネシアの宗教美術史―ヒンドゥー教と仏教を中心に―
鋳造像・法具に関してみると、インドネシアのなかでも、ジャワの作例は、そ

10

の像の形からジャワ出土であることが、ほかの地域よりも比較的容易に判断でき、海外の博物館、とくにオランダにおいて良い状態で保管されている。これら博物館などの資料によれば、ジャワでは8世紀頃から12世紀頃、中部ジャワ、東部ジャワ地域に多くの出土例がみられ、この地域と時代には、ヒンドゥー教はもとより仏教・密教に属する美術品が多数確認できる。そこでとくにジャワに流布した仏教、密教を考察対象としたい。そのためにはこの時代における地域の歴史と仏教の受容を把握しておく必要がある。先学諸氏の先行研究を参考にしながら、仏教、もしくは密教が流布し、信仰されたであろう年代にしぼり考察を行う。

　第1節ではインドネシアの宗教美術史概略として、インドのグプタ期にバラモンの古典語のサンスクリットが公用語とされることから、仏教も含めとくにヒンドゥー教がインドネシアへ流伝するにいたる過程をのべ、その後の中部ジャワ、東部ジャワの美術史の概略をのべる。

　第2節では、ジャワやスマトラ島（以下、スマトラと称す）の、主として5世紀から15世紀頃にかけての王朝の変遷、そこで信仰されたと考えられる宗教の傾向を、文献・碑文をもとに要約する。[35]

　第3節では、ジャワの建造物についてとりあげる。8世紀頃から10世紀頃の中部ジャワ地域、10世紀頃から15世紀頃の東部ジャワ地域において、チャンディ・ボロブドゥール、チャンデイ・ロロ・ジョングランをはじめとする多くの宗教建造物や石造像が制作される。それらの様式や文様、像の性格などの研究は十分とはいい難い。そこで、本書の中心をなす鋳造像・法具の展開を確認する上でも、それらの検討が必要であり、代表的な寺院を含め、できるだけ広く、また重要な像については作例をとりあげて検討を試みたい。建造物、石造像などから、美術史上の様相、変化を確認し、そこから信仰の傾向と変化を読み解きたい。

第2章　インドネシアの宗教美術における鋳造像

　筆者がジャワ島の10カ所の博物館、およびヨーロッパの21カ所の博物館と資料館で調査した実物資料をもとに、出版物から抜粋したインドネシアにおける鋳造像を形状から分類する。インドネシアの仏教に関する研究は、先学諸氏により行われているが、鋳造像に関する研究は、特定の像に限ったいくつかの小論の報告があるのみで、宗教を問わず、全体を総括したものはいまだ発表されていない。そこで、この章では資料収集した像を、インドで誕生した順にヒンドゥー教、仏[36][37]

教、密教の３つに分けて分類し、その形状の詳細をのべ、可能な限り梵本経典、およびその注釈、漢訳経典、図像集などの文献を対照しつつ考察を行う。

第１節はヒンドゥー尊、第２節は仏教尊、第３節は密教尊とする。第３節の密教尊の分類を行う上で、仏教図像学で用いられる造形形態上の基準など、複数の基準を総合的に勘案することが必要となる。それについては、各尊ごとに尊名同定の難しさを含め、問題点をあげ説明をしたい[38]。

そして第４節は、本書に関わる調査で、密教のなかでも中期密教の図像に対応する金剛部尊の作例の存在が確認されたことから、とくに項目をもうけ考察を行うこととする。

第５節では、守門像について、石像が中心となるが、１つの項目をもうけて考察をめぐらしたい。それは、この像は上記４節までの宗教にまたがり、寺院の前に対で置かれることが多く、その像容の変化を追うことで、中部ジャワ期、東部ジャワ期の美術図像上の変容をみることができるからである。

第３章　インドネシアの宗教美術における法具

法具、すなわち儀礼を行う道具について考察を行う。ジャワにおける儀礼の記録は現在までのところ報告されておらず、また法具に関する研究も数少ない[39]。しかし、ジャワの隣のバリ島（以下、バリと称す）では、現在でもプタンダ・シワ、プタンダ・ボダという聖職者によるヒンドゥー系と仏教系の流れを汲む儀礼がなされており、それには杵と鈴という法具が用いられている。バリは10世紀頃からジャワより儀礼様式などの影響を強くうけていることから[40]、ジャワの儀礼を知る上で重要な示唆を与えるものといえよう。本研究の過程で、ジャワにおいてバリと同形の杵や鈴が多数確認された。鈴のなかには中期密教と後期密教にかかる経典に対応する図案（三昧耶形）も確認することができた。鈴はヒンドゥー教と密教において非常に重要な法具である。

第１節では、その鈴杵の形態について概略をのべ、第２節では密教系の鈴杵について五鈷鈴をとりあげ、つづく第３節では五鈷鈴以外の鈴についてみてみたい。第４節では、インドネシアと同様の三昧耶形がみられる、日本の鈴についてもふれておく。これらを考察することでジャワの宗教の一端が看取されるものと考えられる。

12

第4章　インドネシアにおける宗教の特質

　第2章、第3章でとりあげた鋳造像と法具を分析した結果、どのような宗教形態がインドネシア、とくにジャワにあったのかを考察する。碑文や漢訳文献記録などからはよみとれなかった7世紀～13世紀頃にかけて、ヒンドゥー教と仏教、とりわけ密教が、また密教のうちでも中期から後期にかけての『金剛頂経』系の密教が流伝していたのではないかという推測をのべる。密教を初期・中期・後期に分ける三段階の分類をもとに、当地においてどのような密教が存在し、それらがどのような認識のもとに信仰されていたかを確認することに重点を置く。

　第2章の作業からは、中期から後期といわれる密教図像に対応する作例が確認できる。しかし、この作業は、要素的な一致項目の確認にとどまっており、体系システムとして、中期あるいは後期に対応する密教がインドネシアに存在していたことの証明にはならない。例えば両界マンダラは現段階では、インドネシアには完全な形では確認されていない。そうした、インドネシアになお、存在が確認しがたい枠組みは、形態としては類似した尊格がインドネシア・日本に共通して認められる場合でも、その機能が一致することの立証が不可能で、むしろ機能の不一致が推定される作例もある。例えばガネーシャ（第2章第1節第1項）についても、インドネシアでは単独像として、日本では抱擁像として、明らかに尊格が担っていた機能が異なると考えられるものもある。すなわち「形」と「機能」は必ずしも対応し、合致するものではないということで、ここに重要な問題があると考えられる。

　これらの境界例は、インドネシアと日本で相似した形態例に、同一の尊名を与え、既存の体系に基づいて整理を施すという方法に残る困難さを示しており、新たな基準枠が必要となるであろう。注目すべきことに、これら日本の体系に依拠した分類では、整理のつきにくい尊格の多くはヒンドゥー教起源である場合が多い。ここから、初期にヒンドゥー教が伝播したのちに仏教が伝来したインドネシアと、それらが密教と混交した上で中国から請来された日本との歴史的展開の差異が推定される。

　以上をふまえ、第3章までの作業を通し、ヒンドゥー教、仏教、密教（初期・中期・後期の三段階分類）の図像を便宜上、規定の枠で分類を行い、当時どのような宗教がインドネシアにおいて存在していたのかを総括的にのべてみたい。

序　章　13

註

1）　具体的に区分において、諸説があるが、本書では、時期と内容から初期・中期・後期
の３区分で検討を行う。

2）　平安初期に入唐して密教を伝えた八師。帰朝後は、請来の経軌・図像・法具などの目
録を作って奉進した。空海・最澄・常暁・円行・円仁・恵運・円珍・宗叡の８名。
勝又俊教編修（1970）１～32頁。佐和隆研（1971）542～543頁。

3）　例えば、昭和58年のNHK番組「シルクロード」において、密教に属する仏像、すな
わち密教仏（頼富本宏〈1982、1990a、密教化した仏〉）である智拳印を結ぶ大日如来像
は、この国には存在しないとする見解が放映されている。

4）　四瑜伽、四修習行、四聖諦、十波羅蜜が説かれる。Kats, 1910. 石井和子（1987）
（1988b）。

5）　その偈文は『大日経』の「具縁真言品」、『金剛頂経』、『最上根本大楽金剛不空三昧大
教王経』、『一切悪趣清浄軌』、『Sarvavajrodaya』、『Kriyāsaṃgrahapañjikā』などの経軌
にも見出されることから、密教に通じていることが解る。
荻原雲來（1915）（1938）、酒井紫朗（1950）、石井和子（1987）（1988b）、Jong, 1974. 岩
本裕（1977）らの論文により密教の段階中、瑜伽タントラ、および瑜伽タントラから無
上瑜伽タントラ（中期密教から後期密教）への過渡期の経軌の影響がみられることが論
証された。

6）　バリ島の『サン・ヒアン・ナーガバーユスートラ（Sang Hyang Nāgabāyusūtra）』
Bosch, 1961, p.131や『カルパブッダ（Kalpabuddha）』Bosch, 1961, p.133などの断片的に
密教に関する記述がみられる。

7）　仏教系では「経典」が重要要素として残るが、ヒンドゥー教では一般に根本的聖典を
著すことは少なく、口頭伝承が主であった。

8）　松長恵史（1995）（1999）。

9）　松長恵史（1999）３～９頁。

10）　Sarkar, 1971-72.

11）　Krom, 1920, *Archaeologische Beschrijving.* 有吉厳編訳、N. J. クロム著（1985）。

12）　三浦秀之助撰（1925）。

13）　千原大五郎（1969）。

14）　Foucher, 1917.

15）　Bosch, 1961.

16）　佐和隆研（1973）。

17）　Kats, 1910.

14

18) Speyer, 1913.

19) 荻原雲來（1915）221～237頁。梵文の頌1～42頌を訳す。

20) 酒井紫朗（1950）らの論文により、密教の発達段階中、瑜伽タントラ、および瑜伽タントラから無上瑜伽タントラ（中期密教から後期密教）への過渡期の経軌の影響がみられることが論証された。

21) 岩本裕（1977）。

22) 石井和子（1987）（1988a）。石井和子（1988b）57～100頁。43～123頌を訳す。

23) 松長恵史（1995）803～805頁。

24) 栂尾祥雲（1930）461～489頁。

25) 干潟龍祥（1981）89～96頁。

26) 石井和子（1994）408～435頁。

27) 松長恵史（1999）128～157頁。

28) 岩本裕（1973）284～290頁。大村西崖（1925）。干潟龍祥（1965）71～72頁。河本敦夫（1944）。田村隆照（1965）（1984）。

29) チャンディは、ヒンドゥー教の死の女神でシヴァの妻であるドゥルガーの別名チャンディカー（Chaṇḍikā）に由来するという説がある。古代ジャワ語のチャンディ（Chandi）は、インドネシアにおけるヒンドゥー教や仏教などのインド系宗教建造物の総称である。初めは死者のために建てられた廟墓をさしていたが、のちには神仏にささげられた建物を意味するようになり、広く寺院、祠堂などをさす言葉となった。本書ではCandi とする。朴亨國（2000）90頁。

30) Bohn, 1844. が初版で、再販された書籍 Raffles, 1988, pp.58-78に神像や仏像の線描画がみられるが、詳細なコメントはない。これらの線描画の作例の多くは現在大英博物館に収められている。

31) 松長恵史（1998b）pp.1-49. 松長恵史（1999）312～351頁。

32) Klokke and Lunsingh Scheurleer, 1994.

33) 関根俊一（1994）48～55頁。Chutiwongs, 2001, pp.57-72.

34) 岩本裕（1973）264～265頁。「ジャマン」はアラビア語起源で、「時代」を意味する。「ジャマン・ブド」でイスラーム伝来以前の時代をさす。岩本氏は「仏の道」を意味し、「ヒンドゥー教のシヴァ神礼拝と混交したジャワ仏教の呼び名である」（『アジア仏教史インド編Ⅵ　東南アジアの仏教』268頁）としているがこれは適切ではない、との説がある（石井和子氏）。

35) 当時のこの領域は、シャイレーンドラ朝がおさめていたものと考えられているが、その勢力範囲については、現在でも解明されていない。スマトラもその範囲に含まれてい

序　章　15

たものと考慮し、碑文と確認できた鋳造像について扱うこととする。Perret (ed.), 2014. Ito, 2015. Ito, 2016. 伊藤（2017）。

36)　本書序章第2節研究史・課題参照。

37)　松長恵史（1994）（1995）（1996）（1998）（1999）213〜239頁。Chutiwongs, 1994, 2001. Huntington, 1994. Lunsingh Scheurleer, 1994. 伊藤奈保子（1997）（2002）（2004a）（2004b）（2005）朴亨國（2001b）（2002）（2019）。

38)　各尊格についての説明は、頼富本宏・下泉全暁（1994）、菅沼晃編（1985）を参考にしている。なお、ジャカルタ国立中央博物館の像は、日本の出版物では東京国立博物館編（1981）（1997）、肥塚隆（2005）に多く収められている。

39)　ジャワ語によるジャカルタ国立中央博物館の報告書、Setyowati, 1989. Chutiwongs, 2001. 関根俊一（1994）、伊藤奈保子（2001）。

40)　Hooykaas, 1966, 1973.

第1章　インドネシアの宗教美術史
―ヒンドゥー教と仏教を中心に―

第1節　概　　略

　本章では、インドネシアの宗教とその文化の歴史について考察したい。先行研究を参考にしつつ、具体的な史書や碑文、遺跡の内容を確認する。また、インドネシアの宗教美術史をみる際、用いられる地域的ならびに時代的区分法である中部ジャワ地域、東部ジャワ地域を中心とした中部ジャワ期、東部ジャワ期についても再検討しておくこととする。なお、本文中の番号は、その地域を地図1に示したものである。

　インドネシアに伝播したほとんどの宗教は、その源をインドにさかのぼることができる。インドでは古代ヴェーダの神々は次第に宗教儀礼に組み込まれ、のちのウパニシャッド時代には自然界の生成や秩序が宗教上の問題として扱われるようになる[1]。こうして成立したバラモン教は、その後多彩な民間信仰が統合してヒンドゥー教として新たに成立するにいたり、広い地域でヒンドゥー彫刻が展開し始める[2]。いわゆる「インド的なるもの」である[3]。すなわち古典的、規範的な形が定まっていた。ヴェーダ中心のバラモン教と異なり、シヴァ神やヴィシュヌ神などの有力神を拠り所として、地方に広がりをみせるとともに、海外にも広がり始める。その時期はインドのグプタ期、およそ5世紀頃であり、バラモン教の古典語であるサンスクリットが公用語とされ、それにより教理がまとめられ、仏教も含め、とくにヒンドゥー教が広い範囲の地域へ対外的に広まっていくこととなる。東南アジアもそれが伝播した地域であり、そのなかでもいち早く流伝したのが、インドネシアである。ゆえに初伝はグプタ朝に成立したものから始まる。

　さて、そうした経緯から、ジャワに外来した最初の宗教は5世紀頃伝わったとされるヒンドゥー教であったと考えられている[4]。ヒンドゥー教を本格的に受け入れたのは西ジャワのタールマーナガラ王国のプールナヴァルマン王（Pūrṇavarman）とされ、初期の作例は現存しないが、西ジャワのカラワン地区（Karawa-

地図1-1　インドネシア全図

地図1-2　ジャワ島

第1章 インドネシアの宗教美術史 19

図1　　　　　　　　　　　図2

ng）のチブアヤ（Cibuaya、①地図1-1／1-2（以下略））に7〜8世紀頃と推定されるヒンドゥー教神像のヴィシュヌ（図1[6]・図2[7]）がみられ、それらは南インドのパッラヴァ様式のものと考えられている。ヒンドゥー文化は、マタラーム王朝を絶頂期として15世紀前半まで続くとされる[8]。マタラーム朝のサンジャヤ（Sañjaya）王は9世紀中頃から後半にかけて中部ジャワ地域のディエン高原（Dieng、②）をシヴァの聖地とみなし、ヒンドゥー教神殿を建立し[9]、また中部ジャワ地域のプランバナン地域（Prambanan、③）にチャンディ・ロロ・ジョングラン[10]といった壮大なヒンドゥー寺院を建立している。

　仏教はヒンドゥー教と時をおかず、5世紀前半に伝わっていたことが中国の文献[11]によって確認される。初期の作例は現存しないが、ジャワに隣接する西スラウェシの海辺シクンドゥン（Sikendeng、④）から南インドないしセイロン（現在のスリランカ）請来とみられる青銅仏立像（図3）[12]が7世紀のものと確認され、また、7〜8世紀頃のスマトラ、ジャンビ（Jambi、⑤）出土の如来立像の石像[13]（図4）、南スマトラ、パレンバン（Palembang、⑥）出土の一面四臂の観音立像の石像（図5）[14]、ジャワにも7世紀頃より鋳造の小仏立像がみられる。

　7世紀頃にはシュリーヴィジャヤ王国が統治し、8世紀中頃にシャイレーンド

図3　　　　　　　図4

図5　　　　　　　図6

第1章　インドネシアの宗教美術史　21

図7

図8

図9

ラ王朝[15]が興り、中部ジャワ南部のマグラン地区（Magelang）のジョグジャカルタ（Yogyakarta、⑦）を中心とした地域に新しく優れた美術が急激に展開する。この王朝は仏教、とくにインドの宗教事情を反映した密教を信仰して、チャンディ・ボロブドゥール、チャンディ・ムンドゥット、チャンディ・パウォンをはじめ、プランバナン地域（③）にチャンディ・プラオサン、チャンディ・カラサン、チャンディ・サリといった中期密教、とくに金剛頂経系密教の影響がみられる仏教寺院建築や造像を行い、インド・ジャワ美術[16]の黄金期を現出する。また、東カリマンタン（Kalimantan、⑧）に9〜10世紀頃、金剛手像の石像（図6）[17]がみられることも注目される。

　しかしシャイレーンドラ朝でさえも、仏教はヒンドゥー教と混在しており[18]、今回とりあげる鋳造像も、現段階で、仏教、ヒンドゥー教、それぞれ最大の像が中部ジャワ出土で、8世紀〜9世紀初頃、ウォノギリ（Wonogiri、⑨）で四臂菩薩立像（図7）[19]、ジョグジャカルタで菩薩頭部（図8）[20]、また、トゥガル（Tegal、⑩）でシヴァ立像（図9）[21]が制作されている。ジャワにおいて純粋な仏教優先時代はほとんど認められない。こうした傾向は、インドシナ半島で仏教文化を誇ったクメール王朝時代でも同様である。

　10世紀になると、中部ジャワ地域から、政治・文化の中心がジャワの東部へ移行する。クディリ地域（Kediri、⑪）を中心としたクディリ王朝の頃から仏教、

22

ヒンドゥー教の折衷によるいわゆるジャマン・ブド（シヴァ・ブッダ）時代が始まる。造像活動は極めて低調となり、11世紀頃のチャンディ・ブラハンにヒンドゥー教のヴィシュヌ尊が当時の王アイルランガ（Airlangga）（在位1019〜49）の肖像としてつくられるなど、王を神格化する造像がでてくる。すなわち、王権が宗教美術の分野にも浸透してくる。王朝は以降シンガサーリ地域（Singasari、⑫）を中心としたシンガサーリ王朝、モジョケルト地域（Mojokerto、⑬）を中心としたマジャパイト王朝と続き、ジャマン・ブド（シヴァ・ブッダ）の内容の複合宗教が信仰される。

14〜15世紀には、ジャワ固有の古代自然崇拝信仰とヒンドゥー教が結びついた尊名のない像[22]が、ラウ（Lawu、⑭）山麓のセロ・マンレン（Selo Mangleng）窟、チャンディ・スクゥやチェトといった寺院にイスラームの浸透をさけて造像され、信仰されている。

15世紀以降はインドから伝わったイスラームの浸透により、仏教、ヒンドゥー教はともに滅び、今日では、バリ（Bali、⑮）において、土着の精霊信仰や祖先崇拝と混交した一種独特の宗教「バリ・ヒンドゥー教」のなかにわずかにその面影をとどめるに過ぎないと考えられる。

第2節　文献・碑文

　本節では、前節で概略をのべたインドネシア、とくにジャワの歴史を中国の文献やジャワの碑文などで詳しく跡付け、とくに宗教の変遷に注目したい。

　まず、ジャワに関する宗教の形跡があらわれるのは、ヒンドゥー教と考えられ、その文献は中国文献の法顕『高僧法顕伝』（『仏国記』[24]）[23]にみられる。彼は耶婆提に5カ月滞在し、この地の文化について、ヒンドゥー教（外道婆羅門）が盛大であって仏教はいうに足りないと記している。法顕は晋の隆安3年（399）に長安を出発して陸路インドに渡り、海路で義熙10年（414）に帰国していることから、414年頃はこの地にヒンドゥー教が盛んであったことがうかがわれる。唐以前の仏教僧の活動を記した『高僧伝』巻3[25]には、西インド罽賓国出身の高僧の求那跋摩（367〜431）がジャワに滞在中、闍婆国の王や王母がその徳を聞き、彼を迎え入れようとする記述がある。国民全体が仏教を信仰するようになり、王や王母も

入信し、精舎を建立するにいたったとあることから、法顕が滞在して10年のうち、420年前後に仏教が伝わったことが推察される。

　また西ジャワのタールマーナガラ王国のプールナヴァルマン王が本格的にヒンドゥー教を受け入れたとされる[26]ことから、ヒンドゥー教とともにジャワでは仏教が信仰されていたことがうかがわれる。7世紀中頃、義浄撰『南海帰寄内法伝』巻第1[27]には南海の十余国に根本有部（いわゆる小乗仏教）が、末羅遊（スマトラ）に大乗があり、それは中観、瑜伽であると記されている。また義浄撰『根本説一切有部百一羯磨』巻第5[28]に仏逝国（シュリーヴィジャヤ）は中国、インドの帰港地として栄え、僧侶が千余名おり、唐の僧でインドの仏法を学ぶ者はこの地で滞在するがよいとある。義浄は唐の咸亨2年（671）海路でインドへ行き、南海地方にも10年ほど滞在し、証聖元年（695）に洛陽に帰着した人物で、南海地方の事情に通じているものと考えられる。また、この時期から宋代までの『高僧伝』から、40人くらいの僧侶が南海地方に往来していることがわかる。そのなかには麟徳年間（664～666）に僧侶会寧が訶陵（ジャワ）に行き、当地の高僧若那跋陀羅とともに大乗経典『涅槃経』の異本を訳して中国に送ったとの記述もある[29]。この記録からみると、7世紀の後半には根本有部、大乗両系統の仏教が信仰されていたことが推察される。

　そして8世紀前半、西明寺円照選述の『貞元新定釈教目録』巻第14[30]にインドの密教僧金剛智が中国へ商船で渡航する途中難破し、718年頃仏逝国に5カ月滞在し、720年（開元8）東都（洛陽）に達するまで諸異国をめぐるとあり、ジャワに立ち寄った可能性が十分に考えられる。また同本巻第15[31]には718年（開元6）闍婆において不空が金剛智の弟子になるとの記述があり、趙遷撰『不空三蔵行状』[32]では、不空は後年の743年頃、インドへいたる途中に訶陵国に立ち寄るとある。金剛智は『金剛頂経』の異系統である『金剛頂瑜伽中略出念誦経』を訳し、不空は『金剛頂経』の正系である『金剛頂一切如来大乗現証大教王経』を訳した密教僧である。この金剛智、不空がジャワの密教の流伝に直接関わらなかったにしても、南海が商業貿易の中心地であったことを考慮すると、8世紀頃、『金剛頂経』と、金剛界マンダラ系の密教の僧がインドよりジャワの地を訪れた可能性がありうる。このことから[33]、密教の流伝の様子が推察できよう。

　次に碑文をみると、ジャワ最古の碑文年次とされるŚaka暦654年（732年）[34]、中部ジャワのマゲランのチャンガル（Canggal）碑文[35]（梵文、パッラヴァ文字）

にマタラーム朝サンジャヤ王によるリンガ建立およびシヴァ、ブラフマー、ヴィシュヌの信仰が記されており、ヒンドゥー教とくにシヴァ派が隆盛であったことがうかがわれる。サルカールの碑文訳に従えば、Śaka暦700年（778年）には、「密教」の語は確認できないが、中部ジャワのプランバナンのカラサン（Kalasan）碑文[36]（梵文、初期のナーガリー文字）にシャイレーンドラ朝のパナンカラナ（Paṇaṃkaraṇaḥ）王が密教の女神とされるターラー（Tārā）女神（多羅菩薩）を祀るためのチャンディ・カラサンの僧院を建立したとある。またŚaka暦704年（782年）、中部ジャワのプランバナンのクルラク（Kĕlurak）碑文（カラサン碑文と文体・用語が同じ）にシャイレーンドラ王のインドラ（Indra）王がベンガル出身の王師クマーラゴーシャ（Kumāraghoṣa）に文殊菩薩の像を建立させたとある[37]。これらを考察すると、8世紀前半まで中部ジャワにおいてマタラーム朝のもと、ヒンドゥー教が信仰されていたのが、8世紀後半には中部ジャワのクドゥ（Kĕdu）地方においてシャイレーンドラ朝のもと、大乗仏教、とくに密教が信仰されたものと考えられる。

　また9世紀中頃インドのベンガル出土のナーランダー（Nālandā）銅版碑文[38]（初期のナーガリー文字）にはスヴァルナドゥヴィーパ（Suvarṇadvīpa、スマトラとされる）の王でシャイレーンドラ王家の子孫であるバーラプトラ（Bālaputra）がナーランダーに僧院を建立し、当時のパーラ王朝のデーヴァパーラ（Devapāla）王がそれに五カ村を寄進したと記される。この碑文より9世紀中頃にインドのパーラ朝とシャイレーンドラ朝の直接の交流が認められ、インドからジャワへの仏教の影響も推察される[39]。また、これらジャワに残る碑文の文字から、主として東インドおよび南インドとの交渉があったのではないかとも考えられる。

　以上、文献・碑文からジャワと考えられる地域の宗教をみてみた。そこから以下のことが考えられる。

①5世紀初頭には、すでにヒンドゥー教が盛んであった。
②ジャワには、5世紀中頃までに仏教が伝播した。
③7世紀頃には、仏教が存在していた。それには大乗仏教を含んでいた。
④732年に、中部ジャワにヒンドゥー教を信仰するマタラーム朝があった。
⑤778年に、中部ジャワに仏教国シャイレーンドラ朝が興っており、仏教とくに密教を信仰していた。

⑥ 9 世紀頃には、シャイレーンドラ朝はインドのパーラ朝と交流があった。

　文献・碑文から、ジャワでは 5 世紀にヒンドゥー教が信仰されており、5 世紀中頃に仏教が伝播し、7 世紀後半にはいわゆる上座部・大乗の両系統の仏教諸式が整ったことがうかがわれる。そして 8 世紀中頃（732年）にヒンドゥー教のマタラーム朝のもと、中部ジャワにおいてヒンドゥー教シヴァ派が隆盛をほこり、同時期の752年にシャイレーンドラ朝のもと、中部ジャワにおいて仏教、とくに密教が 9 世紀頃までに信仰されていたことが確認できた。

　碑文、史書から資料的に復元された時代の推移とともに主流を占めた宗教とその文化の変化をたどってきたが、これらをふまえて、次にインドネシアの各王朝で信仰されていたであろう、宗教の内容の確認が課題となるだろう。そのためには本書でとりあげる鋳造像・法具といった美術遺品の検討が、重要な役割を果たすものと考えられる。

第 3 節　遺　　跡

第 1 項　中部ジャワ

　本節では、第 1 節、第 2 節をもとに、遺跡を中心に地域と時代を分けてジャワの宗教とその信仰表現の歴史をみてみたい。ジャワは、地域と美術史のいずれからも大きく 2 つに分けられる。「中部ジャワ」と「東部ジャワ」である。まず中部ジャワでは 8 ～10世紀頃までの中部ジャワ地域の美術が、東部ジャワは10～15世紀頃までの東部ジャワ地域の美術が展開する[41]。それぞれの特徴は、中部ジャワ期はインド美術から直接影響をうけたもので造型表現技術の水準も高く[42]、対して東部ジャワ期はインドの影響が少なくなり、遺跡の規模も中部ジャワと比べ小さくなり、ジャワ独自の土着性が強い。

　以下、中部ジャワの遺跡と美術についてのべる。また地図 2 にその地域を示した[43]。

　中部ジャワ時代（8 ～10世紀頃）に展開した美術は、ヒンドゥー教、仏教、密教すべてに属するとされる。インド要素が濃い点を特色とし、とくにグプタ朝後期の美術の影響が強く、表現技術の水準が高い。この時代の歴史は、現段階で明

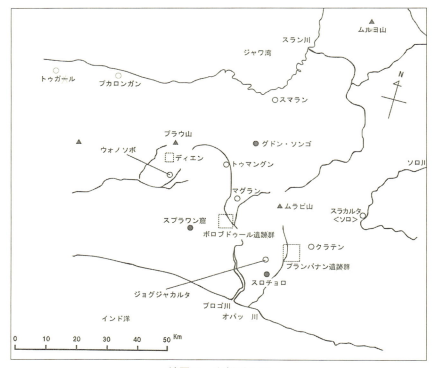

地図2　中部ジャワ

確には解っていない。シヴァ教を信仰したとされるマタラーム王朝が比較的山の多い地方を統治し、仏教を信仰したとされるシャイレーンドラ朝が南部のクドゥからプランバナン地方に君臨したとされるが、相互にどのような関係をもっていたかが明らかにされていないのが現状である[44]。

　ジャワに残る最古の遺跡は、ジョグジャカルタの北寄りにあるカルデラのディエン高原とグドン・ソンゴの2つのヒンドゥー教遺跡群にみられる。

　まず、プラフ山（Perahu）の火口原近くの標高約2000mのディエン高原（地図3）は、シヴァの聖地とされ、7～8世紀頃にマタラーム朝のサンジャヤ王により建立されたチャンディはヒンドゥー教の三神（シヴァ、ヴィシュヌ、ブラフマー）を外壁の浮彫りであらわしたものが多い[45]。5基のチャンディ・アルジュナ（Arjuna、以下チャンディは略す）、スマル（Semar）、スリカンディ（Srikandi）、プンタデヴァ（Puntadewa）、スンバドラ（Sembadra）は一群を成し、北にドゥワレワティ（Dwarewati）、西南にガトゥトカチャ（Gatutkaca）、ビマ（Bima）がみられる。これらの名は、インドの抒情詩『マハーバラタ（Mahabharata）』

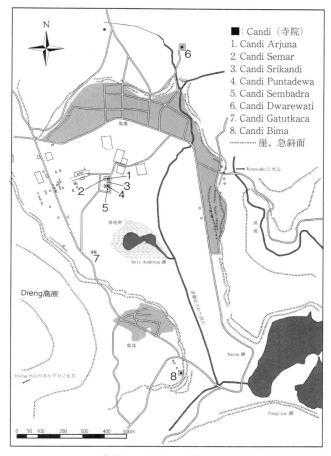

地図3　ディエン高原要図

から翻訳された物語に登場する人名や神の名で、19世紀になって名づけられたものとされる[46]。ディエンにはシヴァとパールヴァティーが対になった石像の像も見られる[47]（図10）。

　アルジュナには、北の壁龕の下部に、マカラを意匠した樋嘴（吐水孔）があり、主房にあるリンガ（Liṅga、男性器）の台座のヨーニ（Yoni、女性器）から流れ出る水や牛乳などが、排出できるように設計されている。スリカンディは東面に一面四臂のシヴァ、北面に一面四臂のヴィシュヌ（顔面欠損右手第一手独鈷杵、第二手輪法、左手第一手円形物、第二手不明、左ひざを屈して立つ）、南面に三面四臂（左右第一手合掌し、持物を執る。右手第二手数珠、左手第二手払手、直

図10　　　　　　　　　図11

立する）のブラフマーが浮彫りされている（図11）。西南のビマは、インドネシアのチャンディのなかでも類例をみない異色なもので、全体はインドの南北両方の建築様式を統合させてつくられたようである。[48] 回廊や正面の回廊がなく、屋龕の龕の馬蹄形は南インド的細部といえ、そこに人面像が多数置かれている。[49] プンタデヴァは、アルジュナよりも小さいが、壁龕にカーラとマカラにみえる花文様があらわされる。

　ジョグジャカルタから北へ70kmのウンガラン山（Ungaran）の南山麓にあるグドン・ソンゴ（地図4）には、硫黄の噴出する渓谷を馬蹄形に囲み、7〜8世紀前半に建立されたとされ、ディエンよりもやや後代のものとみられる[50]小規模なチャンディが9群点在している。ヒンドゥー教のうちでもシヴァ信仰によるものが多い。Ⅰ〜Ⅴのグループはいずれも西に面して立っている。1930〜31年に修復が施された。Ⅲグループの主堂は、正面の階段に摩滅したマカラが施され、入口両側に2つ、側面に3つの龕があり、入口2つの龕上部に下あごのないカーラが施され、正面右の立像（楕円頭光、顔面欠損、菩薩形、右手に切先を下にした棍棒、左手腰前で欠損、足を左に屈して立つ）、左の立像（楕円頭光、顔面欠損、菩薩形、垂髪が左右に三日月状に二房下がる。右手右腰前で欠損、左手垂下し、花の

塊状のものを下げる。足を右に屈して立つ)[51]が安置される。外壁四面には、龕上に花文様の変形が施され、龕の左右を円形に花が彫刻されたものが外周する。東にガネーシャ（一面四臂、楕円頭光、顔面鼻から下欠損、第三眼箇所が花、宝冠に髑髏を意識した摩滅円形と三日月、右手第一手牙、第二手梵夾、左手第一手欠損、第二手欠損)[52]、北にドゥルガー（顔面欠損左を向く、右手第一手輪宝、第二手水牛の尾、第三手、第四手、左手第一手魔神の髪をつかむ、第二手弓?、第三手不明、第四手法螺貝?、右足を屈し水牛の上に立つ）、南にアガスティヤ（楕円頭光、右手欠損、左手三叉戟、水瓶跡か）が彫刻されている。屋蓋には、格子と円形の内に花の文様が施されたものが全体に施されている。また主堂

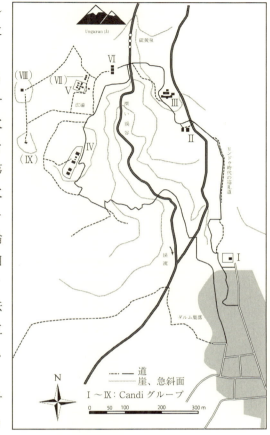

地図4　グドゥン・ソンゴ

に向かって左の堂の屋蓋には、如来形を有した飾りがおかれ、ほかに女神像を有したものもみられる。主堂と同様の格子と円形の花文様が全体をおおう。身舎の側面の龕上は下あごのあるカーラが施されている。

　時を同じくして、中部ジャワ、ジョグジャカルタの南のクドゥ州南部とプランバナン地区に寺院や神殿が群在しており、中部ジャワ地域にとどまらず、ジャワ全域のなかでも主要な遺跡とされる。それらは「ボロブドゥール遺構群」と「プランバナン遺構群」に分けることができる。「ボロブドゥール遺構群」（地図5）は、現存する仏像の彫刻様式と建造物に刻まれたカウィ文字（古代ジャワ語）から、シャイレーンドラ朝において8世紀後半〜9世紀中頃にかけて建立された仏教寺院と考えられている。寺院はボロブドゥール（Borobudur）、パウォン（Pawon）、バノン（Banon）、ムンドゥット（Mĕndut）、ンガウェン（Ngawen）な

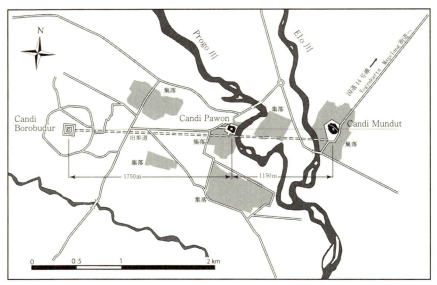

地図5　ボロブドゥール遺構群

どで、ボロブドゥールとパウォン（間隔1750m）、ムンドゥット（パウォンからの間隔約1150m）は、ほぼ一直線上に並んでおり、宗教的に関連があると考えられる。ボロブドゥールやムンドゥットについては、とくに密教の要素があるものとして研究されているので、ここでもう少し詳しくふれておきたい。

チャンディ・ボロブドゥールは一般的なチャンディと異なり、全体が九層の壇台ピラミッドで、下から六層が方形（下から二層は基壇）で、その上に三層の円形の壇があり、最上壇円形壇（第九層目）の中央に釣鐘形の塔がある建造物である。基壇部は約115m四方で、高さ約34mにおよび、単独の仏教寺院では世界最大である。この建造物には、各層の回廊が設けられ、第一回廊～第四回廊と名づけられている。これらの両側（壁）には連続する浮彫りパネルがあり、物語や仏教説話が浮彫りされ、また、方形壇の各層には欄楯が設けられ、各仏龕に1軀の仏像が外向きに安置されている。仏像は第三回廊までの東西南北の各4面に、それぞれ92軀の仏像（如来坐像）が計368軀、同じ印相を組み安置されている。第四回廊には四方に64軀が、上層三層の円形の壇には、中央の特大釣鐘形のストゥーパを中心に、放射状に小型中空釣鐘形のストゥーパが並べられ、やはり同じ印相を結ぶ像が72軀安置されている。この第四回廊を抜いた、5タイプの仏像は中期密教に属する金剛界系の五仏とする論が多い。

第1章　インドネシアの宗教美術史　31

阿閦か（東側仏龕）92軀　————　触地印・左膝上に定印[54]
宝生か（南側仏龕）92軀　————　与願印（施願印・施与印）・左膝上に定印
阿弥陀か（西側仏龕）92軀　————　定印
不空成就か（北側仏龕）92軀　———　施無畏印・左膝上に定印
第四回廊（四方仏龕）64軀　————　右手第1指（親指）と第2指（人指し指）を
　　　　　　　　　　　　　　　　　捻じ、手のひらを前方にむける
第一円壇〜第三円壇（円壇）72軀（32・24・16軀）————転法輪印（図12）[55]

　ただ釣鐘形のストゥーパ内の仏像群は転法輪印を結ぶことから、釈迦牟尼と同定され、金剛界系五仏の中心尊である智拳印を組む大日如来の形状と合致しないところから、密教尊をあらわしていると断定できないとする解釈もあるが、インド、ネパールでは9世紀以後、転法輪印をとる大日如来が成立しているので、それと同様と考えることも可能であろう。これについては、いまだ結論はでていない。

　また、浮彫りとしては、基壇〜四層までの欄楯やその向かい合わせの壁（内壁）に彫刻がされ、基壇、第一回廊〜第四回廊には、さまざまな物語が彫刻されている。それについては先にあげた研究者たちにより研究がされている。「装飾的浮彫り」、「説話的浮彫り」の2つに分けることができ、仏教的内容が多いことが注目される。

図12

　以下各回廊による内容をあげると、基壇が『カルマ・ヴィヴァンカ』（分別善悪応報経）、第一〜二回廊がジャータカ（本生譚・第1章3節）および『アヴァダーナ説話』、第二〜四回廊が『大方広仏華厳経』「入法界品」（図13）、第四回廊『普賢行願讃』である。これらはみな仏教に属する経典および物語であり、聞法による解脱涅槃を説く経典と、因果応報を説く経典ならびに説話がモチーフとされる。[56]

　以上よりボロブドゥールは、現在では密教的要素と仏教的要素を兼ね備えた建

図13

図14

図16

造物といえ、仏像や浮彫りの様式は、丸みを帯び穏やかで典雅な表現から、インドのグプタ朝後期彫刻の伝統をひいているものと考えられる。

　チャンディ・ムンドゥットは、ボロブドゥールから東、約3kmの地点にあり、シャイレーンドラ朝のインドラ王（Indra）（在位782〜812）により8世紀末に建立されたもので、堂内にジャワの彫刻でも最も優れているといわれる巨大石造三尊（三尊形式、図14）が現在も祀られている。マレー半島の775年リゴール（Ligor）碑文に「シャイレーンドラ王のヴィシュヌと呼ばれる王によって蓮華手菩薩・釈迦牟尼仏・金剛手菩薩を祀るチャンディを建立した」とあることから、初期密教の段階とされる三尊形式ではないかとされる。また、寺院外壁には、8軀の尊像が浮彫りされており、密教系菩薩群である八大菩薩とする研究がなされている（図15）。また、十臂女尊、四臂菩薩立像、四臂女尊（図16）もあらわされ尊名比定が試みられている。なお、寺院入り口左右には男尊（図17）と女尊（図

第1章　インドネシアの宗教美術史　33

図17

図15

図18

18）と、本尊の台座に法輪と鹿がみられる事などから仏教寺院であることがうかがわれる。像はインドのグプタ朝後期様式に基づいた均整のとれた彫刻である。

　このほか、金剛界・胎蔵の両部マンダラ説を念頭において、ボロブドゥール（とくに最上層）を金剛界マンダラ、仏三尊像と八大菩薩像が特徴的なムンドゥットを胎蔵マンダラに比定する説もある。

　次に、ボロブドゥールとムンドゥットを結ぶ直線上に位置するパウォンについてのべると、ボロブドゥールと同時期建立、ボロブドゥールの前衛寺院とする説、シャイレーンドラ朝のインドラ王の墓廟祠ではないかとする説があるが、宗教的性格はいまだ解明されていない。[62]に、飾りストゥーパを戴いた屋蓋をもつインドネシアのチャンディの基本型を踏襲したものとされ[63]、入口が南西を向く。前房の屋根は中部ジャワ期のチャンディのほとんどにみられるティンパノン屋根で、破風はカーラ、マカラ、オーナメントで装飾されている[64]。ただし1903年、オランダ

34

　　　　　図19　　　　　　　　　図20

の考古学者ブランデスの企画で復元されたが、屋蓋が原形であるか異論もある。現在内部にはなにも残っていないが、外壁に女神や、キンナラとキンナリ（半人半鳥）、聖樹（如意樹）が彫刻されており、ヒンドゥ・ジャワ期の優れた彫刻が残る。

　パウォンの近くのチャンディ・バノンは、現在その形跡を失っているが、8世紀末〜9世紀初めの建立とされ、1904年、ここから出土したシヴァ像、ブラフマー像、ヴィシュヌ像、ガネーシャ像、アガスティヤ像からヒンドゥー教寺院であったと考えられる。中部ジャワ期を代表する水準の高い作例であり、現在、像はジャカルタ国立中央博物館に所蔵されている。シヴァは、約108cm、ほかの4軀の像と異なる形態で、8〜9世紀頃のウォノソボ（Wonosobo）出土のブラフマー、ヴィシュヌのヴァーハナ（乗物）に肩車状に倚座する像に類似する。すなわち、交脚して坐すナンディの肩にシヴァが肩車状に倚坐し、持物は右手第一手膝上、第二手数珠、左手第一手膝上、第二手払子を執る。ブラフマーは、総高約150cm、四面四臂で肘下から欠損、ガネーシャ（図19）は、総高約140cm、宝冠に髑髏なし、聖紐蛇、右手第一手牙、第二手数珠、左手第一手鉢、第二手斧、アガスティヤ像は、総高約196cm、右手欠損、左手水瓶跡、両足脇に小像の蹲踞跡が

第1章　インドネシアの宗教美術史　35

残存する。
　ヴィシュヌを一例にあげると（図20）、一面四臂の立像で、四臂とも肘上から下が欠損している。材質は安山岩で丸彫り、推定制作年代は8～9世紀頃。総高約200cm、楕円形の頭光を有し、頭部は円筒形の宝冠を戴き、垂髪が両肩に下がる。上半身は裸形で、下半身は裙をつけ、その上から三重の鎖状装飾をつけ、その下に二重の帯を巻き、体の両脇に結び目をつくり、下へ垂らす。この様式は南インドのパッラヴァ朝からチョーラ朝の彫像によくみられるとされる。耳飾、胸飾、聖紐、臂釧、腹帯をつけ、亀甲形の文様が彫刻された蓮華座上に腰を右にひねり、左足を遊脚して立つ。また背面の足元には、大きく翼を広げたガルダが両足で蛇を捕らえた姿であらわされている。
　チャンディ・ンガウェンは、ムンドゥットの東方、8世紀頃建立とされ、北から南に4.4m間隔で5棟の堂が入口を東に一列に並ぶ。現在北端の基壇と、1927年に修復された第2棟の堂の屋蓋部を欠いた部分が残るのみで、第2棟は破風にカーラとマカラ、オーナメントがあり、主房に頭部を欠いた施無畏印を結ぶ宝生如来像とされる石像がある。建築の細部基壇から突出した前門など、後の東部ジャワ期寺院の先駆的なものがみられる。また第4棟跡に両手を欠いた定印を組む阿弥陀如来像が置かれている。密教でいう阿弥陀仏、不空成

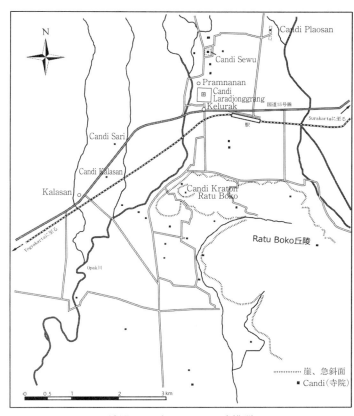

地図6　プランバナン遺構群

図21

就仏、毘盧遮那仏、阿閦仏、宝生仏を安置していたという説もある。[74]

次に、「プランバナン遺構群」(地図6)であるが、現段階で約40の、仏教とヒンドゥー教の遺構、遺品がみられる。なかでも、シャイレーンドラ朝の8世紀中頃に建立されたチャンディ・カラサン、サリ、セウ、プラオサンなどに密教的要素がうかがえる。

まずチャンディ・カラサン(図21)は、ロロ・ジョングランの西にあり、778年のカラサン碑文[75]が遺跡の近くから発見され、密教女尊ターラー(Tārā、多羅菩薩)の祠堂と比丘(僧)たちの僧院を造営すると記されている。現在のような形になったのは9世紀頃とされ、近年は1927～29年に部分的に修復された。[76]当初は装飾とレリーフは漆喰で覆われており、南面入口の左右には守門像が置かれる。入口上部のカーラの彫刻は水準が高く、中部ジャワ期にみられる特徴で下あごがあらわされない。階段のマカラは獅子を口にする。現在は巨大な台座(光背の左右に象・獅子・マカラ有り)しか残っていない。寺院の屋蓋(寺院の屋根部分)の仏龕に仏像が3軀残存しており、東方の仏龕に触地印像、南方に与願印像、西方に定印像とボロブドゥールの四方如来像と同様の印を結ぶ。多羅菩薩の経典[77]には四方仏[78]が説かれていることから、密教に関係する寺院と考えられる。

チャンディ・サリはチャンディ・カラサンから北北東800mにあり、数少ないヴィハーラ(僧侶の房)の遺構で、建築細部がカラサンと類似し、9世紀前半の建立期も同じ頃とされることから両者を1つのコンプレックスに属する見解も成り立つとする見解を千原大五郎氏は説く。[79]正方形を原点に中心に主尊をおく通常のチャンディと異なり、炬形の平面を3房室に分け、木造の床組により2階建にし現在(床組は残存せず)、開口窓を設けて、東を正面にしている。

基壇部は、周囲には約2mの高さの基壇、回廊、正面中央には入口の前房と、それに昇る階段があったはずだが、すべて失われている。三尊仏が安置されてい

第1章　インドネシアの宗教美術史　37

図22

たようだが、現在、像は亡失している。屋蓋が炬形平面の重層の、筒形の曲版屋根を載せた建築様式は特殊な形状といえる。また、外壁面は窓、盲窓に菩薩や諸天の浮彫りが施されており、ヒンドゥ・ジャワ美術のなかでも秀でたものと考えられる。

　チャンディ・セウ（図22）は、9世紀頃に4段階にわけて建立されたとされる[80]。ほぼ完全な十字形の主寺院を中心に、周囲に無数の小寺院が4列に並び約240基が囲んでおり、プランバナン地区最大の仏教系遺構とされる。正方形に近い炬形の寺苑は、東を正面に石垣で囲まれ、その石垣の中央には一対の守門像が計8軀置かれている。その像から各300m前方には、東にアスゥ、南にブブラ、西にクロン、北にロールが門前守護神を祀った前衛チャンディが建立されたとされる[81]。現在アス、ブブラの基壇残存部以外は形跡がない。この4つの前衛チャンディによって囲まれた範囲がセウのコンプレックスとされている。仏像は亡失しているが、寺院のつくりが中期密教の金剛界マンダラを模しているという説がある[82][83]。主堂の大きな特徴は、回廊が身舎を貫通し、主房と四面の突出した房を切断しており、4つの側房には、向かい合って3つの仏龕が24設けられている。またセウから約750m南のクルラクから出土した碑文に782年、文殊菩薩に奉献した寺のことが記され[84]、1960年にセウの中央祠堂から発見された文面にマンジュシュリーグリハ（Mañjuśrīgṛha）と称する寺院が792年に増広されたことが記されており[85]、782年に創建、10年後に主堂が増築されたと考えられている。マンジュシュリーは中期密教尊と考えられることからも密教に関連する寺院といえよう。セウから

図23

　出土した如来像頭部は、ボロブドゥールの諸像との類似性がみられるが、僧形頭部は類似性がみられない。

　チャンディ・プラオサン（図23）は、セウの東北東約1.5kmに位置し、プランバナン地区のチャンディの多くが東を正面にしているなか、この遺跡は西を正面にしている。チャンディ・ロロ・ジョングランを建立したとされるラカイ・ピカタン（Rakai Pikatan）王とその妻、プラモーダヴァルダニー（Pramodavardhanī）により建立され、チャンディ・ロロ・ジョングランから発見された多数の刻文から856年頃には竣工されていたとされる。約90mを隔てて南北２つの寺院群からなり、北の寺院群には当初３つの寺院があったとされ、現在は２つが修復されている。炬形の周壁に囲まれた２つの主寺院は、その周囲をペルワラ50棟が取り巻き、その外側を四隅をペルワラ、ほかは基壇上に建つ小形ストゥーパ54基が外周し、さらにその外側を四隅のペルワラ、他を小形ストゥーパの62基が囲う。計三列で総計58棟のペルワラ、116基のストゥーパが囲う。1941年ペルワラ１棟、小ストゥーパ１基が復元、1945年に内苑の周壁と西側の２つの門が復元された。

　寺院は、内部が３つの房室に分かれ、階上にも房室がある構成で、階下にはそれぞれ３つの台座を有し、計９つの台座が置かれている。南堂の基壇部は突出部で構成され、外壁面はサリと類似したパターンで、窓、盲窓に菩薩や諸天の浮彫りが施されている。サリと同様の炬形平面重層の僧房型チャンディであるが、屋蓋は堂型チャンディにみられるインドの南部型高塔を起源とする三層の段台ピラミッド系統とされる。1960年に再建が完成したが、現在３つの房室とも中央の像

第1章　インドネシアの宗教美術史　39

図24

図25

を消失している[92]。像については、脇侍として文殊をはじめ、各房室2軀（図24）ずつの計6軀の菩薩像が安置されている。北堂も同様の配置で、現在5軀が残っている。またそのほかに博物館に僧形坐像、弥勒菩薩像、菩薩頭部、文殊菩薩頭部などが所蔵されている[93]。プランバナン・歴史的古代遺物博物館所蔵の僧形像[94]は、総高約104㎝、安山岩、偏袒右肩で薄い衣をつけ、足もとの衣端の表現、顔の表情など、ボロブドゥールの像に共通する点が多々みられる。

　像の左右の壁には、カーラ、マカラ、オーナメントで縁どりされた仏龕が各1つの計6つ、階上の房室にも両側壁に仏龕が計6つ、浮彫りが計6つみられる。本来、南北2つの堂で計18軀の像と、仏龕に28軀の46軀の仏像群があったこととなるが、現在は内陣に菩薩像が計11軀しか残っていない。これらの像は光背に特徴があり、蓮弁形で周縁部が内に花形、外に火焔文様が外周する。また、菩薩については、三宝蓮を持つものを普賢とし、宝珠を持つものを地蔵と考察すると[95]、この寺院には、八大菩薩中の6つの菩薩があらわされていると考えられ、チャンディ・ムンドゥットの八大菩薩との関連とあわせて今後の課題となろう。また注目すべきは、その2つの堂の北にある未修復の堂跡に、2つの堂と同形態の如来像、菩薩像（普賢、文殊、弥勒：図25）女尊、ジャンバラなどの像が置かれている。如来像の衣のすそはボロブドゥールの如来像と同形である。そのなかには観音が2軀確認されることから、当初、2つの主堂を含め、4組の六菩薩のセットがあった可能性が考えられる。2つの堂の門前には4軀の守門像が置かれており、それぞれ対の像の口が、開閉（阿吽）の形式をとることが注目される。

図26

　一方、約90mを隔てた南のプラオサンは周壁に囲まれた寺苑に正方形の主房一室にもと3軀の像があった。16棟のペラワラと69基の小ストゥーパがあったらしいが、現在は、主堂以外は放置されている。

　この寺院は、多数の寄進者名を記した碑文が唯一発見されており、造営の背景を考える上で重要とされる。

　一方ヒンドゥー教の遺跡については、マタラーム朝の9世紀中頃～後半に建立されたチャンディ・ロロ・ジョングランやサンビサリ、イジョーなどがあげられる。

　チャンディ・ロロ・ジョングラン（図26）は、チャンディ・プランバナンと称されるほどプランバナン地域を代表するヒンドゥー教巨大遺跡である。10世紀のはじめにバリトゥン王（Balitung）（在位898～910）により、または王のために建造されたとされていたが、前述の通り、プラオサンやこのチャンディから発見された刻文から、マタラーム朝のラカイ・ピカタン王とシャイレーンドラ朝の姫で、その妻、プラモーダヴァルダニーにより、856年頃には竣工されていたとする説が有力となった。

　中心の内苑はほぼ亡失している第三寺苑、第二寺苑と、現存する第一寺苑の石垣に囲まれている。第一寺苑のなかに、復元想定時、ヴィシュヌ堂（高さ約23m）、シヴァ堂（高さ約47m）、ブラフマー堂（高さ約23m）の3つの祠堂と、三神のヴァーハナ（乗り物としての鳥獣）の堂、ガルダ（高さ約22m）、ナンディ（高さ約25m）、ハンサ（高さ約22m）をそれぞれ、向かい合う位置に配し、これら東西三棟の列の中間に位置する両脇に、宗教的な意味が不明の祠堂（Apit）が

第1章　インドネシアの宗教美術史　41

図27　　　　　　　図28　　　　　　　　図29

二棟（高さ約16m）修復されている。また、これら8棟の堂の周囲を、第一寺苑の四隅に堂（Sudut）が4棟、Sudutと同形の堂（Kelir）が四隅の堂の間に4棟、計8棟（高さ約4.1m）が復元され、囲んでいる。第二寺苑には4列配置で224棟（68、60、52、44）の小祠堂（二棟のみ修復される）が置かれる。

　三神の寺院のなかでもシヴァ堂は最大で、東面の主室に石造シヴァ神立像を置き、その前室を除くほかの3方の北の小室には妻のドゥルガー、西に息子のガネーシャ、南にアガスティヤの石像を祀る。また、入口左右には守門2軀の像が置かれる[99]。ヴィシュヌ堂もブラフマー堂もほぼ同形で、ヴィシュヌ神[100]と、ブラフマー神の石像を祀り、ヴァーハナではナンディが1軀、計7軀が現存している[101]。

　それぞれの像の持物などをあげると、シヴァ（図27）は、ナーガ（口の正面から先が2つに分かれた舌が上にあがる）を有するヨーニの上に直立する。楕円頭光、獅子皮を腰に巻く、蛇の聖紐、臂釧がカーラ、右手第一手胸前に置く、第二手数珠、左手第一手一部欠損するが、宝珠？を持ち腹前に置く、第二手払手を執る。シヴァ堂のドゥルガー（図28）は、楕円頭光、顔右斜め前方を向き、第三眼二重円形、右足を屈し、水牛に乗る。右手第一手水牛の尾、第二手鉤、第三手刀剣、第四手輪宝、左手第一手棍棒を執る魔神の髪を握る、第二手弓、第三手盾、第四手法螺貝を執る。ガネーシャ（図29）は宝冠に髑髏と三日月、聖紐がナーガ、右手第一手欠損するが牙、第二手数珠、左手第一手鉢、第二手斧を執る。アガス

42

　　　図30　　　　　　　　図31　　　　　　　　図32

ティヤ（図30）は、楕円頭光、左脇部から冠帯の端が翻る。右手胸前で数珠、左手水瓶、光背右に三叉戟を置き、左肩に払手をかける。ヴィシュヌ（図31）は、シヴァと同様で、ナーガ（顔面欠損）を有するヨーニの上に直立し、第三眼が円形、右手第一手棍棒（棒一部欠損）、第二手輪宝、左手第一手四角形、第二手法螺貝を執る。ブラフマー（図32）は、ナーガ（口奥に上下牙と正面から舌が上にあがる）を有するヨーニの上に直立する。四面の第三眼は円形、右手第一手花形、第二手数珠、左手第一手水瓶、第二手蓮を執る。シヴァ、ブラフマー、ヴィシュヌは皆ナーガのついたヨーニに立つ。また、シヴァ、ブラフマー、ヴィシュヌ、ドゥルガー、ガネーシャ、アガスティヤは、腰布が巻かれ、その端が左右に大きくリボン状に結ばれ光背に彫刻される。ガネーシャ以外は、裙の左右裾が広がり、腹部中央で結ばれる腰紐の形状などが共通する。ドゥルガー以外は、蓮肉が亀甲の蓮華座を有する。ナンディ堂には、ナンディ（図33）が残存し、一緒にスーリヤ像とチャンドラ像[102]が祀られている。

　さて、それぞれの祠堂の屋蓋にはラトナという仏教のストゥーパに似た鐘形の飾りが多数置かれている。また、基壇の幅に比べて身舎が細長く、段台ピラミッド的でなく、尖塔型となった屋蓋が高いことは、すでに中部ジャワ期的ではなく、後の東部ジャワ期へ移行する過程にある建築と考えられる。シヴァ堂の回廊の内

側には『ラーマーヤナ』（図34）に基づく説話場面の浮彫りなどが右繞してそれぞれ42枚、その続きをブラフマー堂の30枚、ヴィシュヌ堂では『マハーバラタ』の主役クリシュナと、その弟バーララーマの若い日の生活を描いたクリシュナーヤナ（Kṛṣṇāyaṇa）が12枚優れた彫刻であらわされている。[103]ほかに、シヴァ堂の基壇部には、龕中に中央に獅子を置き、その左右に聖樹の下にキンナリ、キンナラや動物が刻まれるプランバナン・モティーフがみられる（図35）。また、回廊の主壁には24面の大形の浮彫りパネルがみられる

チャンディ・サンビサリは、プランバナン地区のチャンディ・カラサンの西に位置し、溶岩に埋没し、火山灰に埋もれていたものを1970年代に発掘されたもので、周囲を方形に囲まれ、中心にシヴァ堂を置き、その前方に3つの祠堂がある。シヴァ堂入口の階段にはヤクシャを下台に獅子を口にするマカラが施され、堂の入口には下あごのないカーラの顔のみがあらわされる。堂内では1匹のナーガ

図33

図34

図35

（上牙有り）が施されたヨーニと、リンガが置かれる。また、周りの龕には上部にカーラを有し、アガスティヤ（総高96cm、一面二臂・痩身、右手輪形、背後に三叉戟、左手水瓶、肩に払子）、ガネーシャがロロ・ジョングランと同様の持物

で（総高約65cm、一面四臂・右手第一手牙、第二手数珠、左手第一手鉢、第二手
斧、宝冠に正面髑髏・三日月）、ドゥルガー（総高約110cm、一面四臂・腰細く、
顔正面を向き、右足を屈し、水牛に乗る。通常の像とは異なり魔神（マヒシャ）
の頭を抑えない。右手第一手輪宝、第二手欠損、第三手矢、第四手三叉戟、左手
第一手鉤、第二手弓、第三手法螺貝、第四手不明）が安置されている[104]。

チャンディ・イジョー（Ijo）はプランバナン地区のラトボコ丘陵から東にあり、
9世紀頃のナラシンハなどがみられる[105]。

チャンディ・スコー（Suko）は、ボヨラリ（Boyolali）の西に位置し、9世紀
頃の寺院とされ、そこからはナンデーシュヴァラが出土している[106]。

以上、中部ジャワ地域においては、その遺跡などから7～8世紀にはマタラー
ム朝によるヒンドゥー教の寺院が建立され、8～9世紀にシャイレーンドラ王朝
によって仏教、とくに密教尊像を祀ると考えられる寺院が建立されていたことが
わかる。また9～10世紀初頭には再びマタラームによるヒンドゥー教寺院がプラ
ンバナン地域において、シャイレーンドラ朝の仏教寺院の近くに建立されるよう
になる[107]。密教については、各寺院の内容から、時代区分的にいう中期密教に属す
る傾向がうかがわれ、とくに金剛頂経系の密教の影響が考えられる。

美術の点においては、インド、グプタ後期の様式の流れをくむ作例が多くみら
れ、ヒンドゥー教、仏教、密教に関わらず、ジャワ美術を代表する優れた像や浮
彫りが数多く散見される。シャイレーンドラ朝が衰退するとともに、ジャワの文
化の中心は中部ジャワ地域から東部ジャワ地域へと移ることになる。以下、東部
ジャワについてのべたい。

第2項　東部ジャワ

東部ジャワの遺跡と美術について、地図7にその地域を示した[108]。

10世紀初頭、中部ジャワのシャイレーンドラ朝が滅びると、政治・文化の中心
はジャワの東部に移り、10～15世紀頃まで東部ジャワ地域の美術が展開する[109]。東
部ジャワの美術では中部ジャワのそれと比べてインドの影響が薄くなり、クディ
リ朝、シンガサーリ朝、マジャパイト朝時代において、遺跡の規模も中部ジャワ
と比べ小さくなり、全体に土着化がすすみ、ジャワ固有の要素が濃くなる傾向が
顕著となり、それとともに技法的な衰退もめだつようになる。

第1章　インドネシアの宗教美術史　45

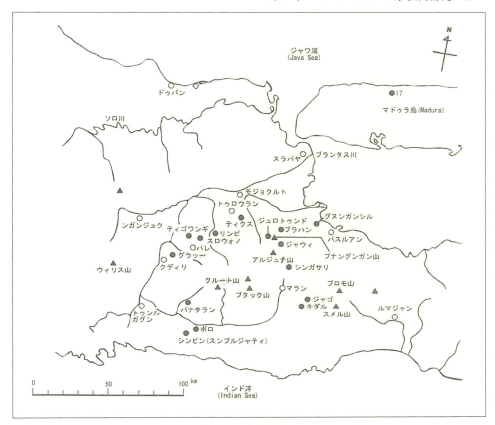

地図7　東部ジャワ

　クディリ朝の造形活動は、中部ジャワ、東部ジャワ期を通して低調であると考えられ、中部ジャワ期からの連続性というものが読みとれない。すなわち東部ジャワの遺構は、大半がシンガサーリ朝とマジャパイト朝時代に属している。主な遺構はチャンディ・キダル（Kidal、1260）、チャンディ・ジャゴ（Jago、1280頃）、またチャンディ・シンガサリ（Singasari、1300頃）、チャンディ・ジャウィ（Jawi、1300頃）などが比較的早く、つづいてマジャパイト朝の最盛期に代表するものとして、東部ジャワ最大のチャンディ・パナタラン（Panataran、14世紀頃）などがあげられる。

　これらの建築は多様な様相を呈するが、高い基壇上に比較的小さな箱型の社をのせ、屋蓋（屋根部分）を階段状に高くつみあげた高塔形のものが多い。全体に中部ジャワよりも小規模になっている。クディリ朝にはじまる東部ジャワの文化が、宗教の面では大乗仏教および密教とヒンドゥー教の混在が本格的にみられる

ようになり、「シヴァ・ブッダ」なる観念が定着していくとされる[110]。チャンディ・シンガサーリのドゥルガーの石像と、同地域でプラジュニャーパーラミターの優れた作品がみられ、ヒンドゥー教と密教との並存もうかがわれる。造形としては、王を神格化した像を祀ることが行われる。もともと宗教的建造物であったチャンディの性格も廟墓化して、王ないし王族の遺骨を収めることが通例となる。また、像ではチャンディ・ジャゴの初期密教に属するとされる石造不空羂索観音像[111]にいたると形式化は否めず、後述するが、チャンディ・スンブルジャティ（Sumberjati）出土尊像の左右相称の正面性を強調した造形がされ、チャンディ・リンビ（Rimbi）出土の女尊像がこれに続く。

14～15世紀には、ジャワ固有の自然崇拝信仰とヒンドゥー教が結びついたラウ（Lawu）山麓のチャンディ・スクッ（Sukuh）やチャンディ・チェト（Ceto）などが知られるが、これらはジャワへのイスラームの浸透をさけて深い山中でつくられたものと考えられる。像はヒンドゥー教のガルダなどがモティーフとされ、従来のヒンドゥー教美術にはみられない形状を帯びている。

また、寺院ではないが、11世紀にはンガンジュクに中期密教から後期密教の過渡期の経典に説かれる青銅仏像群が出土しており、発達段階の異なる純粋な密教系のものも東部ジャワにみられることも特徴としてあげられる[112]。

以下、東部ジャワの遺跡と美術についてもう少し詳しくのべる。

クディリ朝の主な遺跡は、標高1653m のプナングガン（Penanggungan）山（③）に位置する。この山は4つの小さい頂がある独特な形から、霊山として神聖視され多彩な神話もあり、海抜750～1500m の斜面に、977～1511年に及ぶ期間、81カ所の遺跡が見出され、東部ジャワ期芸術の初期の建造物から終末期の遺構までここに集約されている[113]。チャンディ・ジョロトゥンド（Jolotundo）、チャンディ・ブラハン（Belahan）の特異な霊水の沐浴場、チャンディ・グラッなどが代表にあげられる。

まずプナングガン山西斜面700m にあるチャンディ・ジョロトゥンド(977)は[114]、年代が明確な遺構としては最古のものである。1817年に発見され、骨壺、死者の副葬品もみつかっている[115]。16.3×13.5m の炬形の水槽で、東を背に、山の湧き水が導かれる。中央の噴水塔はヨーニ状に斜面からつながる。その左右には、はめ込み補助水槽が2つある。中央の擁壁の頂部には円形挙身光が浅く彫られ、彫像が安置されていた痕跡があり、左右につながる壁面には文字が刻まれている。噴

図36

　水塔の排水口周囲には、五角形の安山岩でくまれた『マハーバーラタ』にちなんだ物語の浮彫りが、基壇周囲には鬼面状、またはナーガを意識したものと思われるものが施される。正面右の水槽には亀の台座が残り、左にはナーガの彫像が龕に施され、その口から水があふれている。

　チャンディ・ブラハン（11世紀中頃、図36）は、東斜面約700mにあり、西を背に朱色のレンガを積んだ炬形の水槽で、小川の川床を利用してつくられている。碑文から1049年、アイルランガ王（在位1019～49）の亡くなった年が記されていることから、王に関連するものと考えられる。3つの壁龕からなり、中央の龕の上にはエルランガ王の影像とされるガルダに乗るヴィシュヌの石像が置かれていたという。左右の龕には四臂のシュリー（Śrī）、ラクシュミー（Lakṣmī）がそれぞれ置かれ、シュリーは左右の手第二手から、ラクシュミーは乳房から水が流れ出ている。シュリーの頭光は透かし入り円形で、持物が第一手左右は手首から先欠損、第二手右手に3つの蓮の蕾を執る。ラクシュミーは頭光が蓮弁形、冠帯が翻るように放射に4本あらわされている。第一手左右は乳房を下から持ち上げ、第二手右左は排水口となっており、持物ははっきりしない。両像とも頭光の高さまでの、彫刻の施された挙身光を背にし、頭部は顔の倍程の大きな宝冠を戴き、垂髪が両肩に下がる。上半身は裸形で、下半身は薄い裙を着け、両足の形が浮かび上がる。裾は外へ大きく広がる。その上からもう1枚、膝上の長さの布を一重に巻き、華美なベルトを締め、帯を巻き、体の両脇に結び目をつくって下へ垂らす。この様式は南インドのパッラヴァ朝からチョーラ朝の影像によくみられるとさ

図37

れる。耳飾、胸飾2つ、臂釧2つ、腕釧2つ、腹帯、足釧をつけ、蓮華座上に直立して立つ。鋳造像で同形の女尊はみられない。

ヴィシュヌ像についてのべると（図37）、現在モジョクルト博物館に所蔵されており、総高約190cm、ガルダに乗る四臂の神像で、前二臂で定印、後二臂で法輪と法螺貝をもち、華麗な飾りと宝冠をつける。東部ジャワの優れた彫刻としてあげられる。その大きさから、ブラハンの2尊の間に安置されたかは疑問である。ほかに、シュリー右横には内側を向いた男性の蹲踞した供養像がレンガに彫られている。また、斜面には獣（カーラか）と人物像が彫られた蓮弁形の石板が置かれている。

次にクディリ近郊のチャンディ・グラッ（Gurah）は、1957年に発見された寺院で、そこの銘文は11～12世紀頃の書体とされる。主堂が西を正面にし、3つの建物が東面する中部ジャワ期の一般的な形式の伽藍をもつ。また階段のマカラにオウムを配するなど、中部ジャワ期の要素がみられることから、中部ジャワ期と東部ジャワ期を結びつける存在となっている。像もブラフマー像、スーリヤ（Sūrya）像、チャンドラ（Candra）像もみつかっている。スーリヤ（図38）はチャンディ・シンガサリ出土、プラジュニャーパーラミターの顔の表情に似る。

次にシンガサーリ朝の遺跡をみると、チャンディ・キダルがあげられる。マラン（Malang）のトゥンパン（Tumpang）という土地が王朝期の中心で、シンガサーリ朝第二代の王、アヌーシュパティ（Anūṣapati）（在位1227～48）の墓廟祠とされる。通常、死後12年後に墓廟が奉献されるので、1260年頃建立と考えられている。高さ約17mの搭状の建築で、基壇には、壺を頭頂に載せたガルダが彫刻されており、ブラハンのヴィシュヌのガルダに近い形状をしている。この主尊とされるシヴァ像（図39）がトロッペン（Tropen）博物館に収蔵されている。総高約1.2mの一面四臂の石像は、左右相称の正面性の強い像で、前二臂は屈臂

第1章　インドネシアの宗教美術史　49

図38　　　　　　　　　　　図39

し胸下で、右手の上に左手を載せ、後二臂右手に数珠、左手に払手をとる。数珠と払子にはギザギザの光暉がみられる。華麗な飾りと宝冠をつけ、頭光が楕円、冠帯の端が翻るように上部にあらわされている。光背の足元左右の蓮が写実的に、塊茎から立ち上がっている表現がみられ、インドのパーラ朝、中部ジャワ期のものと同様で、花瓶から立ち上がるマジャパイト朝の彫像とは異なる。

図40

図41

　キダルの西南にあるチャンディ・ジャゴ(図40)[124]は、チャンディ・トゥンパンと称され、13世紀頃、シンガサーリ朝の第四代の王、ヴィシュヌヴァルダナ(Viṣṇuvardhana)(在位1248〜69)の仏教徒としての墓廟祠とされ、14世紀中頃、築造された。主房や龕にあった多くの仏像から仏教的性格は明確だが、遺構の浮彫りは像との様式と異なり、内容も仏教的なものではないことから、建立は14世紀中葉のスマトラ王の時代、またはヴィシュヌヴァルダナ王の奉献の1280年頃説の両方がある。遺構は西北に面し、前面に広いテラスと階段を持ち、長方形三層の段台テラスの最上段奥に身舎が建てられている特異な様式で、規模は第一テラスの奥行きが全長約23.5m、最大幅約14mで、14世紀中頃に築造された。三層の段台テラスの側壁には、仏教と関係あるヒンドゥ・ジャワ文学の説話の浮彫りが、従来の右繞ではなく、左回りにつくられている[125]。最上階は入口のみが残っており、その左右の『クリシュナヤーナ』の物語とされる像は、髪が乱れ、目をむき蛇の胸飾りをし、牙をむいた鬼の形相を呈したものであらわされ(図41)、その像の彫刻の下には、源氏香状の文様が外周している。主堂の前には中央に四角の溝のある蓮花(反花有り)をのせた方形台が置かれる。
　この寺院の像は、みな単独像で、現地に残存する八臂の像(不空羂索か)[126]をはじめ、ジャカルタ国立中央博物館に、与願印の如来像[127]、触地印の如来像[128]、シュヤーマターラー(Śyāma Tārā)[129]、スダナクマーラ(Sudhanakumāra、図42)[130]、ブリクティ(Bhṛkuṭī)[131]、ハヤグリーヴァ(Hayagrīva)[132]、四仏の明妃とされるローチャナー(Locanā)[133]、マーマキー(Māmakī)[134]、パーンダラヴァーシニー(Pāṇḍaravāsinī)[135]などが安置されていたとされる。これら四仏の明妃像を除き、ほぼ同じ総高、作風で、光背にナーガリー文字の刻文があり、パーラ朝の密教との関連が考えられている。
　また、シャーマターラー、スダナクマーラ、ハヤグリーヴァ、ブリクティなどは、1200年頃、インドのシャーキャシュリーバトラが不空羂索の観想法を記した

第1章　インドネシアの宗教美術史　51

図42　　　　　　　　　　　図43

梵本経典に基づくものであり、イスラーム教の台頭によりインドから周辺諸国に避難した仏教徒によりもたらされたものであるとの指摘もある。また、四仏と四明妃の一部が、同時に出土していることから、密教でも瑜伽部から無上瑜伽部の推移期の経軌が影響を及ぼしている可能性も指摘されている。ほかに、松長恵史氏が胎蔵毘盧遮那と推定する定印を組む菩薩形などもみられる。

　また、不空羂索とされる八臂像（図43）についてのべると、総高約215cm、頭光は内に連珠、外に火炎が外周される楕円形で刻文が横に入る。頭部は首から上が欠損、冠帯の端が左右から翻るように上方へ伸び、頭光に彫刻される。肩に垂髪と胸飾りの両端と思われる鎖が両肩にかかり、装飾は胸飾、2つの臂釧、腕釧、腹帯をつけ、聖紐を左肩から下げる。上半身裸形で、くぼんだ臍の下半身には折り目が中央にある裙を着け、両裾は下で品字型をつくる。裾下から下の足、台座も欠損している。裙の上から、顔を右股部におく獅子皮を1枚巻き、華美なベルトを締め、その鎖の端が両膝上に下がる。体は直立に立つ。右手を上から数珠、羂索、欠損、欠損（与願印の破片有り）、左手は梵夾、不明、蓮茎？を握る。蓮茎が台座より湾曲して腰のあたりまで伸びており、蓮の描写が写実的で、ほかのブリクティ像の描写もほぼ同様である。花弁状の挙身光上部に頭光を挟んで刻文

図45

図44

図46

が横に刻まれる。光背の裏、像の腹帯の高さに2つの穴有り。

　ジャカルタ国立中央博物館像に1286年、ジャワのヴィシュヴァルーパクマーラ（Viśvarūpakumāra）王からスマトラ王への奉物として送られている西スラウェシ出土の像（図44）も知られる。それは顔も持物もすべて欠損していてわからないが、装飾、衣の形態が類似する。光背に頭光左右に日（右）、月（左）を配し、8軀の如来と、台座左右に各2軀、計4軀の脇侍が備っている。

　敷地内には、八臂像のほか、巨大なカーラが3つ置かれている（図45）。頭部

には内側に歪曲した角、その間に髑髏を配し、大きく見開いた目（時計まわりに渦を巻く）、厚い眉、口ひげが豊かで、上下に牙をむき、頰から円錐形の角状のものが上を向く。親指と薬指、小指を屈指した5本指の両手を頰の横に置く。中指の背後から前面にナーガが顔を出す。中部ジャワ期にはなかったあごがあらわされている。

　像として、シンガサーリ朝の第二代のアヌーシュパティ（Anūṣapati）王の治世（在位1227〜48）のものとされるチャンディ・バラ（Bara）のガネーシャがあげられる。現在寺院跡はないが、像1軀が残っている（図46）。総高約150cmで、台座に古ジャワ語でŚaka暦1161年（西暦1239年）とある[140]。背面は、腰までいっぱいにカーラが施されている特異な作例。眼を大きく見開き、牙をむき出す。髑髏の台座に両足裏をつけて坐す。髑髏、三日月のない宝冠（頭頂に6弁の花形）を戴き、冠帯の端が楕円の頭光に翻っている。顔面右目が欠損、両牙が半分で折れる。聖紐が髑髏、耳裏にかかる房が垂下する耳飾りが特徴でほかに例をみない。右手第一手牙、第二手数珠、左手第一手鉢、第二手斧を執り、指の爪が鋭く伸びる。

　チャンディ・ジャウィ（図47）は、プナングガン山西南に面しており、シンガサーリ王朝最後の王で、シンガサーリ最後の王とされる第五代のクリタナガラ（Kṛtanagara、在位1268〜92）に関係する寺院の1つとされ、1300年頃の建立とされる。1939〜41年、破片が見当たらないことから身舎と屋蓋の一部を切り離されていたが、現在は接合されている。基壇は炬形で、東に面している。正面階段には上半身両手をあげた獅子を口にするマカラが4つあり、堂内にはヨーニ（ナーガが付く）が置かれている。天井部には門に向かって、円形内、馬に乗る像が飾られている。基壇部には、ジャングルを背景に、馬や象や人物、建物が写実的に彫刻されるが、物語については現在比

図47

54

図48　　　　　　　　　　　　　　図49

定されていない。また、下から源氏香のような文様、壺を上下に連続させたような文様、花の変形文様の3種が外周する。カーラは頭部に内に歪曲した角があり、目を大きく、上下に牙をむき、両手を握ったようにおく。屋蓋には角にマカラ、側面にカーラが施される。

　ほかに主堂の前と、後方に建物跡が残る。敷地内には、菩薩像やヨーニなどが収蔵されている。像としてドゥルガー（右手第一手輪宝・第二手水牛の尾、第三手矢、第四手短剣、左手第一手盾、第二手魔神の頭を抑える、第三手弓、第四手法螺貝）が確認される。シンガサーリ朝からマジャパイト朝にかけてみられるギザギザの光輝の表現が短剣の周りにみられ、頭光にも翻る冠帯が表現される。

　チャンディ・シンガサリも、クリタナガラ王の墓廟祠で、1300年頃建立といわれ、主房は、前房、側房を有した十字形で、現在は主房に欠損したヨーニがあり、南の房にアガスティヤ（197cm）が残っているのみである。周りの房には、ドゥルガー（約157cm、右手第一手欠損輪宝か、第二手水牛の尾、第三手欠損、第四手欠損、左手第一手盾、魔神の頭を抑える、第三手欠損、第四手欠損、図48）、ガネーシャ（約154cm、図49）、アガスティヤ、ナテーシュヴァラ、マハーカーラがあり、ほかにナンディがみつかっている。

図50　　　　　　　　図51

　シンガサーリの他の地域からはジャカルタ国立中央博物館像の11〜13世紀頃のプラジュニャーパーラミター[146]（約126cm、図50）、13世紀頃のバイラヴァ[147]（約167cm、図51）、が出土している。これらの像は、それぞれヒンドゥー教と密教をあらわす像であり、同地域の同じ時期に２つの宗教の作例がみられることから、宗教の並存がおこっていることがうかがわれる。クリタナガラ王は、「シヴァ・ブッダ」として祀られ、後年の1365年、マジャパイト朝のアヤム・ウルク（Hayam Wuruk 在位1350〜89）王の頌詩『ナーガラクルターガマ（Nāgarakrtāgama）』は、この寺院がシヴァと仏教が混交した性格をあらわすと記していることからも[148]、一寺院に両宗教の混在があったことが考えられる。

　次に、マジャパイト朝のチャンディをみると、パナタラン（Panataran）、スンブルジャティ村のシンピン、バジャング・ラトゥ（Bajang Ratu）、ティクス（Tikus）、ブラフ（Brahu）、ティゴワンギ（Tigowangi）、スロウォノ（Surowono）などがあげられる。

　中心的な寺院はパナタランで、プナングガン山の西南、スメル山の西に位置するクルッ火山（Kelud）の南西にあり、旧名チャンディ・パラーという。東部ジャワ最大のチャンディ・コンプレックスで、出土している刻文から、1197〜1454

年にわたり、建築活動がなされ、14世紀に活発になったらしい。チャンディ・ジャゴ、後述するチャンディ・スクッ、バリのプラと同様、三段階（第一寺苑、第二寺苑、第三寺苑）をとって、山に向かう寺院で、西北西を正面にし、全体の奥行きは180mにおよび、第一寺苑の門から第三寺苑までほぼ一直線に通じており、その門ごとに守門像が対に立つ、ヒンドゥー文化渡来以来の、土着固有文化にみられる神祠造営の様式の復活とされる寺院である。[149]この寺院の特徴として、守門像（第2章第5節）が寺苑の入口ごとに計6軀残されており、それぞれ棍棒を手に蹲踞する形は中部ジャワ期のそれと変わらないが、耳飾、冠帯に髑髏、臂釧、腕釧、足釧、聖紐などが蛇や髑髏であらわされており、東部ジャワ期の美術の特徴がうかがわれる。

　第一寺苑の入口に北には基壇が残り、その基壇底を蛇が外周しており、階段ごとに対の守門立像が現在7軀置かれる。像は、外周する蛇の上に髑髏の台座を置き、その上に立つ。形状はバリの像に近く、目を見開いた鬼面で、片手に棍棒を執り、頭部が強調され、髪が腰まで長く、髑髏や蛇を意識した華美な装飾を付けた足元には小像がつくものが多い。また西を正面にして、入口の楣に古ジャワ語でŚaka暦1291年（1369年）と記されたチャンディがあり、1917〜18年まで修復がなされ、東部ジャワ期の典型例と考えられる。

　第二寺苑には、屋蓋の欠損した方形の小チャンディがある。蛇が波形に建築の軒先を外周し、その蛇を支える像が身舎の側面に入口、四隅とその中間、計9軀が施され、その間に円形内に植物文、動物が刻まれたメダイオンが各側面2つずつ、計6つがはめこまれている。像は右繞するように足先がみな右をむく。円柱形の宝冠を戴き、頭光に翻る冠帯を刻み、上半身裸、下半身に裙を着け、華美な装飾（耳飾、胸飾、臂釧〈2つ〉、腕釧〈3つ〉、腹帯、聖紐、足釧）、片手に鈴、片手で蛇を持ち上げる。ほかに例をみないチャンディの装飾で、その用途については、いまだ明確ではない。

　第三寺苑の主堂は、三層の段台ピラミッドで、第1テラスの側壁には円形（直径35cm）に植物やさまざまな動物を彫ったメダイオンと、『ラーマーヤナ』（図52）が交互に配される。ロロ・ジョングランとは様式もずいぶん異なり（図26）、平面的で、抽象的な表現となっている。メダイオンには一角獣と思われる珍しい動物が刻まれ、『ラーマーヤナ』は物語後半の場面のみがあらわされ、なかには第一寺苑のチャンディの原形と思われるチャンディが刻まれている。基壇の2つ

第1章　インドネシアの宗教美術史　57

図52　　　　　　　　　　図53

の階段前には、棍棒の切先を下にした守門像の役を果たすと考えられる像が4軀置かれる。第2テラスの側面には『クリシュナヤナ』の浮彫りがされ、周辺隅に小チャンディを置かれる。第3テラスには、台座側壁（第2テラスで見られる）に有翼のオスの獅子像と有翼のナーガ像（隅に人物像もあり）が、交互に外周して施されている。現在頂は何も置かれていないが、主堂の身舎の一部が修復されて、主堂の北に置かれている。龕を側面の中心に置き、隅に八臂像が置かれる。側面は龕の左右、女尊とナーガを交互に突出した柱に施され、間には人物などがはめこまれている。また龕には像はないが、台座にハンサ（Haṃsa、鵞鳥）、ガルダ（Garuḍa、ガルダ鳥）が残されている。

　寺院の南には沐浴場があり、側壁にはŚaka暦1337年（西暦1415年）の碑文が残り、動物の浮彫りがされている。

　また、チャンディ・シンピン（スンブルジャティ村）は、パナタランの南にあり、マジャパイト朝初代クリタラージャサ（Kṛtarājasa）（在位1293〜1309）に関わる寺院で、出土した像は尊名が定まらないが、王の肖像とされている[150]（図53）。像には、マジャパイト朝の彫像の特徴として、左右相称で正面性が強く、華美な装飾、裙の上から巻いた腰布をΩ形に折り返しがみられる。シンガサーリ朝から

続く、頭光に上部に翻る冠帯の端、光背に刻まれた蓮の写実的な表現がみられる。現在は跡地に基壇部跡が残り、遺跡の各部分が並べられている状態で、花形や門入口のマカラが刻まれたレンガ、屋蓋の隅に置かれたと考えられるマカラ、眼を見開いた下あごのある１ｍ弱のカーラが数個置かれている。

　次に、建造物としてとりあげるものとしては、チャンディ・パナタランより北の、チャンディ・ティゴワンギ（Tigowangi）、チャンディ・スロウォノがあげられる。[151] ともに基壇部のみが残存している。ティゴワンギは、1400年頃の建立とされ、基壇の側面の浮彫りは11世紀に創作された『アルジュノ・ウィワォホ』で、13場面からなる。スロウォノは第四代アヤム・ウルクの義弟マタウン（Mataun）の霊廟とされる。基壇の側面には『スダマラ』の浮彫りが、その図の下には首の長い壺と蓮の線刻が外周し、下の段には壺を上下させた文様と物語のプレートと、源氏香の文様が施される。また、基壇横には、遺蹟の部分が並べられ、大きく眼をむき、奥の牙を上下したカーラや、屋蓋脇に置かれたと考えられるマカラ、側面に置かれたと考えられる首のないガルダの彫刻、女尊の一部、僧、左手が人指し指と中指と立てた左手の部分があり、巨大な守門像、または門上に置かれるカーラがあったものと考えられる。[152]

　これらティゴワンギ、スロウォノの東には、前述したチャンディ・リンビがあり、クディリのチャンディ・スンブルジャティの尊像（図53）と形状が類似する女尊像（図54）がある。[153] 光背の蓮華が花瓶から立ち上がるのはマジャパイト朝の彫像の特徴といえる。この寺院は14世紀頃建立される。現在は基壇と身舎が残り、パナタランなどでみられる一角獣をはじめとする人物像、動物たちのパネルがはめ込まれている。基壇の横には、眼を見開き、上下牙がJ字のカーラや、蓮華座に立像の足（親指にリング）のみの像などが置かれている。

　ほかにセロ・マンレン窟（Selo Mangleng）という岩に窟がつくられたものがみられる。蹲踞する守門像が２軀置かれ、２つの入口と１つの龕が岩に施され、窟内は３つの部屋に分かれ、通り抜ける入口の上には両手の平を顔の左右に置き、下あごを有し、奥の上下の牙のあるカーラが彫られる。窟内は浮き彫りがされ、１つの房には蓮華座の台座とΩ形の光背の線刻が残る。

　この窟の隣にある、近辺で発掘されたものを収蔵するアイルランガ博物館には、ヴィシュヌ？（シンピンに類似する形態で、宝冠大きく、全体に彫りがあまい）の巨像、首と右手を欠損する定印を組む菩薩坐像（図55）、首と右手を欠損し、左[154]

第1章　インドネシアの宗教美術史　59

図54　　　　　　　　　　　　　図55

手に蕾（果実？）を握り、胸前におく菩薩坐像、壺を上下させた文様が施されたひつぎ、階段下のマカラの一部、ヨーニ、下あごのないカーラ、守門立像などが収蔵される。

　リンビ近くのトトッ・クロッ（Totok Kerot）には、巨大な守門像が1軀残される（第2章第5節）。

　また、スンブルジャティより西のトゥルンアグン（Tulungagung）のジュブゥクッ（Jebuk）より1860年出土した一面二臂の女神像も、背後に写実的な蓮の表現がされ、14〜15世紀初頭の名品とされる（図56）[155]。この地からは男女が寄り添う石造像も出土している[156]。

　ほかに、建造物としては、第四代のアヤム・ウルクの代、都がモジョクルトから南西に約10kmのトゥロウラン（Trowulan）にあり、そこにはチャンディ・バジャン・ラトゥ、ティクス、ブラフなどがある。チャンディ・バジャン・ラトゥ[157]はレンガ造りのチャンデ

図56

図57

ィ・ジャウィ状の入口の門跡で、入口上には下あごを有する上牙をむきだしたカーラが施され、顔面の左右に爪の鋭い、人指し指と中指を立てた手を置く。屋蓋には上牙をむくカーラや動物、一角獣、ギザギザに縁どられた太陽の左右にはドラゴンなどが彫刻される。ティクスはレンガ造りの沐浴場跡で、方形の水槽の内にテラスがある。ほかに、この地域にはレンガ造りの寺院が多くみられる。ウリィギン・ラワン（Wringin Lawang）は、レンガ造りのバリ様式で、屋蓋のない門跡、チャンディ・グントン（Gentong）は、レンガ造りで、基壇部のみが残存、ブラフはレンガ造りの塔堂跡で、浮彫りなどはみられない。また、グヌン・ガンシル（Gunung Gangsir）もレンガ造りの塔堂跡で、現在、入口は△状にふさがれ、小窓がついている。内部には像はない。側面には円い壺の浮彫りが外周する。チャンディ・パリもレンガ造りの堂で、側面に花の文様、屋蓋に法螺貝が彫刻が施される。[158] 堂内には光背跡と数軀の像の部分が置いてある。

　トゥロウランから東に20kmには、チャンディ・ジュドン（Jedong）があり、丘陵に壁沿いに現在門跡が3つ残る。門上にはカーラが施されており、眼を大きく見開き、下あごを有し、上下の牙をむく。角の間には髑髏があり、人指し指と中指を立てた両手と、ナーガが顔面の左右に置かれている。

　また、仏教遺跡としては、チャンディ・シンガサリから6kmの林内、川沿いに、チャンディ・スンブルアワン（Sumber Awan）があり、14世紀頃建立とされる。現在は方形基壇と屋蓋が残り、近くに亀が置かれた沐浴場があり、湧き水があふれている。

ほかに中部ジャワとの境のラウ山に、段台テラス形式のチャンディ、すなわちチェトとスクッ[159]（図57）があり、スクッに棍棒を執る蹲踞する守門像や、スダマラ物語などの浮彫り、牛、象などの動物や、ガルダをモチーフにしたオベリスク、地面に巨大な亀3匹にリンガが置かれる。チェトはバリの寺院のような建築様式で、両寺院とも原始的な要素が強い。

その後、14、15世紀以降は、東部ジャワ出土の像（図58）[160]にみられるように、正面性を強調した表情のやや硬い、装飾も簡素化し、徐々に小像がみられるようになる。

図58

以上のごとく、東部ジャワでは、10〜15世紀にかけてクディリ朝、シンガサーリ朝、マジャパイト朝においてヒンドゥー教、仏教、密教の像が並存して寺院に安置されるようになる。造像については、ヒンドゥー尊の巨大な石造像が圧倒的に多くみられ、それらが王として神格化される像として祀られるようになり、チャンディの性格も廟墓化して、王ないし王族の遺骨を収めることが通例となる。

また、中部ジャワに比べ、遺跡の規模も小さくなり、ジャワ独自の土着性が強く認められるようになり、技法的な衰退もめだちはじめ、14〜15世紀にヒンドゥー教とジャワの民族要素が結びつき、仏教色の感じられない造像や寺院が建立されるにいたることが読み取れる。

註

1） 島岩・池田健太郎訳・R.G. バンダルカル著（1984）3頁。ヴェーダ時代は、ヴェーダ文献の中心をなすサンヒター（本集、讃歌、歌詠などが集録されており、これがヴェーダ文献の中心をなしている）の成立した時期を普通いい、紀元前1500年から紀元前1000年頃を指す。また、ヴェーダ文献の最後の部分を形成する哲学書ウパニシャッドは、紀元前7〜8世紀から紀元前2世紀頃成立した古ウパニシャッドと、それ以降に成立した新ウパニシャッドに区分されるが、通例ウパニシャッド時代という時には、前者の成立した時代を指す。

62

2) 畠中光亨編著（1999）178頁。

3) 宮治昭（1981）113頁。

4) 朴亨國（2000）88頁、朴亨國監修（2016）97頁。

5) Sarkar, 1971-72, p.1. 有吉厳編訳、N. J. クロム著（1985）20頁。

6) No.8416. ジャカルタ国立中央博物館蔵。

7) No.7974. ジャカルタ国立中央博物館蔵、東京国立博物館編（1997）18頁。

8) 有吉厳編訳・N.J. クロム著（1985）537頁。

9) この遺跡から発見された神像は、南インドの形式をうけついだものとも思われるが、神秘的な微笑みをたたえたものが多い。数点はジャカルタ国立中央博物館に所蔵、ほかは現地の収蔵庫に安置されている。

10) チャンディ・ロロ・ジョングランに関しては、中部ジャワのプランバナン地域に建立された寺院で、この地域にはシャイレーンドラ朝による仏教寺院も多数建立される。

11) 大正蔵第50巻、340頁、他。

12) No.6056, 75cm、肉髻、両手首、下半身が欠損。ジャカルタ国立中央博物館蔵、東京国立博物館編（1997）74頁。東京国立博物館編（1981）No.25. 朴亨國（2000）。

13) No.233a, 172cm、肉髻、顔面、両手首欠損。ジャカルタ国立中央博物館蔵。東京国立博物館編（1997）20頁。

14) No.247/D215, 186cm、左手第二手以外は臂を欠損。右手第二手跡に数珠、左手第二手梵夾有り。ジャカルタ国立中央博物館蔵。東京国立博物館編（1997）19頁。

15) 「シャイレーンドラ」とはサンスクリット語で「山の王家」「山の支配者」という意味。

16) 中部ジャワ地域を中心に、インドの様式をとりいれた造像がなされる。インド要素が濃い点を特色とし、とくにグプタ朝後期の美術の影響が強く、造型表現の水準が高い。

17) No.103h, 81cm、ジャカルタ国立中央博物館蔵、グヌン・コンベン（Gunung Kombeng）出土。

18) 一度勢力を失ったマタラーム朝は、9世紀中頃、再び中部ジャワに勢力を取り戻す。
参考文献：朴亨國（2000）。Foucher, 1917. 高田修（1943）。Soediman, 1969. 佐和隆研（1971）。

佐和隆研（1973）。岩本裕（1973）284～290頁。千原大五郎（1975）。田村隆照（1984）。伊東照司（1985）（1989）。有吉厳編訳・N. J. クロム著（1985）。佐和隆研（1997）。松長恵史（1999）。駒井洋監訳・山田満里子訳、レジナルド・ル・メイ著（1999）131～168頁。朴亨國（2000）88～96頁。

19) No.5098A238, 238a, 98cm、青銅に、頭髪部以外の表面を銀で被う。下くちびるは金象嵌。装飾部は鍍金。右手第二手、左手第一手、手首から先欠損。両足ひざ下欠損。ジャ

カルタ国立中央博物館蔵。東京国立博物館編（1997）88頁。

20) No.SBE7, 頭部のみ32.5cm。青銅鍍金、8～9世紀頃。高髻に顔面。白毫が嵌入されていた孔跡あり。頭髪部以外を鍍金、下くちびるは金象嵌。全体に腐蝕の損傷をうける。東京国立博物館編（1997）92頁。

21) No.6050, 107.5cm、青銅に金銀象嵌。東京国立博物館編（1997）90頁。第2章第1節第1項、a.シヴァ参照。

22) ヴィシュヌ神など確認できるものもある。すべての作品が尊名不明ではない。

23) 大正蔵第51巻、866頁。

24) 当時のジャワの名称は定まらず、耶婆提、闍婆国などがみられる。

25) 大正蔵第50巻、340頁。

26) Sarker, 1971-72, p.34.

27) 大正蔵第54巻、205頁中。

28) 大正蔵第51巻、4頁下。

29) 大正蔵第50巻、340頁。

30) 大正蔵第55巻、876頁中。

31) 大正蔵第55巻、881頁上。

32) 大正蔵第50巻、292頁下。

33) 訶陵国の僧の密教求法の記述は以下にみられる。密教文化研究所編（1965）42頁。

訶陵国の辯弘は、本国にて如意輪の瑜伽を誦持し、法力を得て後に唐に赴き、長安の青龍寺において恵果（746～805）より胎蔵の大法を伝授されたとある。

34) ジャワの碑文については岩本裕氏の論文に詳しい。岩本裕（1962）（1981、1982、1983）。

35) Sarkar, 1971-72, p.15.

36) Sarkar, 1971-72, p.34.

37) Sarkar, 1971-72, p.41.

38) 静谷正雄（1970）12頁。

39) 日本の文献は、次の書籍、論文に詳しい。

高田修（1943）、栂尾祥雲（1959）、佐和隆研（1965）、佐和隆研（1973）、田村隆照（1965）、干潟龍祥（1965）、山本智教訳・ローケーシュ・チャンドラ著（1979）、山本智教訳・ローケーシュ・チャンドラ著（1986）、松長恵史（1991）。

40) 伊東照司（1989）60頁。

41) 伊東照司（1985）8頁。肥塚隆（2019）22～24頁。

42) 朴亨國（2000）91頁。

64

43) 地図2、7は東京国立博物館編（1997）206〜209頁の地図をもとに伊藤央泰氏制作。
尚、地図1及び第4章の地図は那須浩朗氏、地図3、4、5、6は佐和隆研（1973）
82・88・101・108頁をもとに中下翔太氏が制作。寺院に関しては、千原大五郎（1975）
を主に参考にしているが、近年、小野邦彦（2019）435〜459頁に伽藍構成について、年
代幅推定がされる。またインドネシア科学院（Lembaga IImu engetahuan Indonesia:
LIPI）調査許可番号（486 /II/KS/1997）の調査から、氏によりディエン高原のアルジ
ュナ・スマル・スリカンディ・プンタデワの各祠堂、グヌンウキル寺院、プランバナン
寺院（ロロ・ジョン・グラン）、セウ寺院、プラオサン寺院等が実測、作図がされる。

44) 佐和隆研（1973）73頁。小野邦彦（2001）287〜294頁。

45) 佐和隆研（1997）第4巻、126頁。

46) 佐和隆研（1973）86頁。

47) No.6091、7〜8世紀、98cm、ジャカルタ国立中央博物館の他にNo.251, No.250a/5277,
No.6082など、14〜15世紀まで対の像が東ジャワでも作成される。

48) 東京国立博物館編（1997）199頁。

49) MAK231, 国立アムステルダム博物館蔵、Fontein, 1990, p.125, 佐和隆研（1973）86〜
87頁。

50) 第一群を除いてすべては730〜780年頃建てたものとみなす。伊東照司（1989）10頁。

51) 入口龕の像をマハーカーラ、ナンデーシュヴァラとする。佐和隆研（1973）89頁。

52) 佐和隆研（1973）89頁、第30図。
バラブドゥール（Barabuḍur）の名称もあるが、本著ではボロブドゥールと表記する。

53) Foucher, 1917, pp.262-266. 大村西崖（1925）、栂尾祥雲（1930）、Stutterheim, 1933. 高
田修（1943）、河本敦夫（1944）、田村隆照（1965）（1984）。Soediman, 1969、佐和隆研
（1971）（1973）、岩本裕（1973）284〜290頁、千原大五郎（1975）、並河亮（1978）、山
本智教訳・ローケーシュ・チャンドラ著（1979）、干潟龍祥（1981）、Kandahjaya, 1995.
Hariyono, 2001, 小野邦彦（2002）、ティンブル（2005）、鎌田弘志（2008）等。

54) Fontein, 1990, p.134. 東京国立博物館編（1981）図5〜9、No.1〜5, 東京国立博物館編
（1997）30頁、No.17, 阿弥陀如来坐像。Soebadio-Noto and Soebadio (et al.), 1998, p.50.

55) Miksic, 1990, p.54.

56) 『カルマ・ヴィヴァンカ』（分別善悪応報経）は因果応報を説く経典、ジャータカ（本
生譚）は釈迦牟尼の前世における善業をといた物語、『アヴァダーナ説話』は仏弟子な
ど敬虔な仏教徒の前世の善業と今日の果報を説くもので、『大方広仏華厳経』「入法界
品」は日本でいう華厳宗の経典『華厳経』のことで、善財童子が55人の善友を訪ねて法
を聴き、最後に普賢菩薩のもとに赴き『普賢行願讃』を聴く話をテーマとする。

57)　肥塚隆編集（2001）。伊藤奈保子（2008）313〜326頁。

58)　Coedès, 1918, pp.23-32. 岩本裕（1973）36頁。

59)　伊東照司（1975）。山本智教訳・ローケシュ・チャンドラ著（1986）。宇治谷祐顕（1986）386〜440頁。Singhal, 1985, pp.702-716. 松長恵史（1991）。図15は金剛手と考えられる。

60)　Foucher, 1917. 山本智教訳・ローケーシュ・チャンドラ著（1986）、松長恵史（1999）。

61)　松長恵史氏はヤクシャと鬼子母神（1999、114頁、図版31・32）とする。伊東照司氏は毘沙門天と鬼子母神とみなす（1989、26頁、図版29）。男尊については、尊名の断定が難しく、女尊をハーリーティーとしたとき、男尊をパーンチカとも考えられる。

62)　インドラ王の墓所を主張する説が多い。千原大五郎氏（〈1975〉180〜184頁）もインドラ王の墓説をのべる。地名の Brajanalan がサンスクリットの vajra と anala から由来し、接尾語の an が付いて村名がついたとし、vajranala「火のように閃めく電光」を意味することから、主尊もインドラ神だとすると説いた。ファン・エルプは前衛寺院説。階段翼壁の浮彫りにクベラ神が彫られてあるとした（Van Erp, T. 1909, pp.149-157）。また、たんに香を焚いて身心の穢れを清める場所とする説もある（Soeharsono and Sawa'oen, 1964, p.23）。

63)　千原大五郎（1975）181頁。

64)　日本建築の唐破風に似た曲版屋根。千原大五郎（1975）103頁。

65)　千原大五郎氏は建立を770〜780年、マタラーム朝の第2代の王、パナングカランの頃と想定し、像の壮大さから、クドゥ盆地のシヴァ教の中心的建築と推察する。千原大五郎（1975）91頁。

66)　No.23. ジャカルタ匤立中央博物館蔵。東京国立博物館編（1997）23頁。

67)　Nos.6, 17. ジャカルタ国立中央博物館蔵。東京国立博物館編（1997）21・22頁。ライデン国立民族学博物館に類似するディエン出土のヴィシュヌ像があることから同時期のものと考えられる。Soebadio-Noto and Soebadio（et al.）, 1998, p.74.（ブラフマー）。

68)　No.15. ジャカルタ匤立中央博物館蔵。東京国立博物館編（1997）24頁。

69)　No.168b. ジャカルタ国立中央博物館蔵。東京国立博物館編（1997）26頁。
　　　Soebadio-Noto and Soebadio（et al.）, 1998, p.16.

70)　No.63b. ジャカルタ国立中央博物館蔵。東京国立博物館編（1997）28頁。
　　　Soebadio-Noto and Soebadio（et al.）, 1998, p.58, p.75.

71)　No.18e/4847, ジャカルタ国立中央博物館蔵。東京国立博物館編（1997）25頁。

72)　Fontein, 1990, p.146. 4人の菩薩形がリンテルにあらわされる。

73)　千原大五郎（1975）184〜188頁。

74) 伊東照司（1989）23頁。

75) Sarker, 1971-72, p.34. 岩本裕（1973）265頁。

76) 東京国立博物館編（1997）199頁。BP3・プラオサン資料館にセウ出土とされる銀製四臂坐像等有り。

77) 不空訳『金剛頂経多羅菩薩念誦法』大正蔵第20巻、454頁中。

78) 方向は記されないが、本来大日如来を本尊とする金剛界四仏、阿閦、宝生、観自在、不空成就について説かれている。

79) 千原大五郎（1975）194頁。

80) 東京国立博物館編（1997）200頁。

81) クベラ神が祀られていたとされる。門前守護神にクベラが祀られるのが当時の一般であったらしい。千原大五郎（1975）200頁。

82) 千原大五郎（1975）199頁。

83) 佐和隆研（1973）115頁、千原大五郎（1975）201〜203頁、Bosch, 1961, pp.111-130.
五仏をはじめ諸菩薩、諸天の像など、青銅像であったと推察している。

84) Sarkar, 1971-72, p.41.

85) 松長恵史（1999）159頁。

86) No.502, 34cm、ジャカルタ国立中央博物館蔵。東京国立博物館編（1981）No.9.

87) No.2296, 24.5cm、ジャカルタ国立中央博物館蔵。東京国立博物館編（1981）No.11. プラオサンの僧形像とは、正面頭髪部と顔の表現が異なる。

88) 野口英雄（1969）339〜355頁。

89) 伊東照司（1989）71頁。

90) Krom, 1920, *Archaeologische Beschrijving*, p.5. Casparis, 1956, pp.280-330. Casparis, 1958, p.20. 野口英雄（1969）339〜358頁。

91) 千原大五郎（1975）211頁。

92) ソノブドヨ博物館蔵。No.9/53×50×101cmの阿弥陀像が中尊ではないかとの指摘有り。伊東照司（1989）75頁。東京国立博物館編（1981）No.6.

93) 如来像頭部（ライデン国立民族学博物館蔵）千原大五郎（1975）第8図。
弥勒菩薩（No.248c/5869, 103cm、ジャカルタ国立中央博物館蔵）東京国立博物館編（1997）No.18.
菩薩像頭部（No.553, 26cm、プランバナン収蔵庫蔵）東京国立博物館編（1981）No.7.
文殊菩薩像頭部（No.518/475, 29.5cm、プランバナン収蔵庫蔵）東京国立博物館編（1981）No.8.

94) No.1082, 104cm（プランバナン・歴史的古代遺物博物館蔵）東京国立博物館編（1997）

第1章　インドネシアの宗教美術史　67

36頁（104cm）。Fontein, 1990, p.138. は、ボロブドゥールの像に類似する。

95)　八大菩薩中、普賢、虚空蔵の持物についての考察は、朴亨國（2001c）「八大菩薩」327〜357頁。Ito, 2018.

96)　千原大五郎（1975）205〜214頁。

97)　東京国立博物館編（1997）200頁。佐和隆研（1973）122頁。

98)　註90参照。

99)　シヴァ堂のみに置かれる。

100)　佐和隆研（1973）152頁、第77図。

101)　佐和隆研（1973）152頁、第78図。

102)　佐和隆研（1973）129頁、第63図。

103)　佐和隆研（1973）127・155〜174頁。青山亨（2019）113〜137頁。

104)　東京国立博物館編（1997）43頁。

105)　Fontein, 1990, p.140.

106)　Fontein, 1990, p.126.

107)　マタラーム朝とシャイレーンドラ朝の王朝の関係については不明の点が多い。

108)　Kinney (et al.), 2003. に東部ジャワ地域の寺院説明が詳しい。

109)　佐和隆研（1973）129頁。中部ジャワ期から東部ジャワ期への移行期に、中部ジャワ期建立のチャンディがあるので、それについてもふれておく。東部ジャワのマラン西北のチャンディ・バトゥとチャンディ・ソンゴリティ（Songgoriti）がそれで、ともにシヴァ教系のチャンディとされる。ディナヤに760年の銘のある碑文が発見されるチャンディ・バトゥは1923年に発見され、1925〜26年に修復工事が行われた。ロロ・ジョングランの少し後頃の建立と考えられ、身舎側面の浮彫りと、入口両側のマカラが注目される。ソンゴリティは、発掘された石櫃から9世紀頃の建立とされ、現在は基壇と身舎の一部が残存し、側面に女尊が残っている。主房下が鉱泉の井戸となり、温泉郷にある。

110)　マジャパイト王朝のクリタナガラ王（1292没）は、シヴァ神と仏教、密教に帰依し、彼の霊廟には、地階にシヴァ神、階上に仏が祀られていたと記される。抒情詩『ナーガラクルターガマ』第43歌章第5節。彼の死後の名を「シヴァ・ブッダ」と呼ぶ。この頃にはこれらの宗教の混交が行われていたと推察されている。朴亨國氏は、シヴァ・ブッダ思想を「ジャワ島、とくに東部ジャワにおいて、13世紀以降顕著に認められる信仰で、ヒンドゥー教のシヴァ神信仰と仏教の仏陀を同一視するものではなく、仏教とヒンドゥー教を信仰する国民を宗教的に支配するために、王族、とくに国王を崇めて、両教の最高神の化身とみなすことから由来したらしい。東部ジャワのシンガサーリ王朝やマジャパイト王朝時代に行われたもので、例えばクリタナガラ王（在位1268〜92）は、チャン

ディ・シンガサリにシヴァ・ブッダとして葬られたといい、また同王をシヴァ・ブッダ
として祀ったチャンディ・ジャヴィでは、シヴァ神と阿閦仏の像とが安置されたと伝え
る。これらの寺院は、王や王族の没後12年目に建てられる場合が多い」と定義している。

伊藤奈保子（2004a）において、ガネーシャの作例を例に、8～9世紀頃と13～14世
紀頃の像容の変化を比較し、後者が髑髏・蛇というモティーフに華美な装飾が施される
ようになることから、信仰になんらかの変化がおこった可能性が考えられることをのべ
た。

有吉厳編訳・N. J. クロム著（1985）398頁。伊東照司（1989）92頁。朴亨國（2000）
88頁、肥塚隆編集（2019）33頁。

111) 不空羂索観音の銘文がある八臂石造像がある。時代は下るが、中部ジャワの八臂像を
考察するのに基準となる作例といえよう。第2章第3節4項参照。

112) 第2章第4節6項参照。

113) 佐和隆研（1973）177頁。

114) 碑文に年号有りとする。伊東照司（1989）81頁。Śaka 暦899年（977年）が遺構に刻
まれているという。佐和隆研（1973）180頁。中央噴水塔周囲の浮彫りの一部は、現在
ジャカルタ国立中央博物館 Nos.5839（52×89）, 5842（53×85）にある。ほかに No.5840
（53×95×55）（東京国立博物館編（1981）No.23、東京国立博物館編（1997）41頁所収）
と、No.5844（55×84）もその一部の可能性有り。また、ジャカルタ国立中央博物館所
蔵 No.309の女性像（Waterpout）を蛇口部にあったと伊東氏は推察する。伊東照司
（1989）82頁、図版59。

115) 東京国立博物館編（1997）41頁。Fontein, 1990, p.148.

116) 佐和隆研（1973）180頁。マハーバーラタのパーンダヴァ家の英雄達と、その子孫、
エルランガ王の父、ウドヨノの話をテーマとする、第86図、東京国立博物館編（1997）
41頁。千原大五郎（1975）262頁。

117) 伊東照司（1989）80頁。沐浴場の背後に堂があった可能性を説く。

118) 東京国立博物館編（1997）47、49頁。

119) 東京国立博物館編（1997）25頁。

120) 伊東照司（1989）図版58。

121) ブラフマー、東京国立博物館編（1997）44～45頁。スーリヤ46～47頁、チャンドラ48
頁。Fontein, 1990, pp.152-153.

122) 東京国立博物館編（1997）53頁。

123) No.A5950, トロッペン博物館（熱帯博物館）蔵。佐和隆研（1973）183頁、第90図。
Fontein, 1990, p.166.

第1章　インドネシアの宗教美術史　69

124)　東京国立博物館編（1997）51頁。

125)　伊東照司（1989）93頁、図版69、70。第一基壇にインドネシア最古の仏教説話『クンジャラカルナ』、第二基壇の彫刻を『パールサヤジュナ』、第三基壇は『アルジュナ・ウィワォホ』、最上階には『クリシュナヤーナ』の物語が彫刻されているとする。

126)　215cm, Klokke and Lunsingh Scheurleer, 1994, p.165, pl.4.

127)　No.225a, ジャカルタ国立中央博物館蔵、松長恵史（1991）図版56。

128)　No.224a, ジャカルタ国立中央博物館蔵、松長恵史（1991）図版55。

129)　No.247b, 107cm、ジャカルタ国立中央博物館蔵、Klokke and Lunsingh Scheurleer, 1994, pl.2, 112cm, 松長恵史（1991）図版57。

130)　No.247a, 110cm、ジャカルタ国立中央博物館蔵、Klokke and Lunsingh Scheurleer, 1994, pl.3, 114cm, 松長恵史（1991）図版58。

131)　No.112a, 144cm、ジャカルタ国立中央博物館蔵。松長恵史（1991）図版59。Soebadio-Noto and Soebadio（et al.）, 1998. p.84. Klokke and Lunsingh Scheurleer, 1994, pl.6, 138cm、東京国立博物館編（1997）52頁、No.28.

132)　153cm, Klokke and Lunsingh Scheurleer, 1994, pl.5, 松長恵史（1991）口絵15。

133)　No.248a、ジャカルタ国立中央博物館蔵。松長恵史（1991）193頁。

134)　No.1859,12-28.171, 29cm、大英博物館蔵（右手に与願印・左手に睡蓮の茎）。松長恵史（1999）193頁。Fontein, 1990, p.155.

135)　No.248b, ジャカルタ国立中央博物館蔵。松長恵史（1991）193頁。

136)　東京国立博物館編（1997）53頁。

137)　松長恵史（1991）194頁。パーラ朝のカサルパナなどの観音系は、左右の脇侍に、ターラー、スダナクマーラ、ハヤグリーヴァ、ブリクティーが配された作例が多い。光背上部には五仏が配されることが多い。

138)　No.459c/7513, 松長恵史（1991）194頁、口絵16。また No.276（63cm）も可能性あり。佐和隆研（1971）pl.129,（1993）53頁第12図でも「胎蔵界大日如来像」と比定。

139)　No.6469/D.198, ジャカルタ国立中央博物館蔵（163cm）Girard-Geslan（et al.）, 1998, p.681, Soebadio-Noto and Soebadio（et al.）, 1998, p.71.

140)　Bernet Kempers, 1959. pls.212, 213, p.73. 伊東照司（1989）89頁、扉絵。

141)　東京国立博物館編（1997）60頁。Fontein, 1990, p.156.

142)　佐和隆研（1973）第97図。Fontein, 1990, p.158.

143)　佐和隆研（1973）第98図。伊藤奈保子（2004a）図4。

144)　伊東照司（1989）91頁。

145)　千原大五郎（1975）40頁。

146) Fontein, 1990. p.160. では出土地をチャンデイ・シンガサリとするが、誤りと思われる。千原大五郎（1975）64頁。東京国立博物館編（1997）56頁。11～12世紀頃とされるチャンデイ・グラッの像や、11世紀頃のンガンジュクマンダラの青銅像群と形状が類似することから、11世紀頃と考えることもできる。

147) Fontein, 1990, p.162. Nos.1403-1680. 千原大五郎（1975）41頁。

148) 佐和隆研（1973）187頁。

149) 佐和隆研（1973）190頁。

150) No.256/103a, 213cm、ジャカルタ国立中央博物館で Harihara 像と記載される。千原大五郎（1975）第19図、54頁、ハリハラ像（クリタラージャサ王）。東京国立博物館編（1997）64頁では、チャンディ・スンブルジャティ出土で、ハリハラ？立像とするが、伊東照司（1989）102頁、図版83では、チャンディ・シンピン出土で、ヴィシュヌ神？とし、Bernet Kempers, 1959, pl.247では、マジャパイト朝のクリタラージャサ王とする。

151) Kinney（et al.）, 2003, p.228, p.237.

152) 守門像はチャンディ・シンガサリ守門像の1軀の右手が同じ。カーラはチャンディ・バジャングラトゥの門上のカーラの両手が同じ。

153) No.1794, 190cm、ジャカルタ国立中央博物館蔵。東京国立博物館編（1997）66頁、ではパールヴァティー立像とする。本像はラージャサナガラ（1350～89）の母で、1372年没のトゥリブーヴァーナーの肖像とされることから、14世紀後半とされるが、像がチャンディ・シンピン像に類似することから同時期の作とも考えられる。Bernet Kempers, 1959, pl.248ではマジャパイト朝の女王とする Soebadio-Noto and Soebadio（et al.）, 1998, p.85.

154) 佐和隆研（1973）53頁、第12図。「胎蔵界大日如来像」と推察する。

155) No.6058、ジャカルタ国立中央博物館蔵。東京国立博物館編（1997）68頁。Fontein, 1990, p.169, 伊東照司（1989）104頁、図版84。

156) No.5442, 東京国立博物館編（1997）70頁。尊名は比定されていない。Fontein, 1990, p.170.

157) 佐和隆研（1973）201頁、第112図。

158) 建築様式が、インドシナ半島のチャンパー様式に似るという。伊東照司（1989）117頁。

159) Fontein, 1990, pp.114-115. 佐和隆研（1973）203頁。

160) No.6347, シヴァ、No.6348, パールヴァティー、共にジャカルタ国立中央博物館蔵。東京国立博物館編（1981）Nos.14, 15.

王朝名は、有吉巌編訳、N. J. クロム著（1985）等に依る。

掲載写真は全点、筆者撮影。

第2章　インドネシアの宗教美術における鋳造像

　前章において、インドネシアの宗教の展開を碑文や文献、遺跡などから考察し、
5世紀頃にまずヒンドゥー教が入り、5世紀前半には仏教も伝わり、そして8世
紀頃には密教がシャイレーンドラ朝のもと、中部ジャワ地域において信仰されて
いたことを明らかにした。第2章では、本書の主眼点である美術遺品のうち鋳造
像に焦点をあて、尊格の像容より便宜上、ある程度の枠組みを設けて分類するこ
ととする。ここで重要な点は、この分類する作業は一つの手段であり、目的は、
どのような鋳造像の作例がインドネシアに存在するのかを確認することにある。
　調査の結果、995軀の鋳造像が確認できた。これらを分類すると4つに分ける
ことができる。すなわち、

　　ヒンドゥー尊（226軀）―第1節
　　仏教尊（420軀）―――――第2節
　　密教尊（199軀）―――――第3節
　　金剛部尊（150軀）――――第4節

である。また守門像についても2軀が認められた。ジャワ美術史における「中部
ジャワ期」「東部ジャワ期」の像容の変化をみるのに、守門像の石像は凡例とな
るので鋳造像ではないが、第5節を設けて、これについてもふれておくこととす
る。
　なお、これら鋳造像に関連する石像については、第1章で若干触れておいた。
図版等については第1章を参照のこと。

第1節　ヒンドゥー尊

　第1節では、いわゆるヒンドゥー教に属するとされる尊格について、その作例
の像容の特徴について確認する。ヒンドゥー教の尊格は、その発生から大きく分
けて①シヴァ系尊、②ブラフマー系尊、③ヴィシュヌ系尊、④財宝神、⑤女神な

72

どに分けることができる。以下順にとりあげて、考察を行う[1]。具体的には、尊格ごとに、尊格の説明、インドの作例、インドネシアの作例の現状とその特徴をのべ、それに続いて代表的な作例をあげる。なお、推定制作年代は、所蔵博物館の資料によることとする。

第1項　シヴァ系尊

a. シヴァ

1. シヴァという尊格

　シヴァ（Śiva）は、ヒンドゥー教の三大神の一つ。吉祥を意味し[2]、『リグ・ヴェーダ』『ヤジュル・ヴェーダ』『アタルヴァ・ヴェーダ』[3]のなかの「暴風神ルドラ」に起源をもつ神格であるところから、破壊や恐怖を与えるものという性格が強い[4]。また獣の皮をまとい、槍、弓、斧、三叉戟を武器に悪魔を滅ぼし、城塞を破壊するとされる。ヒンドゥー教の考えによると、世界は創造（ブラフマー）・持続（ヴィシュヌ）・破壊を繰り返すものであり、シヴァは世界の終末期に「万物を破滅するもの」（Hara）であり、死をつかさどる「時」（Kāla）であるとされる。また、破壊は再生に繋がることから、生殖、生産、再生をつかさどる神ともされ、リンガの形で、あるいはヨーニと組み合わさった形で崇拝されることもある[5]。シヴァには総計1800の異名があるといわれ、後にのべるヴィシュヌのように多くの化身をあらわすのではなく、その働きに応じて名をもつ権化（Mūrti）とされる[6]。このことは、この神の信仰が無数の土着的要素とまじりあって形成されたことをしめすものと考えられる。異名には、シヴァの尊容を示す「三つの眼をもつもの（Trilocana）」、頭に三日月の印をつけ、そこからガンジス河が流れ出すとされる「ガンジス河をささえるもの（Gaṅgādhara）」、「月の頂印をもつもの（Candraśekhara）」、「蛇を耳（首）飾りとするもの（Nāgakuṇḍala）」、「髑髏を首にかけるもの（Muṇḍamālā）」、「皮の衣服を身につけたもの（Kṛttivāsas）」、また南インドの地方では「踊りの主（Naṭarāja）」として、妃と踊りを踊るものとして崇拝される。

　また、シヴァの配偶神として、ウマー（Umā、日本ではマンダラ内で烏摩〈ウマー〉）や、パールヴァティー[7]（Pārvatī）、ドゥルガー（Durgā）、カーリー（Kālī）などがあげられる。ウマーがシヴァの妻として明示されるのは『マハーバー

第2章　インドネシアの宗教美術における鋳造像　73

ラタ』においてであり、女神崇拝は、とくにグプタ期以降、インドの民衆の信仰において、次第に重要な要素となってくる。[8]

　インドにおいての作例は、グプタ朝後期から北インドを中心に本格的にはじまったヒンドゥー教美術において[9]、窟院や寺院の壁面に浮彫りとして表現された。[10]とくにシヴァを象徴するリンガは、はやく紀元前1世紀頃からあらわれ[11]、11世紀頃まで制作された。3〜4世紀頃の単独尊としてあらわされた四臂のシヴァ[12]は、妻である妃と対に作られることも多く[13]、また3世紀頃のシヴァの二尊並存[14]などが二臂像としてあげられる。ほかに子どものカールティケイヤを伴うもの[15]もあり、石窟の場合、牛が近くに表現されることもある。[16]5世紀頃〜13世紀頃までに両性具有のシヴァ[17]が、8世紀頃にはリンガから顔をあらわすシヴァ[18]、同じく8世紀頃の西インドのエローラ石窟などに死神カーマを殺すシヴァ、象の魔神を殺すシヴァ[19]、また南インドにおいては踊るシヴァ[20]などがあらわされ、その数は20種をこえている。[21]しかし、そうした諸相をあらわす作例はインドネシアではみられない。

　さて、ここでインドネシアの鋳造像のシヴァ像について作例をみてみたい。インドの神話や作例をもとに、特徴として、①髻の正面に髑髏や三日月がある、②額に第三眼がある、③上半身に蛇が首飾りのごとく巻きつく（インドの作例では、聖なる紐として、上半身の左肩から右脇にかけて、斜めに掛けられる）、④獣の皮（虎など）を下半身に巻きつける、などの図像的特徴をもつ尊像をとりあげた。

2．作例

　インドネシアで、上述の条件から、シヴァと確認できた銅造像は、現段階において単独像が36軀、金の板に打ち込みされた像が2軀の計38軀がみられる。判明する推定制作年代は、7〜10世紀頃で、出土地は中部ジャワから東部ジャワ、スマトラに及んでいる。総高は9.0〜107.5cmと他のインドネシアの作例に比べ、大きさに幅がある。有力神であるだけに神像としても用途に幅が大きかったのであろう。単独像のうち、妃を伴う作例が3軀にみられる。[22]以下、単独像と対の像とに分けてのべる。

a．単独像（36軀）

　姿勢は、坐像が7軀、それ以外の29軀はみな立像である。像の材質は青銅が圧倒的に多く、金製1軀、銀製3軀で、材質による推定制作年代の規定や特徴はないようである。また像が青銅製で、第三眼に銀の象嵌が施される作例が1軀[23]、両

眼が銀、下唇が金の像が2軀（内、第三眼に銀の象嵌が1軀）確認できる。資料から推定制作年代は、7世紀〜10世紀頃で、判明する出土地は中部ジャワと東部ジャワ、スマトラ地域である。材質が金・銀である作例は、すべて中部ジャワ地域出土である。像容はすべて四臂である。シヴァにおいては、やはり力を示す多臂像が好まれたようである。

b. 対の像〔3軀〕

姿勢は、坐像が1軀、立像が2軀ある。材質は金製が1軀、ほかは青銅である。推定制作年代は7世紀〜11世紀頃とされ、いずれも中部ジャワ地域で出土している。台座でシヴァと妃が固定された像の二尊形式が2軀、単独像で妃と組を組んでいたとされる像が1軀の計3軀である。像容は1軀が二臂で、ほかは四臂である。石像では7〜8世紀頃のディエン（図10）などにみられる。

この二臂像は金製で、蓮華座に並び立つ像であるが、像容からシヴァと判断されるものではなく、出土地がシヴァの聖地と推測されることからシヴァと比定されたものである。よって、今後の検討が必要と考えられる。[24]

単独像・対の像の、像容の特徴として先述の特徴①〜④についてのべると、欠損や不明の作例を除き、髻の正面に髑髏や髑髏を意図したとみられる円形と、三日月が表現されている。額の第三眼も、判明するもので約半数の作例にみられ、上半身に蛇や蛇のうろこを意図した聖紐のある作例が15例にみられた。また、獣の皮としては虎と考えられる動物が、像の右足に顔を、左足に足と尾をあらわして巻かれる作例が12例確認できた。

また、これらとともに、臂数と台座が特徴としてあげられる。まず、臂数については、対をなす1軀以外、みな四臂像である。持物については、a. 単独尊、b. 対の像に関わらず、以下の通りになる。

右手左手、第一手、二手の順で列挙し、番号は用例の多い順で並べている。

①三叉棒・数珠・水瓶・払子（全体の約半数）

②数珠・三叉戟・水瓶・払子

③与願印・数珠・三叉戟・棒状

④定印・数珠・払子

⑤棒状・輪宝・円形・水瓶埵

推定制作年代や地域による持物の差は大きくは認められない。持物のなかでも、三叉棒、数珠、水瓶、払子の組み合わせが多く、とくに左手第一手に水瓶、二手に払子を執る作例が多いインドのシヴァ神の単独像と類似する流れがみうけられる。④は2軀あり、ともに頭部に髑髏と三日月がみられることからシヴァと判断した⑤は坐像の1軀のみだが、台座の蓮華座上、像の正面にシヴァの象徴であるリンガとヨーニが認められるので、本書ではシヴァのうちに入れた。

また、台座については、シヴァの乗り物である聖なる牛（Nandi）が方形台座部分にあらわされる4例や、シヴァの象徴であるリンガやヨーニが彫刻される作例が3例にみられた。

図59

以下、作例をあげて説明をしたい。

単独尊としてボゲム地域・歴史的古代遺物管理施設[25]（Balai, Pelestarian Peninggalan Purbakala, DIY, Bogem、図59）[26]のものをとりあげる。青銅製、総高46.0cm、推定制作年代は9世紀頃。一面四臂像で、右手第一、二手は三叉戟、数珠、左手第一、二手は水瓶、払子を執る。頭光、光背を負って框座[27]の上に置かれた蓮華座上に直立する。髻の正面にシヴァの象徴である三日月、髑髏をつけ、宝冠、耳飾、胸飾、臂釧、腕釧、足釧をつけ、左肩から右脇にかけて聖紐をかける。上半身裸形で、下半身に裙（腰布）を着ける。裙の上には虎の皮を巻く（右腿部分に頭部）。框座正面には、シヴァの乗り物である牛が象られる。

顔面には第三眼があり、眼はみな銀の象嵌であらわされる。また、下唇には金の象嵌が施される。こうした様式は東インドの鋳造像にみられる技法である。方形の光背は華美で、像の肩の高さで横棒を渡し、棒の両端には宝珠状の飾りをつける。また周縁に連珠文と火焔をあしらった頭光の頂には、支柱が残存しており、天蓋があったことをうかがわせる。[28]光背と頭光の形式は、インドのベンガル、ビハールなどの東インド彫像に一般的なものである。ただし、インドの作例のほとんどは、光背が透かし彫りとなっている。インドでは、像と光背が別々に作られ

るが、インドネシア、とくにジャワでは、おそらく請来されたインドの作例をもとに一度に鋳造しているため、本像のように一鋳のものが多い。

　次に、シヴァの銅像で最大の大きさの作例をあげる。ジャカルタ国立中央博物館（Jakarta、図９）所蔵。中部ジャワ地域トゥガル（Tegal）出土。青銅製、総高107.5cm、推定制作年代は９世紀頃。一面四臂像で、右手は持物が失われている。左手第一、二手は水瓶、払子を執る。左手の持物が別材なことから、右手にも持物があったものと考えられる。頭頂には土饅頭型の飾り（宝珠形）をのせ、髻の正面にはシヴァの象徴である三日月、髑髏が蓮華座上に置かれる。土饅頭型の飾り（宝珠形）は、現バングラデッシュ南東部の彫像に頻出する形式である。装飾は宝冠、耳飾、胸飾、臂釧、腕釧をつけ、左肩から右脇にかけて聖紐をかけ、その紐の上方に蛇を同様にかける。その蛇の頭部が左肩近くに位置し、前方に浮き出している。上半身裸形で下半身に裙（腰布）を着ける。裙の上に虎の皮を巻く（右腿部分に頭部）。顔面には第三眼があり、白眼の部分は銀の象嵌で、下唇には金の象嵌が施されている。首背面の付け根には、光背（あるいは天蓋）用の大きなほぞをつける。両足裏にも台座固定用のＵ字形の大きなほぞがある。本像は、1933年中部ジャワ北部沿岸のトゥガルのアディヴェルナで、農民が水浴中に発見した。

　次に、金の板に打ち出された作例２例のうちの１例をみてみたい。ジャカルタ国立中央博物館（図60）所蔵。中部ジャワ地域ウォノソボ出土。金製の四隅が湾曲した長方形板にうちつけられている。一面四臂像で、頭部部分は欠損。右手第一、二手は数珠、三叉戟、左手第一、二手は水瓶、払子を執る。頭部は欠損しているが、頂に向かいかきあげた状態で髪の線が縦にあらわされ、両肩に垂髪がかかる。額中央部分はへこんでいるが、これが第三眼を意図しているかは不明（第三眼の可能性が高い）。眉は横に１本線でつながり、両目がやや吊り上り、上牙を有するシヴァとしては珍しい作例。耳飾、胸飾、臂釧、腕釧をつけ、細い聖紐が、左肩から右脇に湾曲をえがきかけられる。上半身裸形で下半身に腰布を着ける。腰に太いベルトをまわし、横に線のはいった腰布をつけ、その上には像の右足に頭を置き、左足に両足が描かれる獣の皮を巻く。框座正面には、像両足の背部にはシヴァの乗り物である牛が一頭、頭を像の右側にして浮き彫りされる。本像は1903年、同種の金製打出し像４点、金製彫像５点とともに出土した。

　次に、対の像についてのべたい。後の「第１節第５項　女神ａ．パールヴァテ

第2章　インドネシアの宗教美術における鋳造像　77

図60　　　　　　　　　図61

ィー」でも触れるが、アムステルダム（Amsterdam）国立博物館像[32]（図61）は青銅製、総高11.5cm、推定制作年代は9世紀初～10世紀初の頃。シヴァは一面四臂像で、右手第一、二手は三叉戟、数珠、左手第一、二手は水瓶、払子を執る。輪光を負って方形台座の上に置かれた蓮華座上に直立する。髻の正面にシヴァの象徴である三日月、髑髏を置き、宝冠、耳飾、胸飾、臂釧、腕釧、足釧をつけ、左肩から右脇にかけて聖紐をかける。上半身裸形で下半身に腰布を着ける。妃の女尊は一面二臂で、右手は与願印、左手は蓮茎を執り、花は肩の部分で開敷している。シヴァと同様の輪光を負って方形台座の上に置かれた蓮華座上に直立する。宝冠、耳飾、胸飾、臂釧、腕釧、足釧をつけ、左肩から右脇にかけて聖紐をかける。上半身裸形で乳房が表現されている。下半身にシヴァと同じ形状の腰布を着ける。

　同じく対の像については、像容ではなく、出土した場所の性格からシヴァと同定されている互いに手を握る尊像[33]（図80）についてふれておきたい。像身は金製で中空、台座は銀。総高20.0cm、推定制作年代は9世紀頃。2尊ともに一面二臂の立像で、シヴァは右手のひらを上にむけ、左手は女尊の手を握る。女尊は左手を腹前で屈臂し、珠状の持物を握り、右手はシヴァとつなぐ。この像は1979年、

中部ジャワの西方40km、スプラワン（Seplawan）山の鍾乳洞内にある祭壇状の石の頂部に置かれた銅製容器のなかから、金の注口、銀の匙、王冠などとともに発見された。蓮台や台座には半貴石やビーズ、金や銀が入っていた。窟の入り口にシヴァを象徴するリンガとヨーニが納められた建物の基壇址が残されていたことから、この窟はシヴァに関わる聖地と推察された。それゆえ、この像には尊名を決める特徴が乏しいが、出版物などではシヴァとその妃とされている[34]。今後の検討を要する。

　さて、シヴァはインドネシアにおいて、その信仰形態が「シヴァ・ブッダ」と総称されるほど、影響力の大きかった信仰対象であり、像としては、早くから15世紀にいたるまで長く信仰されていたようである。7〜8世紀頃、中部ジャワ地域のディエン高原の遺跡群をはじめ、ディエンよりやや後代とみられる中部ジャワ地域、ウンガランサン山の南側グドン・ソンゴの遺構群などもヒンドゥー教の聖地としてシヴァをまつり、9世紀頃の中部ジャワ地域のチャンディ・ロロ・ジョングランでもシヴァ堂が中心で、ほかのヴィシュヌ・ブラフマー堂よりも大きく作られている。13世紀頃、東部ジャワのシンガサーリ王朝のクリタナガラ王（在位1268〜92）は、シヴァと仏を信仰し、チャンディ・ジャウィやチャンディ・シンガサリなどでシヴァを祀っていた。15世紀のマジャパイト朝後期、石像の丸彫りのシヴァ単独像は、東部ジャワ地域のクディリにも確認できる[35]（図58）。

　インドネシアでは、鋳造像では、その像容からインドで信仰されていたヒンドゥー教としての尊格（インドほど多様ではないが）をあらわしており、そこからヒンドゥー教の主要な神像として祀られていたことが導き出せる。また、インドネシアではシヴァを象徴するリンガをふくめ、寺院などで信仰対象とされていたことが認められる[36]。ここで重要になるのが、インドネシアにおける降三世明王の存在である（第2章第4節第5項）。インドネシアではヒンドゥー教のシヴァとして信仰されていた一方、10世紀頃には鋳造像のみに認められるが、シヴァと妃のウマーが足下におかれる作例が2軀みられ、その姿は裸形であらわされ、顔面を踏むなど、日本の表現よりも恥辱的な形であらわされている。インドネシアで、この足元の二尊がシヴァ・ウマーと認識されて制作されたかは定かではないが、このような鋳造像に明らかに密教の尊格（降三世）としてシヴァを調伏する要素をあらわした作例がみられることは、ヒンドゥー教を参考にし、しかもそれよりも上位であることを意図した密教が、インドネシアに存在していた証明となりえ

第2章　インドネシアの宗教美術における鋳造像　79

るだろう。

b.　ガネーシャ

　ガネーシャはインドネシアの作例のなかでも、シヴァ信仰に伴って多く制作されたモティーフと考えられ、現段階において確認できた作例は、青銅製の像が34軀で、すべて一面四臂像である。坐法に特徴がみられ、両足の裏を向かい合わせにした坐像が中心で、ほかには遊戯坐（踏み下げ）の2軀、遊戯坐（右膝を台座上に垂直に立てる）の1軀、立像1軀がある。また、額に第三眼、頭部に髑髏、三日月を有する作例が多く、これは父神とされるシヴァに由来するものと考えられる。そのほか、インドネシアには法具として儀礼用に制作されたと推察される鈴が、現段階で596例確認でき、そのうち東部ジャワ期の制作とされるもののなかで、二臂のガネーシャを鈕部に象った2例が確認できる。[37]

1.　ガネーシャという尊格

　ガネーシャ（Gaṇeśa）は、Gaṇa（群衆）のīśa（主）で、「群衆の主」いう意味があり、ガナパティ（Gaṇapati）、ヴィグナ（Vighna）、ヴィナーヤカ（Vinā-yaka）ともいわれる。[38]起源は非アーリア系の民俗神とも考えられ、[39]仏教以前には悪神としての意味合いもあったが、次第に除災としての意味が付与され、善神に変化した。インド神話では、象頭をした智慧と幸運の神で、シヴァとその妃パールヴァティーとの息子とされ、[40]プラーナにガネーシャの出生についての話が記されている。[41]とくに『シヴァ・プラーナ』[42]には、パールヴァティーが沐浴する際、入り口をガネーシャに番をさせた。ガネーシャはシヴァが入ろうとしたのを拒んだことから首を切り落とされた。シヴァは一番最初に手に入った象の首をすげて息子を生き返らせたという説話が伝わっている。また、『パドマ・プラーナ』に牙についての説明がある。シヴァの弟子のパラシュラーマが、カイラーサ山にシヴァを訪ねたところ、就寝中を理由に息子のガネーシャから面会を断られ口論となり、闘いとなった。パラシュラーマが投げた斧をガネーシャが牙で受け止めたので、折れて1本となったという。[43]経典などには象頭人身で、鼠に乗るか、鼠をつれており、二臂、四臂、六臂、八臂、十二臂で、肥満した体であらわされる。[44]

　インドでは、5世紀頃のグプタ朝盛期にヒンドゥー教パンテオンの主要な神々と神話場面が形成され、そのなかでガネーシャもあらわれてくる。中インドのウ

80

ダヤギリ石窟にヴィシュヌやドゥルガーとともに浮彫りされるのをはじめ[45]、二臂や四臂、八臂など多臂がみられ、姿勢は坐像と立像がみられる。いずれも象頭人身で、坐像の場合は遊戯坐（踏み下げ）や輪王坐、両足を屈した坐法などがみられ、立像は、直立もしくは「踊るガネーシャ」として足をさまざまに屈している。これは、父神シヴァのうちのナタラージャ（踊る王者）を意識したものであろう。持物は牙、鉢を基本として、数珠、斧、蓮華、宝棒などを執る（10世紀、踊るガネーシャ）[46]。

2．作例

　現在、筆者が確認した作例は、34軀で、6.0cm〜28.0cmの小像が中心である。判明する時代は9〜13世紀頃で、出土地はスマトラと中部、東部ジャワにわたっている。像容としての特徴は、以下の通りである。

①坐法は2軀が遊戯坐（踏み下げ、スマトラ出土と考えられる）、遊戯坐が1軀、立像の1軀以外は両足の裏を向かい合わせにする独特の坐法。

②頭部正面に髑髏、もしくはそれを意図する円形と、三日月があらわされる作例が9割以上みられる。

③第三眼が8割以上にあらわされる。

④多くの作例が像の右の牙が短く、また位置を意図的にずらしている。

⑤鼻の向きは2軀以外、像の左に傾いている。

⑥持物は、判明するもので一番多い組み合わせは、牙、数珠、鉢、斧で、右手第一手に牙か鉢、二手が数珠か斧、左手第一手が鉢か牙、二手が斧か三鈷か、円盤（以下、輪宝と称す）または細い棒状のものである。なお、右手第一手に鉢をもつ作例は、2軀のみ。

⑦台座はインドネシアの他の像と同様の蓮華座に、方形台座か蓮華座が多く、クッション（座布団）に方形台座がみられる[47]。台座正面に鼠が施された作例が5例ある[48]。

　オランダのアムステルダム国立博物館所蔵の坐像を一例にあげると（図62）[49]、総高は10.8cm、推定制作年代は9〜10世紀頃で、頭部は、正面に髑髏と三日月をあらわした宝冠を戴き、顔面には第三眼を有し、右牙が意図的に半分欠け、鼻先

図62　　　　　　　　　　図63

が左手第一手に向かい左におれ、鉢に鼻先がつく。耳飾、胸飾、臂釧、腕釧、足釧をつけ、聖紐を左肩から右脇に斜めにかける。左胸上部の聖紐は蛇の頭部の可能性がある。上半身裸形で、太鼓腹をなし、下半身に裙を着ける。右手第一手、二手、左手第一手、二手には、それぞれ牙、数珠、鉢、斧を握る。他のインドネシアの鋳造像によくみられる台座で、方形台座上の蓮華座に両足の裏を向かい合わせにして坐す。火焰状の縁どりが施され、内側に一重の網目文様が施された宝珠形の頭光を有す。

　また、台座に鼠がみられる作例は、トロッペン博物館所蔵の坐像[50]（図63）にみられるように、方形台座上に頭を左に向け、頭から尾まで表現されている。ほかの４例についても向きは異なるものの、同様な表現で台座に施されている。これは、時代は下がるが、図像やマンダラ儀軌の経典『サーダナマーラー』や『ニシュパンナヨーガーヴァリー』[51]にも記されているように、ガネーシャの乗り物として台座にあしらわれたものと考えられる。インドネシアの石像には、このように鼠が刻まれた作例は現段階では確認できず、またインドにおいても数が少ない[52]。鋳造像の特徴といえよう。

　また、輪王坐で台座がクッションの作例は、ライデン（Leiden）国立民族学博

図64

物館所蔵の坐像（図64）にみられる。総高は28.0cm、推定制作年代は9世紀頃で、頭部に宝冠を戴き、額には第三眼を有する。右牙が意図的に半分欠け、鼻先が左手第一手に向かい、左におれ、鉢に鼻先がつく。胸飾、臂釧、腕釧、足釧をつけ、聖紐を左肩から右腰に斜めにかける。腹帯で右足を固定している。上半身裸形で、太鼓腹をなし、下半身に裙を着ける。右手第一手、二手、左手第一手、二手には、それぞれ牙、数珠、鉢、斧を握る。台座は、框坐で、中央正面には鼠（向かって右に頭）が1匹置かれる。框坐の両端に各2頭、象、獅子を支柱にして方形板がのり、クッションがしつらえられ、輪王坐で坐す。供物とみられる円形が皿にのせられ、クッション正面中央に固定されている。クッションと方形板のあいだから敷き布が下の框座へ垂れる。光背は、方形に頭光を意図した円形が接合したもので、それぞれ外周を連珠文で縁どられる。像の肩にあたる部分で方形の上部両端には、神秘的な魚であるマカラが彫られている。前面が欠損している天蓋がつき、飾りが下がる。

さて、このガネーシャについては、さきにもふれたように、インドネシアにおいて多く制作されたようで、寺院出土が明らかな作例が6例ある。中部ジャワ地域の7～8世紀頃のグドン・ソンゴの例[53]、8～9世紀頃のチャンディ・ロロ・ジョングランのシヴァ堂[54]（図27）、チャンディ・バノン[55]、チャンディ・サンビサリ[56]、13世紀頃の東部ジャワ地域のチャンディ・バラ[57]（図46）、チャンディ・カランカテス（karangkates）[58]13～14世紀頃のチャンディ・シンガサリ[59]（図50）[60]である。それぞれヒンドゥー教の寺院であり、そこに祀られる像の持物や形状は鋳造像と同様である。そのことから鋳造像は、ヒンドゥー教の尊格として祀られていたことが導き出せる。また、鋳造像よりも石像が、時代による形状の変化が顕著にみてとれる。ガネーシャの石像に関しては、中部ジャワ期の作例と東部ジャワ期の作例とでは、明らかにその像容の変化から信仰の変化がうかがえるのでここに触れておきたい。

臂数は二臂と四臂像がみられ、チャンディ・ロロ・ジョングラン、バノンなどの中部ジャワ期の作例が全体におとなしい印象であるのに対し、チャンディ・バラ（図46）、シンガサリ（図50）など東部ジャワ期の作例は装飾性を増し、髑髏や蛇といった要素が加味される[61]。シンガサリの像は髑髏を逆さにしたものを鉢としている。こういった傾向は、東部ジャワ期のクリタナガラ（Kṛtanagara）（在位1268〜1292）王の信仰も関係しているかもしれない[62]。これは、中部ジャワのシヴァ教系とは明らかに異なり、インドネシア特有のシヴァ・ブッダの性格、および土着的な要素が色濃く像容にあらわれてきたものとも考えられる。

　以上、インドネシアのガネーシャについては、以下のことが導き出せる。

　まず、現段階で鋳造像は30cm以下の小像が中心で34軀みられ、8〜13世紀頃の中部ジャワ、東部ジャワ地域、およびスマトラに出土している。すべての作例の材質が青銅で、また一面四臂像である。像容として、頭部が正面に髑髏もしくはそれを意図する円形と、三日月があらわされる作例が9割以上みられた。判明する持物は、右手第一手、二手に牙、数珠、左手第一手、二手に鉢、斧の組み合わせが多く、鉢を右にもつ像は2軀のみであった。また、左手第二手に三鈷、輪宝がみられた。坐法は、両足の裏を向かい合わせた独特の坐法が多く、時代や地域に関わらず、像容に大きな変化がみられない。なお、足裏を合わせるのは、一般に子ども、童子の坐像であり、上位神に対する服従のポーズから展開したものと思われる。またヒンドゥー教の寺院に安置されていた石像の持物や形状が、鋳造像と同様であることから、鋳造像もヒンドゥー教の有力な尊格として祀られていたことが推測できる[63]。

第2項　ヴィシュヌ系尊

a. ヴィシュヌ

1. ヴィシュヌという尊格

　次にヒンドゥー教三主神のひとつ、ヴィシュヌについてみてみたい。ヴィシュヌの尊名は、「広がる」「行き渡る」「遍満する」を意味する語根 viṣ から造られた語とされる。元来太陽を神格化した神で、天・空・地を三歩で闊歩すると誉めたたえる讃歌が『リグ・ヴェーダ』にみられるが[64]、ヴェーダの神々のうちではそれほど重要な位置を占めていなかった。のちのブラーフマナ文献において、ヴェ

84

ーダの神は次第に勢力を失い、ヴィシュヌが主要神とみなされるようになり、ほかの有力な神々と習合した結果、プラーナや叙事詩においてシヴァとならび、ヒンドゥー教の最高神とみなされるようになった。ヴィシュヌの特徴は、世界を三歩で闊歩する姿[65]、ブラーフマナ文献[66]でさまざまな姿に変身して、魔神と戦い、世界を救うという「化身物語」の姿が知られており、野猪、人獅子、倭人、魚、亀、パラシュラーマ、『ラーマーヤナ』のラーマ、クリシュナ、仏陀、カルキの十種は、十権化として有名である。つまり、仏陀さえも化身の1つとされ、ヴィシュヌを主神とするヒンドゥー教のなかに組み込まれている。これら化身の作例はインドで非常に好まれ、5世紀頃には東インドのウダヤギリ石窟にみられる[67]。以降多くの化身がインド中に11世紀頃まで制作されるようになる。10世紀から、ほとんどの化身が認められ、12世紀頃にはカンボジアにも亀に化身したヴィシュヌがみられ[68]、ガルダ[69]（Garuḍa）が台座としてあらわされる。

　また、ヒンドゥー教では、宇宙が周期的に消滅すると考えられており、ブラフマーの一昼夜（2千400万年）[70]が、カルパと称され、そのカルパを周期として宇宙は創造、維持、破壊を繰り返すと信じられている。宇宙の終滅期には世界は形がなく、混沌とした状態にはいり、その混沌とした海洋（シェーシャ龍に象徴される）のなかでヴィシュヌが横臥して世界の創造を願う。そのヴィシュヌのへそ（混沌とした宇宙の中心）からブラフマーが蓮華にのって出現し、新たな宇宙の創造を開始する[71]。こうした観念を象徴した彫像や浮彫りがインドをはじめカンボジアなどには非常に数多い。彫像としては多頭を有するアナンタ龍、シェーシャ龍に保護され瞑想するヴィシュヌが供養者とともに中央に大きくあらわされ、かなたに、へそから誕生したブラフマーが蓮華に座ってあらわされる[72]。

　また、ヒンドゥー教の主要神は配偶神を伴うことが多く、ヴィシュヌの妃はラクシュミー（Lakṣmī）で日本では吉祥天とされる。富と幸福の神で、別名シュリー（Śrī）と呼ばれる。ヴィシュヌの化現とともに、それに応じた配偶者として姿を変える[73]。

　しかし、インドネシアにはこうした「化身物語」の像やブラフマーたちとともに表現されるヴィシュヌは現段階ではみられない。インドでは上記以外に、グプタ朝からポスト・グプタ朝頃から表現されはじめる初期の彫像として単独の一面四臂の像がみられ、手には円盤（輪宝）や棍棒、法螺貝があらわされる[74]。インドネシアの作例は、この流れを汲むものと考えられる[75]。

第2章　インドネシアの宗教美術における鋳造像　85

　以下インドネシアのヴィシュヌ像を、インドの作例にみられる持物の類型に従い、該当するものを順にあげていきたい。すなわち、手に円盤（輪宝）や棍棒、法螺貝などをとるものの順である。

2．作例

　インドネシアでは、銅造の単独像が22軀、金板に打ち出された像が1軀みられ、ガルダが台座正面に彫像された台座のみのもの1軀とあわせて計24軀である。姿勢は坐像が3軀、立像が21軀と、立像が圧倒的に多い。材質は青銅、金、銀がみられ、打出し像が金である。臂数は不明の像以外はすべて四臂で、ヴィシュヌの乗り物であるガルダが台座に刻まれている作例が8軀にみられる。時代は、判明するもので7世紀頃～10世紀頃とされ、出土地は中部ジャワ地域に多い。両手

図65

の持物は、右手第一手、二手、左手第一手、二手が○形、△形、□形のいずれか、輪宝、棍棒、法螺貝の組み合わせが多く、ほかの種類の持物はみられない。

　第三眼については、シヴァのように明らかに眼と判明する作例はみあたらず、白毫状に円形に象られる。周知のように、第三眼は「シヴァ」の特徴である。また、立像の場合、腰から下にかける裙（腰布）が、インドネシアのほかの作例に比べて短く、片足のみを長く覆う作例も多い。このような左右非対称の裙の表現は、とくに南インドと東インドに数多く見出すことができる。また、どちらかの足を屈するものもみられる。インドネシアの作例には、右手の第一手に特殊な持物を執るのが特徴と思われるが、基本的な持物としての輪宝、棍棒、法螺貝はインドと異ならない。棍棒は左手第一手に執られる場合が多く、2例のみが左手第一手に握る。持物についても、臂数についても7世紀～10世紀まで、ほぼ変化することなく制作されていたようである。

　以下、作例をあげてみてみたい。

　一面四臂の立像が、ライデン国立民族学博物館[76]（図65）にみられる。青銅製、総高31.1cm、時代は9世紀末頃。頭部は高髻で、額には白毫が確認される。耳飾、胸飾、腹帯、臂釧、腕釧、足釧をつけ、左肩から右脇にかけて聖紐をかける。下

腹部には豪華なベルトをつける。上半身は裸形で、腰から下に文様の入った裙を、左足に長くして着ける。右手第一手手前から、宝珠形の持物をのせ、第二手に円盤（輪宝）を握る。左手第一手手前は棍棒を手で上からかぶせるように抑え、第二手に法螺貝を握る。台座は方形台座上に蓮華座を置き、その上に足を屈することなく立つ。方形台座には正面に合掌するガルダが羽を広げ、両足裏を合わせて坐す。その両脇には2頭の獅子が前足を立てて配されている。光背は、ほかの作例と比して、最も豪華である。周縁に連珠文が施され、さらにその外縁を火炎文様が飾る楕円の頭光、頭光の下部は方形に繋がる。像の肩の辺り両脇にマカラがしつらえられ、足元から両脇を象・二足立ちする獅子が各1頭ずつ刻まれる。頭光から支え棒がのび、天蓋がつけられる。こうした獅子を中心とした動物表現をレオグリフと呼ぶ学者もあり、グプタ朝後期から大流行した。北西インドのラダック地方などのチベット仏教圏にもその影響が及んでいる。

　次に金の板に打ち出された作例1例をみてみたい。ジャカルタ国立中央博物館（図66）所蔵。シヴァの金の板打出しとともに、中部ジャワ地域のウォノソボで出土した。金製の四隅が湾曲した長方形板に打ち出されており、像の左上部が欠損している。一面四臂像で、右手第一、二手は□形、輪宝、左手第一、二手は棍棒、法螺貝を執り、頭光を負い、右脇に人形のガルダを従えて、蓮華上に立つ。頭部は円筒形の宝冠を戴き、三山形（△形が正面・左右につく）の頭飾をつける。頭光は頭部全体を覆っていないところから、インド・チャールキヤ朝の影響がうかがえる。円内には放射状の線が入り、外周に光を意図した△状突起が施されている。胸飾、臂釧、腕釧、足釧をつけ、三連の連珠の聖紐が、左肩から右腰に湾曲をえがきかけられる。

　上半身裸形で腰に装飾の施された太いベルトをまわし、下半身に裙を着けている。裙は中央から左右へと衣文をえがく。裙の上から腰にまわした紐の両端が両脇に下がる。像の右脇に人形に翼をつけたガルダがヴィシュヌを見上げるように配される。手には好物の蛇を握っている。蓮華の上に両足を屈せずに立つ。金板の上部には垂飾が下がり、像の両脇にはインドネシアでは珍しい草花がちらされている。円筒形の宝冠、聖紐の形などから南インドの彫像を想起させる。本像は1903年、同種の金製打出し像4点、金製彫像5点とともに出土した。

　次に一面四臂の坐像が、リンデン（Linden）州立博物館（図67）に収蔵されている。青銅製、総高12.2cm、時代は8〜10世紀頃とされ、全体がかなり摩滅して

第2章　インドネシアの宗教美術における鋳造像　87

　　　　図56　　　　　　　　　　　図67

いる。頭部は高髻で頭飾をつけ、頭光が残存する。耳飾、胸飾、腹帯、臂釧、腕釧、足釧をつけ、左肩から右腰にかけて聖紐をかける。右手第一手は、円形の宝珠？をのせ、第二手は輪宝を握る。左手第一手手前は棍棒をつかみ、第二手は欠損しているが、もとは法螺貝を握る。上半身は裸形で、腰から下に裙を着け、腹前で結んだ布の衣端が像の左右に垂れ台座下に下がる。台座は蓮華座を基底（土台）にお椀を伏した形状で基礎台をつくり、その上に円形盤をのせ、像が半跏趺坐する。基底の蓮華座の正面と像の左右背後に位置する個所には、それぞれ各1羽（計4羽）のガルダが外向きで配され、正面蓮華座には合掌し、両足裏を合わせたガルダが1羽あらわされる。

　さて、インドネシアでは、ヴィシュヌの像は、7世紀頃から14世紀頃にいたるまで長く、かつ篤く信仰されていたようである。7〜8世紀頃、中部ジャワ地域のディエン高原の遺跡群をはじめ、ディエンよりやや後代とみられる中部ジャワ地域、ウンガランサン山の南側グドン・ソンゴの遺構群などもヒンドゥー教の聖地としてシヴァとともに祀られ、9世紀頃の中部ジャワ地域のチャンディ・ロロ・ジョングランでもシヴァ堂の北方隣で祀られている。また、7世紀頃の作例として、西部ジャワのチブアヤ村から出土したが、移入像とみられるジャカルタ

88

国立中央博物館所蔵、一面四臂の像（図1、2）がある[80]。手に棍棒、輪宝、○形、法螺貝と、鋳造像と同様の持物を執り、持物が鋳造像と共通する点から、この像がインドの作例であれば、鋳造像がインドの様式を受け継いだことが導き出せる。また8～9世紀頃にはガルダに肩車される像をはじめ[81]、持物は失われているが、8～9世紀頃建立のチャンディ・バノンの約2mの石像（図20）や[82]、東部ジャワ地域、クディリ王朝では、アイルランガ王がヴィシュヌを信仰したとされ、チャンディ・ブラハンの水浴場にはヴィシュヌ、ヴィシュヌの妃のラクシュミーと別称のシュリー（図36）の2軀が置かれている[83]。また、14世紀頃のマジャパイト朝にもチャンディ・スンブルジャティに約2mのヴィシュヌとシヴァ合体のハリハラと思われる一面四臂の丸彫りの石像（図53）が確認できる[85]。

　つまり、インドネシアでは、シヴァと同様に鋳造像では、その像容からインドで信仰されていたヒンドゥー教としての尊格（インドほど多様ではないが）をあらわしており、そこからヒンドゥー教の神像として祀られていたことが導き出せる。つまり、十権化を手段として民衆のなかに深く根を下ろすには到らなかったが、普遍的なヒンドゥー思想、とくに宇宙観を象徴する有力神として正統的に評価されていたと考えられる。

b. ハリハラ

1. ハリハラという尊格

　ハリハラ（Harihara）はヴィシュヌとシヴァの2神が1体となった神をいい[86]、ハリがヴィシュヌ、ハラがシヴァを指す。像の左側にヴィシュヌ、右側にシヴァの像容を示す[87]。この形は、ヴィシュヌ派とシヴァ派の信仰・儀礼が結合して成立したとされる[88]。つまり、両信仰の対立よりも、共存・融合を重視した結果である。インドでは、古くは6世紀頃、初期チャールキヤ朝の、インドの本格的なヒンドゥー教としては最古に属するとされる石窟にみられ、デカン西部に位置するバータミ石窟の第3窟にヴィシュヌの化現の彫像とともにあらわされている[89]。しかし、日本にはこのタイプの作例はまったくみられない。

　インドネシアでは、鋳造でハリハラと考えられる像が2軀確認できた。いずれも板に打ち出したもので、立像である。坐像のハリハラは見出せない。それぞれについてのべたい。

2．作例

ジャカルタ国立中央博物館像[90]（図68）は、金と銀という材質の異なる薄板をたたきあわせ、四隅が湾曲した長方形板に打ち出された一面二臂の立像である。輪宝などの持物や三日月、髑髏などヴィシュヌとシヴァの特徴をあらわす要素はとくにはないが、身体を半分にすることを意図してつくられた神像であることから、ハリハラであるとする報告がある。材質により明らかに半神をあらわす尊容は仏教系にはなく、またその頭部の形状や体軀のしなりなどからヒンドゥー系尊像とみられる。

図68　　　　　　図69

これは、東部ジャワのプナングガン山、ブラハン出土で、総高10.3cm、時代は11世紀頃とされる。像容は、蓮華文、外縁に火焔文をあらわし、隙間に列点文が施された円形の頭光を負い、髪を高く結い上げ、髻正面に一厘の花文様をつける。大きな楕円上の耳飾、花形の臂釧をつける。印相は、腹前で左手の上に右手を置き、右手は親指を上にたてる。この形は、東部ジャワ期、とくにシンガサーリからマジャパイト期にかけての石造浮彫り神像に頻出する形式で、定印と解される[91]。上半身は裸形で、下半身に膝上の短い唐草文様入りの裙を着ける。腰にはベルト状に、大腿部には腰に、それぞれ一周する薄い布がかかり、背部で結び、その端が像の両足左右の外側で翻ってあらわされている。左膝をわずかに外向きに曲げて、蓮台上に立つ。胸の盛り上がり、腋の下、膝裏、足裏の皺などもやや雑であるが、線刻であらわしている。

ジャカルタ国立中央博物館像[92]（図69）は、明確にハリハラと同定できる。ウォノソボ出土とされ、総高約40cm。金製の四隅が湾曲した長方形板に打ち出された一面四臂の立像である。頭部中央と左部分が欠尊している。像容は、宝冠を戴き、残存する部分から左右が異なる彫刻がされていたことがわかる。右の頂部分から

垂髪が3本下がっている。両耳背部には放射状に線刻された頭光を負う。額には第三眼を有し、耳飾、臂釧、腕釧、腹帯、足釧をつけ、聖紐を左肩から右腰にかけて斜めにかける。持物は、右手第一手、二手に水瓶、数珠、左手第一手、二手に円形、不明を執る。持物から明らかに、右がシヴァを、左がヴィシュヌを意図していることがわかる。上半身は裸形で、下半身に足首の見える裙を着ける。腰には装飾のはいったベルトがまかれ、へその下、中央部分から1本が下に向かう。それを境目に裙の文様が左右で分かれる。右には衣文が斜めにはいり、左には衣文にそって細かい文様が施される。これもシヴァとヴィシュヌの2神の違いをあらわしている。両足の外側には右にシヴァの乗り物である牛が、左には人形に翼がついたガルダがそれぞれ合掌する姿で配されている。

　以上、ヴィシュヌ系の尊格、ヴィシュヌは7～10世紀頃の中部ジャワにみられ、ハリハラと考えられる像が、中部ジャワと11世紀頃の東部ジャワにみられる。この時代と地域は、当時シャイレーンドラ朝の統治下にあったものと考えられることから、シャイレーンドラ朝にヴィシュヌ系が信仰されていたことが読みとれる。

第3項　ブラフマー

　ブラフマーは、現段階において確認できた像例は青銅像が7軀で、実見していない3軀を除き、四面四臂像である。姿勢はすべて立像で、判明する時代と出土地は8～11世紀頃で中部ジャワ地域にみることができる。持物は判明するもので、右手左手第一手、二手に三叉戟、数珠、水瓶、払子の組み合わせが多い。とくに左手第一手に水瓶が6軀にみられた。台座には、ブラフマーの乗り物であるハンサがあらわされたものが3例確認できる。

1.　ブラフマーという尊格

　ブラフマー（Brahmā）は、ヒンドゥー教の三大神の一つで創造神とされる。ブラフマーが世界の創造を司り、ヴィシュヌが維持し、シヴァが破壊する役割をもつ。ブラフマーはヴェーダに説かれる非人格的な宇宙の中性原理としてのブラフマン（Brahman、梵）に由来する。ヴェーダでは神々を讃える言葉やヴェーダ自体、神秘的な力をあらわす語として用いられていたのが、ウパニシャッドの時代になると宇宙の根本原理は、擬人化され、神格化されて男性神として崇拝さ

第2章　インドネシアの宗教美術における鋳造像　91

れるようになった[93]。ブラフマーは4つの頭をもつ。理由は諸説あるが、『バーガヴァッタ・プラーナ』に「ブラフマーは生まれるとすぐに四方を見回したので、4つの顔を得た」とあり、すべてを統御するという意図によるものと解釈される。水瓶、数珠（または弓）、杓（祭祀権・支配権を象徴する）・ヴェーダ聖典をもった4本の手をもち、ハンサに乗った姿であらわされることが多い。鵞鳥は天上界と地上界を自由に行き来し、一切の束縛を離れることからブラフマンに到達しようとする象徴として乗り物とされたらしい[94]。教義の上では三神一体節が唱えられるが、ブラフマーはヴィシュヌ、シヴァ両神の信仰の陰に隠れ、ブラフマーに捧げられた祠堂もまれで、単独像もシヴァ、ヴィシュヌに比べて少ない[95]。

　このブラフマーは、造形においては、まず仏教の釈迦の守護神としてあらわれる。クシャーン朝（1世紀中頃～3世紀中頃）からグプタ朝（4世紀中頃～6世紀中頃）の仏教美術、とくに仏伝図や仏三尊像、仏五尊像のなかで、ブラフマー（梵天）とインドラ（帝釈天）は、釈迦の脇侍となる守護神としての役割を確立している[96]。仏伝図では、「誕生」「灌水」「七歩」「梵天勧請」[97]「従切利天降下」「涅槃」などの浮彫りにおいて、帝釈天とセットになってあらわされる。

　さて、グプタ朝前後にヒンドゥー教の図像が急速に進展をみせ、ブラフマーはシヴァ、ヴィシュヌとともに三神一身のひとつとして重視されるようになる[98]。グプタ朝からポスト・グプタ朝（5世紀後半～8世紀中頃）に叙事詩やプラーナにみられるヒンドゥー教神話を背景に、ブラフマーは単独、あるいは神話場面で、メインではないが、あらわされるようになる。マトゥラーの彫像、デオーガリーのデシャアヴァターラ寺の「アナンタ龍上のヴィシュヌ」、エレファンタの「舞踏のシヴァ」、アイホーレのフッチャッパヤ・グディ寺の「仙人たちに讃嘆されるブラフマー」[99]などで、グプタ朝以降、四面で四臂像としてあらわされるようになる。持物は一定しないが、与願印が多く、水瓶、数珠、杓・杖などがみられる。また、姿勢は坐像が多く、蓮華座もしくは、ハンサに乗る。蓮華座は「アナンタ龍上のヴィシュヌ」の神話で、ヴィシュヌのへそから生じた蓮からブラフマーが出現し、宇宙を創造したことによるとされる。また、頭部は頭頂で髪を結い上げた髪髻冠、あごひげ、左肩から右肩にかけてかける条帛、鹿皮をかける場合があり、それはヒンドゥー教の行者や仙人のイメージに起因するものと考えられる[100]。

２．作例

さて、インドネシアにおいて、現在筆者が確認した作例は、鋳造像が７軀で、10.5〜16.4cmと小像が中心である。シヴァの38軀やヴィシュヌの24軀と比べ残存例が少なく、インドと同様の傾向がうかがえる。実見していない３軀を除き、四面四臂像である。姿勢はすべて立像で、判明する時代と出土地は８〜11世紀頃、中部ジャワ地域にみることができる。持物は欠損するものが多いが、像容としての特徴は以下の通りである。

①すべてが立像。

②すべてが単独像。

③実見していない３軀を除き、四面四臂像。

④頭部は髪髻冠。

⑤額に白毫状が３例にあらわされる。

⑥持物は三叉戟、数珠、水瓶、払子の組み合わせが多く、ほかに三鈷状、棒状がみられる。とくに左手第一手に水瓶が執られることが多く、６軀にみられ、第二手の払子も３軀にみられる。

⑦台座には、方形台座正面にブラフマーの乗り物であるハンサがあらわされたものが３軀確認できる。

以下、作例をみてみたい。

オランダのアムステルダム国立博物館所蔵の立像を一例にあげると（図70）、総高は15.8cm、推定制作年代は９〜10世紀頃で、頭部は、髪髻冠を戴き、四面の額にはそれぞれ白毫状を有する。耳飾、胸飾、臂釧、腕釧をつけ、条帛を左肩から右脇に斜めにかける。上半身裸形で、下半身に文様入りの裙を着ける。ベルト状の飾りを２つつけ、下の紐の端が両足の膝にまで垂れる。四臂はそれぞれ、右手第一手、二手、左手第一手、二手に欠損、数珠、水瓶、払子を執る。蓮華座に立つ。

また、台座にハンサがみられる作例を、オランダ個人所蔵の立像（図71）にみると、頭部は、髪髻冠を戴き、四面は磨滅している。耳飾、胸飾、臂釧、腕釧をつけ、条帛を左肩から右脇に斜めにかける。上半身裸形で、下半身に裙を着ける。ベルト状の飾りを２つ着け、下の紐の端が両足の膝にまで垂れる。四臂はそれぞ

第2章　インドネシアの宗教美術における鋳造像　93

図70　　　　　　　　図71

れ、右手第一手、二手、左手第一手、二手に三鈷状、数珠？、水瓶、不明を執る。方形台座上の蓮華座に立つ。台座正面中央には方形板がもうけられ、そこにブラフマーの乗り物であるハンサが1羽が、羽をとじた姿で施されている。ほかの2例についても同様な表現で台座に施されている。インドネシアの石像で、ブラフマーとハンサがあらわされる場合、ハンサを頭部につけた人形の上に直接ブラフマーが肩車状に彫像される[103]ものもみられるが、現段階で、同様のものは鋳造像ではみつかっていない。

さて、ブラフマーは、寺院出土が明らかな作例が中部ジャワ地域の7～8世紀頃のグドン・ソンゴの例（図11）、8～9世紀頃のチャンディ・ロロ・ジョングランのブラフマー堂像[104]（図32）、チャンディ・バノン像[105]などにみられ、それぞれヒンドゥー教の寺院であり、そこに祀られる像の判明する持物や形状は鋳造像とほぼ同様である。そのことから鋳造像は、ヒンドゥー教の尊格として祀られていたことが導き出せる。

以上、インドネシアの鋳造像のブラフマーについては、以下のことが導き出せる。

まず、現段階でブラフマーは、30cm以下の小像が中心で、7軀で、実見してい

ない３軀を除き、四面四臂像で、単独像である。仏教でのインドラと組み合わされる三尊形式のものはみられなかった。姿勢はすべて立像で、判明する時代と出土地は８〜11世紀頃で中部ジャワ地域にみることができる。持物は判明するもので、右手左手第一手、二手に三叉戟（三鈷状）、数珠、水瓶、払子の組み合わせが多い。とくに左手第一手に水瓶が６軀にみられた。台座には、ブラフマーの乗り物であるハンサがあらわされたものが３例確認できる。またヒンドゥー教の寺院に安置されていた石像の持物や形状が、鋳造像と同様であることから、鋳造像もヒンドゥー教の尊格として祀られていたことが推測できる。また、形状の上から四面四臂、ハンサを乗り物にするという点、とくに持物に水瓶と数珠を執る点はインドのグプタ朝の流れを汲むものと思われる。またインドのクシャーン朝などでみられた三尊形式の仏教像としての像はみあたらないことから、やはりヒンドゥー教の神格として、信仰されていたものと考えられる。インドネシアでは、つねに寺院においてヒンドゥー教に属する祠堂で、シヴァ、ヴィシュヌとともに祀られていることからもうかがえる。また、この２神よりも単独像の残存例が少ない点などもインドと同様の傾向が読みとれる。

　経典では、密教経典において、『陀羅尼集経』[106]などに、持物に鏡を執る姿が説かれ、また、一行撰『大日経疏』[107]第五に四面四臂で蓮華、数珠、軍持、唵字印を作るとある。しかし、このような像容をとるブラフマー（梵天）はまったく見出せなかった。

第４項　財宝神

１．財宝神という尊格

　ヒンドゥー教と仏教における財宝神については、正確な分類と展開の跡付けがされていないのが現状である。財宝の神は、その尊名にクベーラ（Kuvera）、ジャンバラ（Jambhala）をはじめ、インドの庶民信仰の中心であったヤクシャ（Yakṣa）、パーンチカ（Pāñcika）、ヴァイシュラヴァナ（Vaiśravaṇa）などと称されており、その成立と展開、またヒンドゥー教に属するクベーラと、密教に属するジャンバラの像容の差についてもいまだ解明が十分になされていない[108]。経典[109]では宋代、法天訳『仏説宝蔵神大明曼拏羅儀軌経』[110]『仏説聖宝蔵神儀軌経』[111]等、『大日経』や『金剛頂経』等の中期密教経典の少し後に成立した経典にその姿が

第2章　インドネシアの宗教美術における鋳造像　95

確認され、また12世紀以降成立の『サーダナマーラー[112]』にも記述がみられるが、こうした文献もインドネシアの作例の推定制作年代以降の成立なので、それらを所依経軌としてみることはできないのが現状である。そこで本書では、ヒンドゥー系の節ではあるが、仏教、密教の可能性のある財宝神をもふくみ、一括して、財宝神という項目をもうけ、尊名を限定せずにまとめておきたい。いわゆる財宝神とされるインドの作例をもとに、現存作例をとりあげることとした。

　シヴァやヴィシュヌのように、その像容から、尊名が必ずしも明確にならないことから、本項では、インドにおける財宝神のイメージに基づき、身体的特徴や持物などから、財宝神と考えられる像をとりあげ、考察を行うこととする。

　インドにおける財宝神は、元来民間信仰の神ヤクシャの一種とされ、財宝を司る神として仏教以前から信仰されていた。マトゥラー博物館所蔵でシュンガ時代（前1世紀初）のマトゥラー（パールカム）出土のヤクシャ立像に、ブラフミー文字でマニバドラ（manibhadra）と銘文があり、財宝を意識した像としてあげられる[113]。両腕を欠損しているが太鼓腹で左手に袋（以下、財布）を持っていたと考えられる。またグワーリアル考古学博物館所蔵の1～2世紀頃、パワーヤー出土のヤクシャ立像にも同じくマニバドラの銘文があり、太鼓腹で左手に財布を握り、その口から貨幣があふれ出ているのがみられる[114]。また、財宝をイメージさせる最初期のものとして、「劫樹・如意樹（Kalpavṛkṣa）」と称するものがあげられる。その作例としてコルカタ・インド博物館所蔵のシュンガ時代（前2世紀頃）、ベースナガル出土の柱頭装飾に、壺や財布に貨幣がつまった財宝のモティーフがみられる[115]。これらのように、仏教以前に財宝神やそれをイメージする作例がインドにおいて認められる。

　さて、仏教寺院跡から出土したもので、明らかに仏教に属すると考えられる像も出現する。それはクシャーン朝以降インドにおいての財宝神であるパーンチカ・ハーリーティーで、アジャンターなど後期石窟寺院において、明らかに仏教に属する遺構に守護神として受容されていく[116]。ペシャワール博物館所蔵、クシャーン朝（2～3世紀）セーリー・バーロ出土のパーンチカ・ハーリーティー像は、ガンダーラの典型的な作例である[117]。

　また、大英博物館所蔵、クシャーン朝（2世紀）タフティ・バーイー出土のパーンチカ・ハーリーティー像には、夫婦の間に財布を持つ侍者があらわされ、足下には2つの壺の口から財宝があふれでる表現がみられる[118]。また、5世紀後半に

96

も、西インドのアジャンター第2窟にみられるように、パーンチカ・ハーリーティー像を安置した祠堂が確認できる。しかし、ここではパーンチカの太鼓腹にのみ財宝神として特徴が見出され、持物・像容に固有の特徴はみられない。[119]

　8世紀頃、エローラの第8窟入口の外壁にも同様に伽藍の守護神として、伝統的な並坐像がみられるが、しかし第11・12窟（エローラ仏教石窟の晩期）には、[120]新たな仏教の財宝神として壺を台座に備え、丸い果実と袋・財布（あるいはマングース）をもつジャンバラが仏殿内にターラーとともにあらわれる。これは伝統的なパーンチカ・ハーリーティー像の、仏殿の脇や石窟前室といった配置形式と異なり、仏殿内で本尊に向かう配置になっている。東のオリッサ地方では、ラトナギリの第一僧院のように、伝統的な仏教伽藍の守護神のパーンチカ・ハーリー[121]ティー像の影響をうけたジャンバラ・ハーリーティー像のほか、像の背面に種字[122]マンダラのあるジャンバラ像などがみられるようになる。その像容は右足をさげ[123]る遊戯坐（踏み下げ）で、右手に丸い果実、左手にマングースを握り、首に青蓮華でつくった首飾りをつけている。台座に財宝性を示す宝の壺が4つあらわされ、そのうちの1つが足下に置かれている。またラトナギリでは奉献塔に刻まれる例[124]もみられる。単独尊はラトナギリのほか、ウダヤギリ、中インドのシルプル、ほ[125]　　　　　[126]　　　　　　　　　[127]かに多くの博物館に、その所蔵が確認できる。[128]

　9〜10世紀以降、インド全域では、ヒンドゥー教の隆盛に伴い、仏教に属する尊像に関しては明確に特定できる像例は見出されないものの、財宝神としてクベーラ=ジャンバラといった明確に確定できない像も多く確認できる。財宝神の同[129]定に関して、銘文・仏教寺院など帰属が明確でない限り、クベーラとジャンバラの区別は難しいと思われる。

　以上のインドの作例を参考に、インドの財宝神のイメージをもつインドネシアの作例をみていくこととしたい。すなわち像容は、太鼓腹で、右手に果実を持ち、左手に財布、もしくはマングースを握り、台座に宝の壺を置いている作例を主にとりあげる。

2. 作例

　現段階において確認できる像は、すべて一面で、二臂像が83軀、四臂像が7軀[130]の計90軀で、二臂像が全体の約9割を占めている。青銅や金、銀製の36cm以下の[131]小像が中心である。また、推定制作年代は博物館の資料などから、臂数に関わら

ず8〜13世紀にかけて制作されたことがうかがわれ、判明する出土地は二臂・四臂とも中部ジャワ地域に多くみられる。持物は右手第一手が球形や円形、逆三角形といった形をした果実をもち、左手第一手は財布、マングース、マングース袋（上部がマングースで下部が袋）の三通りのいずれかを手にしている。四臂像の持物は、二臂の持物に輪宝、法螺貝、蓮華を加えたものとなっている。

a.　一面二臂像（83軀）

　金属製の像は小像（7.3〜36.0cm）で、青銅像が81軀、金製が1軀、銀製が1軀みられる。判明する時代および出土地は、8世紀〜13世紀頃の中部ジャワ地域が中心である。持物は判明するもので、右手に果実（球形・逆三角形・円形・四角）、左手に財布、マングース、マングース袋がみられる。

　さて、これらの作例は、その坐法から5つに細分することができる。坐法の多い順に並べると以下の通りである。

　1．遊戯坐（踏み下げ）（67軀）、金1軀・銀1軀含む
　2．半跏趺坐（8軀）
　3．結跏趺坐（3軀）[132]
　4．輪王坐（3軀）
　5．倚坐（2軀）

　これら5通りの坐法のうち、遊戯坐（踏み下げ）が多く、インドの図像の影響をうけているものといえよう。[133]結跏趺坐、半跏趺坐、輪王坐は、現段階でインドにはみられないようで、インドネシアの特徴とも考えられる。台座は輪王坐の作例が、すべて蓮華座に坐し、それ以外は坐法に関わらず、蓮華座や、方形台座上に蓮華座、クッション、壺などを置く形式が多くにみられる。このクッションについては、インドネシアのほかの作例にあまりみられないことから財宝神の特徴と考えられる。また台座には壺が施される場合が多く、蓮華座のみのように底が円形の場合、放射状に壺が配され、数は5か7、方形台座の場合はその正面、側面に施され、正面に4や7の数の壺が一列に並べられる場合が多い。ただし台座の総壺数には決まりはないようである（1〜最多12）。

　また、遊戯坐（踏み下げ）の場合、右足を下げ、足下に壺を置くのが通例のよ

98

うで、その壺の口からは連珠や紐状の宝を示唆するものがあふれ出ている。壺の
ほかには、壺から伸びた蓮華に足を置く例もあり、台座の両端に獅子が彫刻され
る作例が3軀に確認できる。光背については、インドネシアのほかの作例とほぼ
同形を呈しており、Ω形、方形上に円形、蓮弁形、円形などで、それらの周縁
に火焔状の縁取りが施されたり、マカラや獅子、象、鳥、壺といった彫刻がみら
れ、日月が左右にあらわされた作例も3軀ある。ほかに、像の頭部背後に三日月
状を呈した作例が5軀にみられた。以下、作例をあげてみていきたい。

1. 遊戯坐（踏み下げ、67軀）

青銅製が65軀、金製が1軀、銀製が1軀である。時代は、判明するもので材質
に関わらず、8〜13世紀頃、とくに8〜10世紀に集中し、中部ジャワ地域に多く
出土している。形状は、まず坐法はみな右足を垂下させており、足の方向は、前
方に投げだすか、または垂直に下すか、台座中央に向かい斜めに置かれる。そし
てその足下には、壺や蓮華、または方形座が置かれる。持物は、判明する作例で
は、右手に果実をのせ、左手はマングース、財布、またはマングース袋を握る。
マングースと財布は、その割合がほぼ半分である。これらの財布やマングースの
口からは、連珠や紐状のもの（宝）があふれ出ている場合が多い。また、頭部背
面において、3軀に三日月形がみられる。台座は、直接坐す台として蓮華座、ク
ッション、壺、方形台座の四通りがみられ、なかでも方形台座上の蓮華座に坐す
場合が多い。台座には壺の彫刻が施されることが多く、壺が彫刻されない作例は
5例[135]のみである。蓮華座の作例には放射状に、方形台座の場合は台上、正面、側
面に壺が施される。それらの口からは、連珠や紐状の宝があふれ出る例が多く、
そこに垂下した足を置いている。壺以外の彫刻では、獅子が両端に施される作例
が3軀みられる。光背は、インドネシアのほかの作例とほぼ同形を呈しており、
Ω形、方形上に円形、蓮弁形、円形などで、それらの周りに火焔状の縁どりが施
されたり、マカラや獅子、象、また壺[136]の彫刻がみられる。また、鳥と日月が左右
対称に彫刻されたものが3軀確認される[137]。

国立ギメ（Guimet）東洋美術館所蔵の一例（図72）[138]をあげると、8〜9世紀
頃の作とされ、館ではジャンバラとする。青銅製で総高28.0cm、頭部に髪髻冠を
戴き、垂髪を両肩に垂らし、顔面には白毫がみられる。耳飾、胸飾、腹帯、臂釧、
腕釧、足釧をつけ、両肘から下腹部にかけて紐状の飾り（聖紐か）がかけられて
いる。上半身は裸形で太鼓腹をなし、膝上までの裙を着ける。右手に球形の果実

第 2 章　インドネシアの宗教美術における鋳造像　99

図72　　　　　　　　　　　　　　　　図73

をのせ、左手にマングースの首を握っている。マングースの口からは連珠の宝玉価が吐き出されている。台座は四弁花の飾りのあるクッションに方形状台座で、クッションにかかる壺からは、宝玉があふれ出ており、その壺の上に右足を置いている。クッションと方形台座の間に布が敷かれ、正面に弧を描き垂れ下がっている。台座の左右には、象に圧し掛かる獅子が配され、さらに正面下には 7 つの壺が並べられる。また、台座背面にはサンスクリット語の刻文があり、「一切は因から生じ、その因を消滅させる道を如来は説かれた」とある法身偈であることから[139]、明らかに仏教に属する作例であることがうかがわれる。

　光背に日月が施された作例としてトロッペン博物館所蔵の一例（図73）をあげると[140]、青銅製で総高14.0cm。頭部に髪髻冠を戴き、垂髪を両肩に垂らす。顔面には白毫がみられる。耳飾、胸飾、腹帯、臂釧、腕釧、足釧をつけ、両肩から腹部中央にかけて紐状の飾り（聖紐）がかけられる。上半身は裸形で太鼓腹をなし、膝上までの裙を着ける。右手に球形の果実をのせ、左手にマングースの首を握っている。マングースの口からは連珠の宝が吐き出されている。台座は文様入りのクッションに方形状台座で、方形台座にかかる壺からは宝があふれており、その壺の上に右足を置いている。クッションと方形台座の間に布が敷かれ、正面に弧

を描き垂れ下がっている。

　台座の左右には獅子が配され、正面には７つの壺が並べられる。光背は台座左右ともに下から茎が伸び、蕾と開花したものが配されている。像背後に方形とその上に連珠と火焔文が施された円形の光背がしつらえられている。円形と方形の境には１本柱が通り、その左右端に鳥が本尊に向かい止まっており、本尊の右の鳥は三日月を、左の鳥は太陽を嘴先についている。光背上部より天蓋がつながる。日月が光背にしつらえられた作例は、この作例以外に２例みられるが、いずれも遊戯坐（踏み下げ）で、左手にマングースを握っている。光背は本像と同系で、一例には鳥がなく[141]、もう一例には、鳥はいるが、日月が左右逆である[142]。

　この遊戯坐（踏み下げ）については、インドの財宝神に多くみられることから、その流れをくむものと考えられる。この壺を足下に置く遊戯坐（踏み下げ）の姿は、インドネシアの建造物で、８世紀中頃建立とされるボロブドゥールの第一回廊の『アヴァダーナ（譬喩経）』のレリーフにみることができる。財宝神を意識した高位の人物で４つの壺の台座に坐すが、左足を垂下している[143]。また、この壁面の左右には壺からあふれでる宝が描写され、壺が富を象徴するものとして、当地でも大きな役割を果たしていたことがうかがえる。時代が判明するものでは、９世紀頃の石像[144]をはじめ、東インドのラトナギリや[145]、ダッカ（Dacca）博物館所蔵[146]などがみられるが、みな太鼓腹で右手に果実をもち、左手にマングースや財布を握り、右足を垂下しており、インドネシアの尊容がインドとほぼ同形をとっていることがわかる。ただ台座が、インドでは蓮華座の下に壺を並べる形態がとられているのに対し、インドネシアではクッションを敷いたり、壺にそのまま坐したりと[147]、台座の様式もヴァリエーションが多いことが特徴としてあげられる。

２．半跏趺坐（８軀）

　推定制作年代は判明するもので８〜12世紀頃、中部ジャワ地域で出土している。形状は、判明する８軀は右手に果実をのせる。左手は財布やマングースを握り、それぞれの口からは、連珠や紐状の宝があふれ出ている。また、１軀に頭部背面に三日月がみられ、この三日月形についてはインドネシアのほかの作例で、文殊[148]などに多く確認される。

　トロッペン博物館所蔵の一例（図74）[149]をあげると、青銅製で総高13.4cm、頭部に髪髻冠を戴き、垂髪を両肩に垂らし、耳飾、胸飾、腹帯、臂釧、腕釧、足釧をつける。上半身は裸形で太鼓腹をなし、膝上までの裙を着ける。右手に球形の果

第2章　インドネシアの宗教美術における鋳造像　101

　　　図74　　　　　　　　　　　　　図75

実をのせ、左手にマングースの尾を握っている。方形台座上の蓮華座上に坐す。光背は方形上に円形を配し、方形上部の両脇と円形縁には火焔状の彫刻が施され、光背からつながる支え棒に天蓋がしつらえられている。

　3．結跏趺坐（3軀）

　青銅像が3軀みられ、時代は判明するもので9世紀前半〜10世紀頃。太鼓腹に右手に果実をのせ、左手は財布を握ることが共通している。2軀は胸にX字状の装飾をつけ、左肩から右脇にかけて聖紐をかける。

　大英博物館（British Museum）所蔵の一例をあげると[150]、青銅製で総高8.5cm、時代は10世紀頃。頭部に髪髻冠を戴き、垂髪を両肩に垂らし、耳飾、胸飾、臂釧、腕釧、足釧の装飾をつけている。上半身は裸形で太鼓腹をなし、膝上までの裙を着ける。右手に球形の果実をのせ、左手に財布を握っている。蓮弁と反花からなる蓮華座に坐している。

　4．輪王坐（3軀）

　青銅像が3軀みられ、時代は判明するもので8〜10世紀頃、判明する出土地は中部ジャワに集中する。形状は右手に円形の果実をのせ、左手は財布かマングースを握る。3軀とも両足の裏は重ねず右膝を立てている。このような輪王坐はジ

図76

ャワの作例の通例と考えられ、思惟像にも多くみられる。台座はみな蓮華座である。[151]

　ジャカルタ国立中央博物館所蔵の一例[152]（図75）をあげると、青銅製で総高14.2cm、頭部に髪髻冠を戴き、垂髪を両肩に垂らし、耳飾、胸飾、腹帯、臂釧、腕釧、足釧をつけ、左肩から右膝にかけて聖紐がかかっている。後頭部には三日月の装飾がみられる。上半身は裸形で太鼓腹をなし、膝下までの裙を着ける。右手に球形の果実をのせ、左手にマングースの首を握っている。マングースの口からは紐状の宝があふれ出ている。放射状に7つの壺が配された円盤上の蓮華座に坐す。

5．倚坐（2軀）

　青銅製が2軀である。時代は判明する1軀が9～10世紀頃である。形状はいずれも両足をともに方形台上のクッションの上に置き、その左右には獅子が配されている。左手には口から宝があふれ出ている財布を握ることが共通する。1軀（ジャカルタ国立中央博物館所蔵像[153]）は単独像で、もう1軀は両脇に蓮の蕾をもった女尊が2軀しつらえるが、尊名に関しては不明であり、本尊に対する供養者と考えられる。

　トロッペン博物館所蔵の一例[154]（図76）をあげると、青銅製で総高10.3cm、頭部に髪髻冠を戴き、耳飾、胸飾、臂釧、腕釧、足釧をつけ、左肩から右脇にかけて聖紐をかける。上半身は裸形で太鼓腹をなし、膝上までの裙を着ける。右手は右胸前で球形の果実を握っており、手のひらにのせる、ほかの像とは異なる。左手に、口から紐状の宝があふれ出る財布を握っている。台座は方形状台座で像の左右両脇には壺が各1つしつらえられ、足元の左右には獅子が配されている。光背は方形に円形で、その周りが縁どられている。中央尊の左右両脇には女尊の立像が配され、像の右の女尊は、右手に蓮華の蕾を持ち、左の女尊は、左手に持物を持つが判明しない。背部に2つほぞ穴があり、棒状のものを通していたものと思われる。

第2章　インドネシアの宗教美術における鋳造像　103

　この両脇人物を伴う例は、インドの作例にも2例ほどみられるが、尊名は判明せず、ともに中央尊は遊戯坐（踏み下げ）である。

　倚坐像については、4軀ほど報告があるが、太鼓腹で持物が判明するものは、右手に果実、左手にマングースを握っており、インドネシアの作例と形状が類似する。

b．一面四臂像

図77

　現段階では、青銅像としての小像で7軀が確認でき、判明する時代および出土地は、9世紀～11世紀の中部ジャワ地域にみられる。坐法は半跏趺坐の1軀以外はみな遊戯坐（踏み下げ）である。像容は二臂像と同様に、太鼓腹に右手第一手に果実をのせ、左手第一手はマングースか財布、マングース袋を握っている。左右第二手は、判明するものでは輪宝、蓮華、法螺貝のいずれかが握られている。とくに法螺貝は5例にみられる。また、輪宝は右第二手に置かれること、組み合わせでは、右左の第二手に①輪宝、法螺貝、②法螺貝、蓮華が各2例みられることが特徴としてあげられる。この①輪宝と法螺貝は、ヴィシュヌの第二手に持物であることが多く、インドネシアのヴィシュヌの作例にも現段階で5例みられる。いずれも推定制作年代が8～10世紀頃で、判明する出土地が中部ジャワ地域であることから、財宝神と同時期に制作されており、影響をあたえていたものと推定できる。

　また、②蓮華と法螺貝の組み合わせについては、クベーラの有する財宝と関連し、『ラーマーヤナ』において人格化され、クベーラの眷属として登場することから、これらの2つの持物が関連する可能性も考えられる。

　なお、台座には特徴があり、7軀中4軀が方形台座と蓮華座の間に、壺をはさんでいる。インドには、この四臂像の財宝神の作例は現段階ではみあたらず、この四臂像の存在もインドネシアの財宝神の特徴といえよう。

　遊戯坐（踏み下げ）の像を、アムステルダム国立博物館所蔵の一例（図77）にとると、青銅製で総高11.8cm、推定制作年代は9世紀前半～10世紀初とされる。

図78

頭部に髪髻冠を戴き、垂髪を両肩に垂らし、後頭部に三日月形をつけ、顔面には白毫がみられる。耳飾、胸飾、腹帯、臂釧、腕釧、足釧をつけ、左肩から右脇腹にかけて鎖状の飾り（聖紐）がかけられる。上半身は裸形で太鼓腹をなし、膝上までの裙を着ける。

右手第一手に球形の果実をのせ、第二手に輪宝を、左手第一手にマングースの首、左手第二手は法螺貝を握る。マングースの口からは連珠の宝が吐き出されている。台座は蓮華座と方形台座の間に壺がしつらえられている。方形台座の左右正面には壺が各2つずつ（計6つ）施され、方形台座上の四隅にも壺がしつらえられる。本尊の右端の壺上に2つの壺がおかれ、その上に右足がのる。どの壺からも連珠の宝があふれ出ている。

半跏趺坐の像は1軀のみで、ミュゼオン（Museon）所蔵の像[163]（図78）は青銅製で総高10.7cm。頭部に髪髻冠を戴き、垂髪を両肩に垂す。耳飾、胸飾、腹帯、臂釧、腕釧、足釧をつけ、左肩から右脇腹にかけて鎖状の飾り（聖紐）がかけられる。上半身は裸形で太鼓腹をなし、膝上までの裙を着ける。右手第一手に球形の果実をのせ、第二手に輪宝、左手第一手にマングース形の袋を握る。マングースの口からは紐状の宝が吐き出されている。左手第二手は法螺貝を執る。台座は蓮華座に方形台座で、台座の正面に3つ、左右側面には壺が各2つずつ計7つが施されている。光背は、方形にΩ形で火焰状の縁どりがされている。光背背面上部には天蓋の支柱跡がみられることから、当初は天蓋があったものと考えられる。

c. 三日月形の装飾

一部の財宝神の後頭部にみられた三日月状の装飾についてふれておきたい。これは二臂に5軀、四臂に1軀確認できる。一例にジャカルタ国立中央博物館像をあげる（図79）[164]。この三日月形は、インドネシアでは財宝神と推定制作年代と出土地をほぼ同じとする文殊[165]、菩薩[166]、チャンドラ[167]、クマーラ[168]、蓮華手観音、スーリ[169]

第2章　インドネシアの宗教美術における鋳造像　105

ヤなどにもみられ、8〜9世紀頃建立のボロブドゥールの壁面にも第二回廊主壁東南部[171]、第二回廊第三回廊主壁[173]、第四回廊欄楯西北部[174]などにみられる[170]。インドネシアでは財宝神に限られたものではないようである。また現代でもブランコン（Blankon、ジャワ語）といって高位、王室の人物をあらわす頭飾として用いられる[175]。

図79

　以上、インドネシアにおける財宝神の現存作例をみてきたが、以下のことが導き出せる。
　形状には一面の二臂と四臂があり、制定年代はそれぞれ8〜13世紀頃、9〜11世紀頃とほぼ同時期に制作されていたことがわかる。坐法は二臂像が遊戯坐（踏み下げ）、半跏趺坐、結跏趺坐、輪王坐、倚坐が、四臂像には遊戯坐（踏み下げ）、半跏趺坐がみられ、いずれもインドの坐法の影響を受けたものが多い。像容は太鼓腹に、右手が果実、左手がマングースか財布、もしくはマングースの形状をとったマングース袋をもち、四臂像はこの二臂の持物に法螺貝、輪宝、蓮華などを加えたものである。とくに右手に果実・輪宝、左手にマングースかマングース袋・法螺貝の組み合わせが多く、ヴィシュヌ的要素がうかがわれる。また、蓮華と法螺貝は『ラーマーヤナ』のクベーラの眷属と合致することから、四臂像のなかにはヒンドゥー的要素の強い作例がある可能性が考えられる[176]。また、これらの持物については、時代が下がるが『サーダナマーラー』にその特徴が記されており、インドネシアの作例と類似する点がみられる。とくにマングースが女性形であらわされることから、メスであるとみなすことができる[177]。また、台座については、壺を表現する作例が9割以上を占め、台座正面には4つか7つを並べることが多く、台座底が円形の場合、放射状に5つや7つが配される。四臂像の場合、蓮華座と方形台座の間に大きな壺がしつらえられる。このほか、インドの作例のように、明らかに化仏を有する作例はみられなかった。
　全体にインドでの財宝神は、石像の大きな作例がみられたが、インドネシアでは金属性で青銅製の36cm以下の小像が多い。また、対の女神と考えられる像は、現段階では判明が難しい。同時期に制作された大日如来像のように女尊との対の場合は、1つの台座で並坐されるので、そうした作例も財宝神にはみあたらない[178]

ことから、単独で信仰されていたのではないかと考えられる。また、守門神とし
て女神であるハーリーティーやターラーを伴って安置されていたインドの財宝神
としての役割は、インドネシアではその大きさ、材質から考えにくく、中部ジャ
ワのムンドゥット寺院の入り口、左右に男女尊がみられるのみである（図17・
18）。しかしそれらも持物が判明しないことなどから尊名同定は難しく、寺院に
おいても、その一例にとどまるので、やはりインドネシアでは人々や初心の修行
者にとっての念持仏的な要素が強いものではなかったかと考えられる。また、こ
れらの像容から考えて、インドネシアには毘沙門天信仰は存在しなかったものと
考えられる。財宝神における名称の問題は今後の課題としたい。

第5項　女神

a. パールヴァティー

1. パールヴァティーという尊格

　パールヴァティー（Pārvatī）は、「山の娘」「山に住む女神」の意で、シヴァ
の妃である。シヴァの妃の名は後世になると、数百にもなるといわれるが、最も
知られているのがパールヴァティー、ウマーである。シヴァの妃は一般に美と穏
和、激しさと恐ろしさ、という二面性を持っており、パールヴァティー、ウマー
は前者の性格を代表している。

　パールヴァティーとシヴァとの間に生まれたのが、スカンダ（Skanda、カー
ルティケーヤ、韋駄天）とガネーシャである。

　このパールヴァティーは、造形においては一面二臂で、インドではシヴァの横
に立つか、その膝に坐る姿で表現されることが多く、また、単身の立像あるいは
坐像もある。また、インドネシアでは数は少ないが、降三世明王の下にシヴァと
ともに踏みつけられる例もみられる（第2章第4節第5項）。

2. 作例

　さて、インドネシアにおいて、現在筆者が確認した作例は、青銅像が2軀で、
金製像が2軀の計4軀である。シヴァの項でもふれたが、像容からシヴァ、パー
ルヴァティーとは判明が難しいが、シヴァ神の窟から出土したことから比定され
る例を入れておく。総高11.0〜22.7cmと小像が多い。出土は同じであるが、像容

第2章　インドネシアの宗教美術における鋳造像　107

の相違から疑問視される1軀を除いては、いずれもシヴァと対になっている。一面二臂と一面四臂がみられ、対のシヴァにあわせる姿勢をとり、立像・坐像がみとめられる。判明する時代と出土地は7～10世紀頃、中部ジャワ地域と推測される。像容としての特徴は、以下の通りである。

図80

①一面二臂が3軀、一面四臂が1軀。
②坐法は立像が3軀、坐像が1軀。
③シヴァと台座で固定されるものが1例。
④額に白毫が2例にあらわされる。
⑤胸にはX字状の紐をかける作例が多い。
⑥持物は一定しないが、右手は判明するものが与願印、数珠などで、左手は蓮華・払子がみられる。

以下、具体的な作例をみてみたい。
「第1節第1項　シヴァ系尊b．対の像」でもふれたが、一面二臂像としてオランダのアムステルダム国立博物館所蔵の総高11.0cm、推定制作年代は9世紀～10世紀初めで、中部ジャワ出土の立像(図61)[186]があげられる。ディエン出土の石像（図10）と同様、右手を与願印、左手に蓮を執ることが共通する。また、ジャカルタ・歴史的古代遺物保護復興総局の像（図80）をあげておく。総高は20.0cm、推定制作年代は9世紀頃で、中部ジャワ地域のスプラワン山の鍾乳洞内の銅製容器の中から発見された。女尊の頭部は、宝冠を戴き、額には白毫を有する。尊弁状の頭光を負い、耳飾、胸飾、腹帯、臂釧、肘釧、腕釧をつけ、上半身裸形で、下半身に文様入りの裙を着ける。右手は隣の男性像の左手を握り右手は腹前で珠状の持物を執る。蓮華座に二尊並列に立つ。窟がシヴァの聖地と推察されることから、シヴァとパールヴァティーと考えられている。
一面四臂像をライデン国立民族学博物館の坐像(図81)[187]にみると、総高は19.0cm、推定制作年代は9～10世紀頃、ウォノソボ出土で、頭部は、宝冠を戴き、一面の

図81

額には白毫を有する。耳飾、胸飾、臂釧、腕釧をつけ、左肩から右脇にかけて斜めに条帛をかける。上半身裸形で、下半身に文様入りの裙を着ける。四臂には、右手第一手、二手、左手第一手、二手に与願印、数珠、蓮茎、払子、左手が蓮茎を握る。1つの長方形台座（透かし彫りあり）に、シヴァの左側に並んで蓮華座上に坐す。シヴァとの間中央には蓮華座上に宝珠が置かれる。光背は、豪華な装飾が全体に施されている。台座上に長方形がしつらえられ、二尊の各頭部背後に頭光を意図する円形がその長方形と接続される。長方形・円形の外周には網目線と火焔状のかざりが施され、二尊の間中央部分には細かい彫刻が施される。円形の上部からは天蓋がつながり、現在、パールヴァティーの天蓋は欠損している。

　時代が下るが、寺院出土が明らかな石像の作例として14世紀頃の東部ジャワ地域、チャンディ・リンビの像(図54)[188]などがあげられる。2m近くの一面四臂の立像で、持物は左右第一手が腹前で欠損しているが、第二手が数珠と払子である。前述のライデン国立民族学博物館の一面四臂と第二手の持物に共通がみられる。

　また、第4節の降三世の項でのべるが、下敷きにされるウマーも忘れてはならない。[189]

　以上、インドネシアの青銅像のパールヴァティーについては、以下のことが導き出せる。

　まず、インドネシアにおいて、パールヴァティーの青銅像は22.7cm以下の小像が中心で、4軀（二臂像3軀、四臂像1軀）である。対にシヴァがあらわされている。台座でつながる例が2例、単独が2例である。姿勢は坐像と立像がみられるが、概して立像が多く、その場合対のシヴァと同じ姿勢をとる。判明する時代と出土地は7～10世紀頃で中部ジャワ地域に主にみることができる。持物や印相は、判明するもので、二臂像の右手は、与願印、シヴァとつなぐ拳などで、左手は蓮茎を握る拳などがみられ、四臂像は右手第一、二手、左手第一、二手が与願

印、数珠、蓮茎？、払子？である。

　像容に関しては、インドでみられたシヴァの膝に坐る姿、およびシヴァ、息子のスカンダやガネーシャとともにつくられる作例などはみあたらず、シヴァと対に並ぶ作例が中心である。シヴァと対になるという形は、夫婦尊を重説するヒンドゥー教の思想を忠実に受けついでおり、インドネシアにおいてもヒンドゥー教の尊格として信仰されていたことがうかがわれる。ただ今回、青銅仏で降三世がインドネシアで確認でき、ウマーがふまれる作例が２例にみられることから（第４節参照）、インドネシアでこの二尊がシヴァとその妃として意識して制作されていたかは不明だが、仏教、密教としての信仰の対象とされていたとも考えられる。

b.　ドゥルガー

1．ドゥルガーという尊格

　ドゥルガー（Durgā）は、「近づきがたい女神」の意で、シヴァの妃である。シヴァの妃は一般に美と穏和、激しさと恐ろしさ、という二面性を持っており、パールヴァティー、ウマーは前者の性格で、ドゥルガー、カーリーは後者を代表している[190]。このような二面性は男神シヴァの特性の中にも見出すことができる。

　さて、ドゥルガーは、悪魔を殺したり、酒や肉、獣類の犠牲を好む女神とされたが、『マハーバーラタ[191]』では、困難から人を救う女神として崇拝される。女神崇拝のテキストとして有名な『デーヴィー・マーハートミヤ[192]』にある「水牛の姿をしたマヒシャという名の魔神（アスラ）を殺す話」がよく知られる。魔神アスラが神々を破り、インドラをはじめ神々は天界を追われ、シヴァとヴィシュヌに助けを乞う。シヴァ、ヴィシュヌ、ブラフマー、インドラなどが体から光を放ち、その集まりからドゥルガーが生まれる。ドゥルガーは神々から、円盤、法螺貝、槍、雷（金剛）、鈴、水瓶、乗り物の獅子など諸神特有の武器を与えられ、水牛の姿をしたアスラの王、マヒシャに攻めかかり、水牛の口から人間の姿を半分出したときに、殺してしまうという話である。このドゥルガーの、造形はインドでも、二臂、八臂など、多数みられる（８世紀、ブヴァネーシュヴァル[193]）。いずれも手に武器をもち、足下にはマヒシャをあらわす水牛を降伏させている。

図82　　　　　　　　図83

2．作例

　さて、インドネシアにおいて、現在筆者が確認したドゥルガーの作例は、青銅像が5軀である。総高15.6～27.0cmと小像が中心である。出土は同一地であるが、像容の相違から疑問視される1軀を除いては、いずれもシヴァと対になっている。一面八臂と一面十臂の二様がみられる。すべて立像で、判明する出土地は中部ジャワ地域とされる。像容としての特徴は、以下の通りである。

①一面四臂が1軀、一面八臂が2軀、一面十臂が2軀。
②すべてが立像。
③額に白毫が2例にあらわされている。
④持物は確認できるもので、右手に三叉戟、斧、棒（矢か）、剣、輪宝、左手は弓、羂索、法螺貝などの武器。どちらかの手第一手に水牛の尾が握られる。
⑤水牛の上に立つが、1例に、頭部が人、体が水牛の像がみられる。

　以下、具体的な作例をみてみたい。
　一面四臂像はジャカルタ国立中央博物館の立像（図82）で、頭部は、宝冠を

第2章　インドネシアの宗教美術における鋳造像　111

戴き、額に円形の白毫を有し、耳飾、胸飾、腹帯、臂釧、腕釧、足釧をつけ、上半身裸形で、下半身に文様入りの裙を着ける。四臂の右手第一手、二手、左手第一手、二手は、三叉戟、剣？、水手の尾、棒状を執る方形台座上の蓮華座に水牛がしつらえられ（上半身欠損）、その上に右足を屈して立つ

一面八臂像としてウィーン（Wien）民族学博物館所蔵の立像を例にあげると（図83）、総高は11.5cm、推定制作年代は9〜10世紀頃で、中部ジャワ地域のディエンから出土している。頭部は、宝冠を戴き、一面の額には白毫を有する。耳飾、胸飾、臂釧、腕釧、足釧をつけ、左肩から右脇にかけて斜めに条帛をかける。上半身裸形で、

図84

下半身に文様入りの裙を着ける。左脚膝は動物の頭らしきものがみられる。ベルト状の飾りをつけ、紐の端が両足の膝にまで垂れる。八臂には、右手手前から三叉戟、不明（金剛杵？）、不明、斧、左手手前から水牛の尾、欠損、棒状、弓といった武器を執る。方形台座上に、水牛とその上に人物の上半身があらわされ、ドゥルガーが右足でふみつけている。水牛は頭を像の右側におき、舌を出した状態。水牛の上半身からはマヒシャと思われる人物が上体を浮かびあがろうとし、顔を上にむけたところ、胸の部分を足でおさえられている。ドゥルガー右手第一手の三叉戟の先が、水牛の左肩部分に刺さっている。光背は、蓮弁形で、外周には線と火焔状のかざりが施され、上部から天蓋がつながる。

もう1軀の一面八臂像[196]も弓や羂索、法螺貝などの武器を中心に手に執り、左の人物の髪をひっぱり、右手で水牛の尾を握り、水牛の上に両足で立っている。

一面十臂像としてライデン国立民族学博物館所蔵の立像を例にあげる[197]（図84）と、総高は15.6cm、全体に磨滅が目立つが、頭部は、宝冠を戴き、胸飾をつけ、胸にX字状の紐飾りを一字にかける。上半身裸形で、下半身に裙を着ける。腰に紐をまわし、その端が左足の膝にまで垂れる。十臂は、磨滅、欠損により判明しないが、左手第一手に水牛の尾を握る。水牛の下半身と人の上半身を持つもの

112

があらわされ、ドゥルガーが右足でふみつけている。人物は頭を像の右側におき、ドゥルガーに向かい上向きにしている。人物は高位を思わせる冠を戴き、耳飾、胸飾をつける。四臂像で、右手を下にし、二臂ともに棒を握る。左手は第一手で棒をもち、第二手は上から踏みつけるドゥルガーの裙の裾をつかんでいる。ジャカルタ国立中央博物館の像は、十臂の持物が右手下から水牛の尾、棒?、剣、不明、輪宝、左手下から不明、羂索、弓、法螺貝が握られる。[198]

　さて、ドゥルガーは、インドネシアにおいて早くから14世紀頃にいたるまで相当長い期間信仰されていたようである。寺院からの出土が明らかな作例として、7〜8世紀頃、中部ジャワ地域の中部ジャワ地域、ウンガランサン山の南側グドン・ソンゴの遺構群に、マハーカーラ、ナンディーシュヴァラ、ガネーシャ、アガスティアなどのヒンドゥー教の神像とともに龕に安置されている。[199] 9世紀頃の中部ジャワ地域のチャンディ・ロロ・ジョングランのシヴァ堂に、ガネーシャ、アガスティアとともに安置されている（図28）。[200]また、13世紀頃の東部ジャワのチャンディ・ジャウィ[201]、14世紀頃チャンディ・シンガサリ（図48）[202]などでも八臂のドゥルガーがみられる。武器（楯が加わる）を手に執り、マヒシャとおぼしき半身を左手で押さえつけ、右手で水牛の尾を握り、水牛の上に両足で立つ表現は、青銅像と同様なことから、ドゥルガーの尊容は比較的安定しているといえる。

　以上、インドネシアの青銅像のドゥルガーについては、以下のことがいえるのではないか。

　まず、インドネシアにおいては、ドゥルガーの青銅像は27.0cm以下の小像が中心で、5軀である。姿勢は立像で、一面四臂、八臂、十臂がみられた。持物や印相は判明するもので、右手に三叉戟、斧、棒（矢か）、剣、輪宝、左手は弓、羂索、法螺貝、およびどちらかの最下部に位置する手で水牛の尾が握られ、魔神を打ち滅ぼす戦闘神の要素がうかがわれる。

　像容に関しては、インドでみられたドゥルガーが武器をもち、水牛上に乗るという姿がそのまま受けつがれ、またヒンドゥー教の寺院でも8〜14世紀頃にかけて石像が確認されるところから、特殊な意味を持つヒンドゥー教の神像として、長く信仰されていたことがうかがわれる。また、石像は、青銅仏よりも数多く、大きな像として寺院で祀られることが多い。シヴァの配偶神であるウマーやパールヴァティーよりも、ドゥルガーは数多くみられ、傾向として、ウマーやパールヴァティーがシヴァと関連する（対である）場合に限られるのに対し、ドゥルガ

ーは単独もしくは、シヴァ、ガネーシャ、アガスティヤとともに制作されている。つまり、単なるシヴァの配偶帝というよりも、忿怒の女神として独立した位置を得ていたのであろう。ただし今回調査した青銅仏像のなかで、上記の4つの組み合わせと考えられる作例は確認できなかった。

c. サラスヴァティー
1. サラスヴァティーという尊格

サラスヴァティー（Sarasvatī）は、ブラフマーの妻で、学問、智慧、弁説、音楽の女神とされる。語源的にはサラス saras（水）にヴァティー（vatī、所有をあらわす vat の女性形）を加えたもので、「水をもつもの」「優美なもの」の意味を示し、『リグ・ヴェーダ』では神秘的な伝承を持つ河の名前であった。ブラーフマナ文献で弁舌の女神ヴァーチュ（Vāc）と同一視されて、言語・弁舌・音楽などが、その特性に加わったとされる[204]。このサラスヴァティーの、造形表現は、インドでは二臂で琵琶を弾く姿[205]（ナーランダー考古博物館）などが知られている。

図85

2. 作例

インドネシアにおいて、現在筆者が確認した作例は、一面二臂の坐像が1軀である。作例はウィーン民族学博物館所蔵[206]（図85）の像で、総高16.0cmと小像で材質は青銅。像容は頭部に髪髻冠を戴き、一面の額には白毫を有する。耳飾胸飾、臂釧、腕釧、足釧をつけ、条帛を左肩から右脇に斜めにかける。上半身裸形で、下半身に裙を着ける。左右の手には琵琶と思われる弦楽器をもち、弾く姿をあらわしている。蓮華座上に半跏趺坐で坐す。インドの作例と類似をみる。なお、ライデン国立民族学博物館所蔵の両手先が欠損する菩薩像（No.1403-2864）とも像容が類似する。

d. ラクシュミー（シュリー、ヴァスダーラー）

1. ラクシュミーという尊格

ラクシュミー（Lakṣmī）は、ヴィシュヌの妃である。幸運と美の女神。吉祥天女。『リグ・ヴェーダ』では「幸福」の意味で用いられ[207]、『アタルヴァ・ヴェーダ』では幸・不幸を支配する女神とされる。多くの叙事詩にみられるが、『マハーバーラタ』では、ラクシュミーはヴィシュヌ（ラーマ）の妻とされ、女神シュリーと同一視される。

このラクシュミーは、紀元前1世紀頃のインドのボードガヤーやサンチーの浮彫りにみられ（ニューデリー国立博物館[208]）、表現の多いのは、二頭のガジャ（象）が左右上部から女神の頭頂に水をそそぐ姿で、「ガジャ・ラクシュミー」（ロサンゼルス市立美術館[209]）と呼ばれるものである。また、シュリーは、神々と人間が望ましいと思うことのすべてを体現しているとされ、食物、肥料、土壌、戸目などと関係して、彼女が死んだあと、そのへそから稲が育ったとされる[210]。インドでは左手に dhanya（財宝）を執る形式の像をヴァスダーラー（Vasudhārā）とし、それらは持物として小麦とみられる持物を執る。小麦を執るバングラデッシュ・ジェーワリ出土のパーラ朝の作例は「シュリーデーヴィー」の銘を有する作例が[211]みられる[212]。本書では、ラクシュミー、シュリー、ヴァスダーラーを名称上同一尊格として扱う。なお、ヴァスダーラーは、のちに財宝尊ジャンバラの配偶妃の位置を獲得することになるが、元来持っている福徳・生産の意味が評価されたものだろうか。

2. 作例

さて、インドネシアにおいて、現在筆者が確認した作例は、左手に稲穂を執る一面二臂の坐像で、シュリーとしての性格が強いものであった。青銅像が17軀、銀製像が1軀の計18軀である。単独像（15軀）と、対をなす尊格（3例）と並坐する像の2通りがみられた。対をなす尊格は、つねに女尊の右に位置する。蓮華手観音像を伴うものが2例、与願印を組む如来像の作例が1例である。総高は7.0〜21.0cmと小像が中心で、判明する時代は単独像は8〜10世紀頃、対をなす像は9〜10世紀頃である。像容等の特徴は、以下の通りである。

①すべて一面二臂像。

第2章　インドネシアの宗教美術における鋳造像　115

②坐法はいずれも半跏趺坐。
③持物は右手が与願印、左手は稲穂の茎を執る。
④単独像（15軀）と対をなす像（3組）がある。
⑤対をなす像（観音、如来）は、女尊の右に位置する。

以下、具体的な作例をみてみたい。
a. 単独像
　単独像例を、ソノブドヨ（Sonobudoyo）博物館所蔵[213]（図86）にあげると、総高は21.0cm、推定制作年代は10世紀頃で、中部ジャワ地域から出土している。頭部は、高髻に結い、宝冠を戴き、一面の額には白毫を有する。外周に火焰

図86

文を配した楕円の頭光を負い、頭光上部から天蓋がつながる。耳飾、胸飾、臂釧、腕釧をつけ、胸の中央で交差するようにX字状に紐をかける。上半身裸形で、下半身に文様入りの裙を着ける。ベルト状に、細い布を巻き、布の端が両膝の横から台座に垂れる。二臂には、右手が与願印、左手が稲穂を執る。稲穂の茎は像の左、方形台座下部から伸び、左手に握られ、左肩あたりで、葉と垂れ下がる穂があらわされる。方形台座上の蓮華座上に半跏趺坐で坐す。蓮肉部には亀甲文が施される。
　また、単独像で、台座に壺があらわされる作例が、ライデン国立民族学博物館[214]にみられる。台座正面に3つの壺があらわされ、それぞれ口から宝があふれでている。インドネシアでは財宝尊にみられる様式で、豊穣を意図するものと考えられる。インドでは、財宝尊のジャンバラの妃とされたのも故なしとしない。
　b. 対を伴う例
　対を伴う例について、蓮華手観音と対をなす2例のうちの1つを、サンフランシスコ・アジア美術館（Asian Art Museum of San Francisco）所蔵の坐像[215]（図87）にみると、総高は12.1cm、推定制作年代は9世紀頃で、像は銀製で台座は青銅製である。対になる像は女尊の右に坐し、頭部に化仏を有し、左手に蓮華を執

図87

ることから、蓮華手菩薩と考えられる。女尊の像容は頭部に宝冠を戴き、一面の額には白毫を有する。耳飾、胸飾、臂釧、腕釧をつけ、左肩から右脇に斜めに条帛をかける。上半身裸形で、下半身に文様入りの裙を着ける。二臂は、右手を与願印にし、左手に稲穂の茎を握る。稲穂の先は左肩部分で垂れ下がる。1つの長方形台座に、蓮華手観音の左に並び、蓮華座上に半跏趺坐で坐す。光背は、各尊の背後にΩ型にもうけられ、外周は網目文様と火焔文様で縁どられる。二尊ともに天蓋は欠損しており、女尊の光背は左上部が欠失している。対の尊が蓮華手観音像である作例は、大英博物館所蔵像にも同様な様式であらわされている。また、対の尊が与願印の如来坐像の作例は、ジャカルタ中央国立博物館所蔵[217]の像にもみられ、この場合も女尊は同様の形式をとっている。

　ラクシュミー（シュリー、ヴァスダーラー、図36）は、時代が下るが、寺院出土が明らかな作例として、11世紀（1049年）の東部ジャワ地域、チャンディ・ブラハン[218]の石像があげられる。クディリ朝（10～13世紀頃）のアイルランガ王（在位1019—49）の霊廟ともいわれ、現在は水浴場だけであるが、ヴィシュヌを祀っていたお堂がかつてあったものと考えられている。水浴場にはラクシュミーとその左がシュリーとして横に並び、それぞれ一面四臂であらわされる。ラクシュミーは左右第一手で乳房をもちあげ、第二手は垂下する。乳首と左右垂下した手の平には水の口として穴があいている。シュリーとされるほうは、左右第一手は手首から欠損、右手に蓮華、左に水瓶を執っている。インドでは、同体とされるラクシュミーとシュリーを並べることは珍しい。

　以上から考察すると、インドネシアにおけるラクシュミー（シュリー・ヴァス

第2章　インドネシアの宗教美術における鋳造像　117

ダーラー）は、インドのガジャ・ラクシュミーの様式はみられず、青銅仏から、ヴァスダーラーの要素の強いものとなっている。また、インドのヴァスダーラーは、穀物、小麦を手にしていたのが、インドネシアでは稲穂が握られることが、その国の穀物事情によるものとして特徴がみられる。

第2節　仏教尊

第1項　如来

　前節までは、インドネシアにおけるヒンドゥー尊についてみてきた。インドネシアにおけるヒンドゥー尊は、鋳造像をふくめ、石像からもその内容がヒンドゥー教の信仰に基づくものと確認できた。インドネシアの仏教尊についてはどういったものか、本節では、その作例をみてみたい。

1．如来という尊格

　如来像は、信仰を通して造像され、日本においても馴染みのある像と、教義の上だけで、仏像や仏画にされることのないものとに分けられる。前者については、釈迦牟尼如来、薬師如来、阿弥陀如来、毘盧遮那仏（如来）、弥勒如来、密教の如来としての阿閦如来、仏眼仏母などがみられる。本書では、如来形の尊格の比定は行わないこととし、如来像として、その形状を分類したい。というのも、明確に如来形像の図像的特定が可能となるのは、密教以降と考えられるからであり、インドネシアがそれらにあてはまるか確定できないからである。持物を執らず、装飾をつけない着衣の像を如来像としてとりあげたい。

　インドにおいての造像は、右手を施無畏印にし、左手を膝におく坐像が1世紀頃にあらわれ[219]、衣端を握る姿も坐像、立像にみられる[220]。また、定印の姿[221]、説法印（転法輪印）[222]の姿についても2、3世紀頃にあらわれる[223]。また倚坐については3世紀頃に[224]、説法印に近い形でみられるようになる[225]。こうした流れがインドネシアでも、造形上であらわされている。また、密教に属する像として、触地印像で台座に金剛杵を彫んだ作例も確認される[226]。

　さて、ジャワ島の中部ジャワ地域には、8〜9世紀頃建立とされるチャンデ

ィ・ボロブドゥールがある。その東西南北の側面に、中期密教の金剛界五仏の内四仏とされる像、阿閦（東）、宝生（南）、阿弥陀（西）、不空成就（北）が基壇から第三回廊まで各92軀、計368軀配されている[227]。これらが密教のマンダラを形成しているのではないかとする説は、五仏のうち四仏の安置される方位と印相が適合することによる[228]。

　しかし、先学諸氏により論議されるが[229]、いまだにボロブドゥールの性格は完全には明確にされていない。そこで本書では、ボロブドゥールの四方に配される仏像は密教の金剛界五仏の四仏としてはあつかわず、如来として紹介したい。それは、尊格の形態が同じでも、性格も一致するとは限らないからである。ただ、触地印をなすもので台座に密教を象徴する金剛杵をあらわすものもある。それについては、作例をあげ紹介したい。本書で調べた鋳造像の単独尊中、金剛界五仏を形成したであろう形状が類似する五尊は、全体でマンダラを構成するグループ以外は確認ができなかった。

　如来については、当地の10世紀頃の仏教文献『サン・ヒアン・カマハーヤーニカン』に記述がある[230]。要約すると、釈迦牟尼尊（Śākyamuni）は、諸尊の師であり、右半身からは Hrīḥ 字（真言）を伴い世自在尊（観音、Lokeśvara）、左半身からは Brīḥ 字（真言）を伴い金剛手（Vajrapāṇi）が生じる。この三者が三宝尊（Bhaṭṭāra ratnatraya）とよばれるもので、仏・法・僧であり、身・口・意を本質としている。（中略）毘盧遮那（Vairocana）は、釈迦牟尼尊の顔から生まれ、観音は自らを二分して、阿閦（Akṣobhya）と宝生（Ratnasaṃbhava）を生み、金剛手は自らを二分して阿弥陀（Amitābha）と不空成就（Amoghasiddhi）を生むとあり、この5尊は五如来尊（Bhaṭṭāra pañca tathāgata）とよばれ、別称"一切智尊"というとあり[231]、釈迦牟尼尊から密教の五仏が生じたとのべている。また、リゴール碑文においてもこの三尊が寺院に祀られるとあり[232]、中部ジャワ、ジョグジャカルタの8世紀頃建立とされるチャンディ・ムンドゥットの三尊像がそれに該当する可能性もあることから、この時期ジャワを中心に釈迦（如来）が祀られていたことがうかがわれる。

　この展開をみると、ボロブドゥールの第三回廊までの東西南北の各四面に、92軀ずつ配された4種類の如来像が、密教に関連するものと考えられる。しかし、第四回廊には右手第一手と第二手で輪形を結び、左手を腹前に手の平を上にむけて置く総じて説法印的な像がおかれ、その上方の第一円壇〜第三円壇（円壇）に

は転法輪印の像がおかれることから、日本の両界マンダラ、具体的には金剛界マンダラの智拳印を結ぶ大日如来や胎蔵マンダラの定印を結ぶ大日如来とは異なる。中国で成立したとされる両界マンダラ、密教の分類における中期密教に属する以前の大日如来か、あるいは中期密教の後期に成立した金剛界大日如来の特種形か意見の分かれるところであり、ボロブドゥールの第四回廊から上の二形態の尊格を、ともに大日如来と確定することには、現状では困難を伴う。それゆえ本書では、ボロブドゥールを密教の尊格であると断定をくださないことにし、「如来」として形状による分類にとどめることとする。

　以下、各様式の作例をあげて特徴をのべたい。

２．作例

　インドネシアにおいて、現段階で確認できた如来像は単独像で坐像が161軀、倚像が17軀、立像が53軀の総数231軀で、現段階では坐像が多いことがうかがえる。各姿勢の出現の遅速は明確ではないが、ほぼ同時期に制作されたものと思われる。材質は金製が８軀、銀製が２軀以外はすべて青銅製である。坐法にかかわらず、出土地は中部ジャワから東部ジャワ、ボルネオ、西スラウェシ、スマトラ、ロンボク島の地域にみられ、時代も7世紀から14世紀にわたる。坐像は161軀と、残存するインドネシアの作例のなかで一番多く、なかでも触地印が76軀と多くみられた。台座を共有する二尊形式が１軀（与願印）、三尊形式の中尊が、坐像に５軀（触地印２軀、定印１軀、与願印２軀）、倚像に１軀、立像に２軀みられ、その他は単独尊として博物館に所蔵されている。インドネシアのほかの像では割合の低い倚像がみられるのも特徴といえよう。坐像は、定印に通肩が２軀みられる以外は、すべて偏袒右肩である。額に白毫をあらわさない作例も多い。頭部は螺髪で、肉髻の形状は多種みられる。頭頂部に円形を置くものもみられた。耳たぶは長く、環がみられる。首には三道があらわされ、衣は薄く、乳首が透けてみえる作例が多い。坐法にすべて結跏趺坐。立像は偏袒右肩が多いが、通肩もみられる。姿勢による印相〔右手〕は以下の通りである。ただし、これらの印に意味をもたせて信仰されていたかは、現段階では断定できない。

a．坐像・161軀
　１．触地印（76軀）

2．定印（33軀）

3．与願印（22軀）

4．施無畏印（3軀）

5．第1・2指（親指・人差し指）を捻ず（8軀）

6．説法印（転法輪印）（6軀）

欠損（13軀）

b．倚坐・17軀

1．説法印（転法輪印）（11軀）

2．第1・2指または第1・3指（親指・中指）を捻ず（2軀）

b.2.の印相、または施無畏印（1軀）

欠損（3軀）

c．立像・53軀

1．第1・2指を捻ず（16軀）

2．施無畏印（12軀）

3．与願印（2軀）

4．垂下（1軀）

欠損（22軀）

a．坐像（161軀）

1．触地印、2．定印、3．与願印、4．施無畏印、5．第1・2指を捻ず、6．説法印（転法輪印）の6通りの印がみられ、触地印像が約半数を占める。どの印もほぼ同時期に制作されていたようである。単独尊のほかに、二尊形式が1例、三尊形式が5例にみられ、金製の3軀、銀製の2軀を除き、みな青銅製で、8〜14世紀頃に中部ジャワ、東部ジャワ、西ボルネオ地域出土とされる。像容の特徴として、衣がうすく、定印の通肩2軀以外は偏袒右肩である。坐法がすべて結跏趺坐で、方形台座上の蓮華座に坐すことが多い。

1．**触地印**（76軀）

左手に2通りの印がみられる。①掌に置く（以下、定印）（61軀）、②衣端を握る（15軀）。このうち①の左手定印上に円形（宝珠か）が置かれる作例が4軀にみられた。ボロブドゥールの東面にあらわされる像と同形である。金製が1軀でそれ以外は青銅。時代は8〜14世紀、中部ジャワ、東部ジャワ地域で制作されて

第 2 章　インドネシアの宗教美術における鋳造像　121

図88　　　　　　　　　図89

いる。単独像で台座に金剛杵がみられるのが 2 軀確認され、また、三尊形式も 3 軀にみられる。

　①の左手を定印とする作例は、リンデン州立博物館像(図88)があげられる[233]。青銅製、総高12.4㎝、時代は 8 〜10世紀頃。頭部は螺髪、偏袒右肩で、右手を右足上に伏せておいた触地印に、左手は腹前に定印で置く。Ω 形に火炎文様を縁どりした光背がある。天蓋があり、その先端は以前宝石を載せていたと推察できる台となっている[234]。台座は方形台座上に蓮華座をのせ、その上に結跏趺坐で坐す。

　また、台座に金剛杵があらわされた作例があるのでふれたい。如来は菩提樹の下の金剛座(Vajrāsana)に坐して悟りを開いたとされる。『サーダナマーラー』にも「金剛杵を座とする者」とあり[235]、獅子座の上に蓮華が置かれた金剛杵の上に結跏趺坐し、触地印をとるとある。

　リンデン州立博物館(図89)像がその作例としてあげられる[236]。青銅製で総高23.5㎝、時代は 8 〜10世紀頃。右手を右膝上に伏せておいた触地印に、左手は腹前に定印で置き、衣端を握る。方形台座の中央には金剛杵が刻まれる。同じく、左手に衣端を握る作例は、ライデン国立民族学博物館(図90)像などがあげられる[237]。

図90　　　　　　　　　図91

2．定印（33軀）

　ボロブドゥールの西面にあらわされる像容と同じなのが、この像である。密教の金剛部五仏のうちの1軀、無量寿（阿弥陀 Amitābha, Amitāyus）の説がある。ボロブドゥールの作例の印は左手を上にして、親指と親指をあわせている。鋳造像で同様の印を結ぶ作例は、判明するものが8軀。また、定印上に円形を有する作例も1軀みられた。[238] 金製と青銅鍍金が各1軀、それ以外は青銅である。判明する時代は8～11世紀、中部ジャワ、東部ジャワ、西ボルネオ地域で制作されている。三尊形式の中尊が1例である。ほかの如来坐像にみられない通肩が2軀確認される。

　作例を、フランクフルト（Frankfurt）民族学博物館[239]（図91）像にあげると、青銅製、頭部螺髪で、偏袒右肩をとり、衣は薄く乳首が透けてみえる。両手の掌を、平を上にむけて腹前で重ねる定印を組む。Ω形に火炎文様を縁どりした光背で、天蓋を有する。方形台座上の蓮華座に結跏趺坐で坐す。

　また、定印上に円形を有する作例は、ウィーン民族学博物館像にみられる[240]（図92）。

第2章　インドネシアの宗教美術における鋳造像　123

　　　　図92　　　　　　　　　　　　　図93

3．与願印（22軀）

　ボロブドゥールの南面にあらわされるのがこの像で、密教の金剛部五仏のうちの1軀、宝生如来（Ratnasaṃbhava）の説がある。銀製の1軀以外は青銅製で、判明する時代は8〜11世紀、中部ジャワ、東部ジャワ地域で制作されている。二尊形式が1例[241]、三尊形式の中尊が2例[242]にみられる。

　作例をライデン国立民族学博物館（図93）像[243]にあげると、青銅製、総高7.4cm、時代は8〜10世紀頃。頭部は螺髪で、偏袒右肩をとり、衣は薄い。右手を右膝上で与願印にし、左手を腹前で定印にして置く。光背はなく、蓮華座上に結跏趺坐で坐す。

　二尊形式は、一つの台座上、如来像の左に蓮華を手に執る女尊が置かれる。三尊形式は、本尊の左に蓮華手菩薩、左は二臂を失って尊名不明だが、菩薩像である。もう1例は右に菩薩像、左に蓮華を執る菩薩像がみられる。

4．施無畏印（3軀）

　ボロブドゥールの北面にあらわされるのがこの像で、密教の金剛部五仏のうちの1軀、不空成就（Amoghasiddhi）の説がある。ほかの如来の坐像に比べて少ない。金製が1軀で2軀は青銅製、みな単独像である。

124

　　　　　図94　　　　　　　　　　　図95

　作例をライデン国立民族学博物館の作例（図94）にみると、青銅で輪光の跡あり。頭部は螺髪で、偏袒右肩にして衣は薄い。右手を右膝上で施無畏印にし、左手を腹前両足上に定印にし衣端を握る。蓮華座上に結跏趺坐で坐す。

5. 第1・2指を捻ず（8軀）

　ボロブドゥールの第三回廊、東西南北にあらわされるのがこの種の像で、すべて青銅製で、判明する時代は9〜12世紀、中部ジャワ、東部ジャワ地域で制作されている。みな単独尊である。

　メトロポリタン（Metropolitan）美術館像[245]（図95）に作例をあげると、青銅製、総高19.3cm、時代は9世紀末頃。頭部は螺髪で、額に白毫がみられる。偏袒右肩で衣は薄く、乳首が透けてみえる。右手を胸前で屈臂し、親指と人指し指を捻じ、左手は腹前たなごころで定印を結ぶ。頭光は輪光で、台座は円形上に蓮華座をのせ、その上に結跏趺坐する。蓮肉部分には亀甲文が施されている。最近の教理的研究によると、この印を狭義の説法印、もしくは智吉祥印として、報身の毘盧遮那にあてる解釈もある。

6. 説法印（転法輪印）（6軀）

　ボロブドゥールの第一円壇から第三円壇（円壇、図12）に配列されているのが、

第２章　インドネシアの宗教美術における鋳造像　125

図96　　　　　　　　　　　　図97

この像である。ボロブドゥールの石像は、胸前で左手の人指し指と右手の薬指の先を近づけている。青銅像は、①右手の薬指と左手の中指をあわせる形、②智拳印に近い形、③掌を向かい合わせにして上下で合わせるような形（左手中指を屈す）などがみられた。西北インドのラダック地方などのチベット文化圏にみられる転法輪印と考えられるが、インドネシアには、両手の組み合わせに多様性がある。

　ライデン国立民族学博物館像（図96）は、①のタイプで、青銅製、頭部は螺髪で、額に白毫がみられる。偏袒右肩で衣は薄く、乳首が透けてみえる。右手を胸前で屈臂し、右手薬指と左手の中指の先をつける。ボロブドゥールと同形をなす。台座は方形上に蓮華座をのせ、その上に結跏趺坐する。光背はΩ形で天蓋を有する。

b．倚坐（17軀）

　１．説法印と２．左手第１指・第２指または第１指・第３指を捻ずる２通りの印がある。単独尊のほかに、三尊形式の中尊（第１・２指捻ず、又は施無畏印か）が１例みられる。金製の１軀を除き、みな青銅製で、７〜10世紀の中部ジャワ、スマトラ、西スマトラ地域出土とされる。特徴として、台座に獅子など動物をあしらうものが４例みられ、方形座に直接坐し、残存する作例は、いずれも足

図98　　　　　　　　　図99

元の蓮華台に足をのせる。

1．説法印（転法輪印、11軀）

　中部ジャワ、ジョグジャカルタの８世紀頃建立とされるチャンディ・ムンドゥットの三尊像の中尊がこの形状と同系である。石像は両手薬指をつけている。鋳造像では①両手薬指をつける、②右手のみ薬指を屈する、③両手の指先全体をつける、④両手中指と中指をつける、などがみられた。

　例として、ライデン国立民族学博物館[248]（図97）像があげられる。青銅製、総高37.2cm、時代は８〜10世紀頃。頭部は螺髪で、偏袒右肩で衣は薄い。両手を胸まえで説法印を結ぶ。円形に火炎文様を縁どりした頭光で、その下部、像背中の位置より下へ方形の光背がつながる。方形の光背には、両脇に下より順に象・供養人・獅子が刻まれる。台座は底図が凸形で、底正面には釈迦如来の『本生話』の初転法輪を象徴する輪宝と鹿が２頭があらわされる。その台上には背部に獅子２頭と、さらに前部両脇を象２頭がささえる椅子がしつらえられ、腰掛ける。天蓋は頭光の背面の形跡から当初はあったものと考えられる。如来の台座のなかでも最も豪華な装飾が施された作例である。また、９世紀頃のチャンディ・セウ出土の像（図98）も右手を屈する転法輪印を結ぶ倚像である。総高20.0cm、獅子２頭

が施された台座上、蓮華座に坐す。石像と比較して、鋳造像は顔面が四角く両眼の間が広い。[249]

2．第1・2指または第1指・第3指を捻ず（3軀）

三尊形式の中尊が1例挙げられる。親指と人指し指を結ぶものが1軀、親指と中指を結ぶものが1軀みられた。親指と人指し指を結ぶ作例をジャカルタ国立中央博物館（図99）[250]像をあげると、材質は青銅製、総高18.0cm、時代は7〜9世紀頃。頭部は螺髪で、偏袒右肩で衣は薄い。右手の親指と人指し指を捻じ、左手を腹前で衣端を執る。両膝を開いて腰掛ける。額の白毫、下唇に金象嵌をし、白目が銀象嵌がされる。三尊形式の右脇侍は蓮華手観音、左は金剛手である（図105）。

c．立像（53軀）

1．第1・2指を捻ず、2．施無畏印、3．与願印、4．垂下の4通りの印がみられ、右手が胸前方に作られることから、欠損する作例が22軀と多くみられる。左手は残存して衣端を握る作例が圧倒的に多い。いわゆる遊行・托鉢を示すものか。単独尊のほかに、三尊形式が2例にみられ、金製の4軀を除き、みな青銅製で、7〜12世紀頃に中部ジャワ、東部ジャワ、西スラウェシ、西ボルネオ、南スマトラ、ロンボク島地域に出土される。どの印相も長期にわたり制作されていたようである。像容の特徴として、印相に関わらず、14軀に通肩がみられる。以下、作例を挙げて確認したい。

1．第1・2指を捻ず（16軀）

金製が3軀、青銅鍍金像が2軀みられ、三尊形式が2例（脇侍は蓮華手観音・弥勒、蓮華手観音・金剛手）確認される。7〜10世紀頃、中部ジャワ、東部ジャワ、スマトラ、西ボルネオに出土する。①左手は衣端を執る、②第1・2指を捻ず、③鉢をもつ（2軀）がみられる。

アムステルダム国立博物館像（図100）[251]は、青銅製、総高15.0cm、時代が7〜9世紀前半頃、出土地はスマトラ。頭部は螺髪で、偏袒右肩、衣は薄く体躯に密着し両足の輪郭がみえる。右手を前方で親指と人指し指を結び、左手に衣を掛けその端を手で握る。頭部背後に十字の輪光を負う。

2．施無畏印（12軀）

金製が2軀でそれ以外は青銅。7〜12世紀に中部ジャワ、東部ジャワ、スマトラで出土される。左手は①衣端を握る、②第1・2指を捻ず、③施無畏印がみら

128

　図100　　　　　　図101

れ、通肩が3割にみられる。①の衣端を執る作例はジャカルタ国立中央博物館像があげられる（図101）。青銅製、総高37.0cm、時代は9～10世紀頃、スマトラ出土。頭部螺髪で通肩、額には白毫をあらわさない。弓型の大きな眉、口元にわずかに笑みをたたえている。衣は薄く、左手に衣を掛けその端を手で握る。衣の下に両足の線が浮かび上がる。右手を右前方で施無畏印にし、左手も前方で衣端を握る。足下にはほぞがみられる。

　金製の作例は、ライデン国立民族学博物館（図102）像があげられる。像身は金で光背が青銅製、総高17.0cm、時代は10～12世紀頃。両手を前方に屈臂して右手施無畏印を結び左手は衣端を執る様にみえる。

　3．与願印（2軀）

　金製と青銅製がみられる。ジャカルタ国立中央博物館像があげられる（図103）。金製、総高9.5cm、時代は10世紀頃、中部ジャワ出土。外周に火焔文様を施した円形に十字の頭光を負う。頭部螺髪で額に白毫をあらわし、偏袒右肩。右手を与願印、左手に衣端をにぎる。蓮華座に立つ。また、ライデン国立民族学博物館像は、衣が薄く、体軀に密着して全身の輪郭をはっきりみせる。左手に衣をかけ、その端が左足先に垂れ、足元で衣の裾が左右に広がる。この形は、インドのパーラ朝の如来像に多く見られる。

　4．垂下（1軀）

　1軀のみ。ジャカルタ国立中央博物館像（図104）は、青銅製、総高22.0cm、時代が8世紀後半～9世紀前半頃、出土地はバリ島東のロンボク島東部（East Lombok）。ターラー、観音などの菩薩像（銅造）とともに発見されている。頭部は螺髪、偏袒右肩で、衣は薄く、左手に衣を掛け、その端を手で握る。衣端は

第2章　インドネシアの宗教美術における鋳造像　129

図102　　　　　　図103　　　　　　図104

足元につながる。右手は脇をわずかに前方にまげて腰の辺りで手を下にむけ垂下する。左手は前方に屈臂し、体の左前方で衣端をつかむ。腰を大きく右にひねり、左膝を外側へ向けて立つ。現在両足首は亡失している。四角い顔や太目の首を地方的な特徴とも考えられるが、東インド、パーラ朝初期の造像にも近い。チャンディ・ボロブドゥール仏伝浮彫りの像の動きに通じるところもある。[257]

　以上、インドネシアにおいて、如来像は、総数240軀あり、姿勢に坐像（結跏趺坐・半跏趺坐）と倚坐、立像がみられた。印相による特徴として、各姿勢に以下の形状が確認された。坐像は①触地印・定印、②触地印・衣端を握る、③定印、④与願印・定印がみられ、倚像では、⑤説法印（転法輪印）、⑥第１・２指を捻ず、衣端を握る、などのパターンがある一方、立像は⑦施無畏印・衣端を握る、⑧両手施無畏印、⑨垂下・衣端を握る、⑩第１・２指を捻ず、衣端を握るなどで、明らかに坐像と立像で、印相が異なることが多い。時代は７〜12世紀で、地域は中部ジャワから東部ジャワ、スマトラ、西ボルネオ、またジャワの東のロンボク島がみられた。インドネシアにおいて、如来が坐法に関わらず、多種の印相が確認できた。これらの印が、意図をもって信仰されていたかは現段階では断定できない。

図105

第2項　二尊形式・三尊形式

a. 二尊形式

　二尊形式は、前項の如来の与願印でのべたように、インドネシアでは像の左に女尊があらわされる作例が7例みられる。女尊は像の妃と考えられる。すべて一面二臂である。推定制作年代は、8～12世紀におよび、判明するもので中部ジャワ地域に多く出土している。すべてが青銅像で、組み合わせは以下の通りである。

1. 如来（与願印）・女尊（蓮華手）　1例
2. 蓮華手観音（与願印）・女尊（稲穂をもつ）　2例
3. 菩薩像（与願印）・女尊（鏡？をもつ）　2例——立像
4. 大日如来（智拳印）・女尊（般若波羅蜜）　2例

　日本では、こうした配偶を直接表現した作例は認められず、インドネシアの特徴と考えられる。すなわち、尊格の配偶・結婚を認めるとすれば、それは部族思想を前提とした密教仏ということになるが、ひとまずこの項に含めておこう。

b. 三尊形式

　三尊形式は、中央に如来を置くもの8例(図105)[258]と、四臂観音を置くもの2例が(図106)[259]みられる。8〜11世紀にかけての作で、出土地の判明するもので中部ジャワ、東部ジャワ、スマトラ地域にみられる。石像では、8〜9世紀頃の中部ジャワ地域、チャンディ・ムンドゥット(図14)の三尊形式が知られる。

　鋳造像は、すべてが青銅像で、組み合わせは以下の通りである。

　　如来(指を捻ず)・蓮華手観音・
　　　弥勒――立像
　　如来(指を捻ず)・蓮華手観音・
　　　金剛手――立像
　　如来(指を捻ず、又は与願印か)・蓮華手観音・金剛手――倚像・遊戯坐(図
　　　105)
　　如来(触地印)・女尊(蓮華手)・女尊――坐像
　　如来(触地印)・女尊(蓮華手・遊戯坐)・女尊(蓮華手・遊戯坐)――坐像(図
　　　117)
　　如来(与願印)・蓮華手観音・菩薩――坐像
　　如来(与願印)・菩薩・菩薩(蓮華手)――坐像
　　如来(定印)・如来(触地印)・如来(不明)――坐像
　　四臂観音・女尊(蓮華手)・女尊(蓮華手)――立像・坐像(図106)
　　四臂観音・欠・女尊(不明)――立像・坐像

図106

　インドにおいては、1〜2世紀頃のクシャーン朝のガンダーラ地方やマトゥラー地方に梵天勧請[260]などの場面で如来・梵天・帝釈天の組み合わせがみられ、また浮彫りの三尊像として如来・弥勒・観音の組み合わせが20点近く知られている[261]。[262]4世紀中頃〜6世紀頃中頃のグプタ朝ではサールナート並列坐がみられる程度である。また、四臂観音を中尊に置く三尊形式も確認できない。

第3項　二臂観音

1．観音という尊格

　観音は、梵語でアヴァローキテーシュヴァラ（Avalokiteśvara）で、音写すると、阿縛盧枳低湿伐羅という。古い漢訳では観世音、光世音と訳され、唐代の玄奘（602〜664）の新訳で「観自在」とされる。弥勒菩薩とともにインドで最も早く成立した菩薩の一つである[263]。広くアジア世界で信仰され、多様に発展を遂げた尊格である。経典から大きく分けて①法華経系、②無量寿経系[264]がみられる。①は、1、2世紀頃に成立した経典で、独立した菩薩として観音の功徳や役割を説く（三十三応現身）。観音の名号を唱えれば即時に、その音声を観じて皆もろもろの難を解脱し、苦や欲や怒りを離れ、福徳を得ることができる[265]という具体的な現世利益が説かれる。形像は明確にされないが、この衆生を救済するために身体を変化させる応現身の形態は、のちに密教経典の不空訳（705〜774）[266]『摂無礙経』[267]にいたってさまざまな像形となって説かれる（第3節参照）。②は2、3世紀頃成立の『無量寿経』で観音と勢至が阿弥陀の脇侍として西方浄土の菩薩としてあらわされ、4世紀頃の『観無量寿経』において宝冠に化仏をあらわすなど形像がみられる。佐和隆研氏は観音を、①は顕教的な観音、①がさらに真言を伴って変化した観音を②密教的な観音の2つに分けられるとした[268]。この項では、まず二臂の観音についてのべてみたい。

　インドにおいて、観音が最初に登場するのはクシャーン朝（1世紀中頃〜3世紀中頃）のガンダーラと考えられる。仏陀像の脇侍として弥勒とともにあらわれる三尊形式が20点近くみられる[269]。観音は髪を結い、右手で古いものは大地から生える蓮華をもつのが特徴。単独像は、半跏趺坐で左手に蓮華を執り、右手で思惟のポーズをとるものがみられる。グプタ朝（4世紀中頃〜6世紀中頃）のサールナート地方[270]では三尊形式（釈迦と弥勒・観音、釈迦と弥勒・金剛手）の脇侍として、また単独尊としてみられる。頭髪を結い上げ、前頭に定印の化仏をつけ、両肩に垂髪を垂らし、装身具もひかえめで聖紐をかけ、右手に与願印、左手に蓮華を執る姿で、インドの観音の基本形とされる[271]。

2．作例

　さて、インドネシアにおいて、現在筆者が確認した観音の作例は、①化仏をつ

第2章　インドネシアの宗教美術における鋳造像　133

図107　　　　　　　図108

け、持物をもたない（28軀）、②化仏をつけ、持物をもつ（蓮華、水瓶、53軀）の計81軀である。①②ともに坐像、遊戯坐（踏み下げ）像、立像がみられる。軀数は以下の通りである。

①化仏をつけ、持物をもたない（28軀）
　　坐像（9軀）・踏み下げ坐（7軀）・立像（12軀）
②化仏をつけ、持物をもつ（蓮華・水瓶）（53軀）
　　蓮華を執る・坐像（28軀）・踏み下げ坐（9軀）・立像（13軀）

図109

図110　　　　　　　図111

水瓶を執る・立像（2軀）

　①②ともに坐像、踏み下げ坐像、立像がみられる。時代は7～11世紀頃で、中部ジャワ地域、東部ジャワ地域、スマトラ、ボルネオなどに出土する。5.0cm～42.0cmの小像が中心で、材質に金製1軀、銀製3軀、それ以外は青銅像で多数を占める。印相は、姿勢に関わらず、右手が与願印・左手が蓮華を執る作例が最も多い（図107、図108、図109）。坐像・踏み下げ坐像は、①②ともに右手を与願印にして、左手は前方に出すか、台座に垂下し、そのどちらかで蓮華を執る作例が多い。ほかに左手で定印をくむ作例もある（図110）。立像は①②蓮華を執る作例では、右手を与願印にして、左手前方で蓮華を執る。ほかに右手は施無畏印がみられる（図111）。

　また、単独像のほかに二尊形式、三尊形式もみられる。二尊形式は坐像2例にみられ、観音像の左に妃として女尊（稲穂を執る）が置かれる（図87）。

　三尊形式は、坐像に2例、踏み下げ坐に1例（図105）、立像に2例（図109）みられる。

　インドネシアには中部ジャワ地域、8～9世紀頃建立のチャンディ・ムンドゥ

第2章　インドネシアの宗教美術における鋳造像　135

ットに三尊形式が伝わり、踏み下げ坐の観音像がみられる（図14）。右手与願印、左手は前方で握る形状をとるが、持物は当初から備わっていないようである。同尊は中央に説法印を結ぶ釈迦像と、向かいに踏み下げ坐の菩薩（金剛手？）で三尊形式をとるが、持物が不明なことから尊名は確定できないと考えられる。この三尊形式と同形の鋳造像はみられなかった。

また、当地の文献『サン・ヒアン・カマハーヤーニカン』[282]には、観音の記述がみられ、釈迦牟尼尊の右半身から世自在尊（観音）が生まれ、世自在尊は自らを二分して阿閦と宝生が生まれるとあり、その重要性がうかがいしれる。また、像容の点では、やはりベンガル、インドの蓮華を執る様式がインドネシアにも数多く受け継がれていたことが確認できる。ただし、半跏思惟の観音はみられなかった。

第4項　二臂菩薩

前項では、前頭部（頭飾を含む）に化仏のある一面二臂像を原則として観音と判断し、持物の有無と内容に分けて考察を行ってきた。本項では、同様の形式をとりながら、化仏をつけない作例を広義の菩薩として扱い、作例をみることとする。

1．作例

インドネシアにおいて、現在筆者が確認した菩薩の作例は、①化仏をつけず、蓮華を執るもの（27軀）、②化仏をつけず、さまざまな印相を結ぶもの（35軀）の計62軀である。①②ともに坐像・踏み下げ坐像・立像がみられる。軀数は以下の通りである。

①化仏をつけず、蓮華を執るもの（27軀）
　　坐像（15軀）・踏み下げ坐（6軀）・立像（6軀）
②化仏をつけず、さまざまな印相を結ぶもの
　　（35軀）

図112

　　　　図113　　　　　　　　　図114

　　　　坐像（19軀）・踏み下げ坐（8軀）・立像（8軀）

　①②ともに坐像・踏み下げ坐像・立像がみられる。時代は①が8〜11世紀、②が8〜13世紀頃で、中部ジャワ地域、東部ジャワ地域、西ボルネオなど各地方から出土する。7.0cm〜23.0cmの小像が中心で、材質では銀製に鍍金1軀、青銅製に鍍金1軀、それ以外は青銅像で多数を占める。①の前項の観音と同様、姿勢に関わらず、右手が与願印・左手が蓮華を執る作例が最も多い（図112）。三尊形式も踏み下げ坐に1例みられる。坐像・踏み下げ坐像は、右手に与願印・胸前で抽擲にして、左手は前方にだすか、台座に垂下し、蓮華を執る作例が多い。また左右の印相が逆（右手に蓮華・左手に与願印）の作例もある。立像も蓮華手観音と同様、右手を与願印にして、左手前方で蓮華を執る。ほかに両手で蓮華を執る作例もみられた（図113）。

　化仏をつけず、さまざまな印相を結ぶもの（35軀）については、坐像・踏み下げ坐像は、蓮華手観音の二臂のように、①与願印・前方もしくは垂下して蓮華がないもの、②与願印・定印、③説法印状などがみられる。立像は、①両手を施無畏印状にするもの、②右胸前・左前方、③親指と人指し指を捻ず・与願印などが

第2章　インドネシアの宗教美術における鋳造像　137

みられる。二尊形式も2例もみられ、像の左に妃とみられる女尊が並ぶ。2例とも女尊は左手に鏡？を執る（図114）。[287][288]

第5項　文殊

1. 文殊という尊格

　文殊菩薩は、Mañjuśrī、Mañjuvara、文殊師利、または曼殊室利と音写される。妙徳・妙吉祥菩薩、あるいは妙音菩薩（Mañjughoṣa）と訳される。文殊は形像が分化し、密教の真言の数によって五字文殊（Arapacana）、一字文殊（文殊一字）などに分かれ、日本では、頭頂の髻の数によって五髻文殊、一髻文殊などの尊名でよばれることもある。大乗仏教の中心経典である『般若経』において、智慧を象徴する菩薩として成立し、1～2世紀頃の『維摩経』に釈迦の師として説かれ、『華厳経』（六十華厳）「入法界品」では、菩薩行を示す存在として重視され、その勧めに応じて、善財童子が55人の善知識を訪ねる話が記されている。同経「諸菩薩住処品」では東北の清涼山（のちに中国の五台山に比される）に住み、特色ある眷属を従えた五尊形式がみられる。『般若経』の一つの『金剛般若経』は、般若の智慧が煩悩を鮮やかに断つことを、金剛石（ダイヤモンド）がどんなものでも切断することにたとえ、同時に文殊の利剣も空性に基づく智慧、般若波羅蜜の鋭さを象徴しているとして、象徴化された文殊では、剣と梵夾をのせた青蓮華を持物にすることが多くの作例の特徴とされる。[289][290]

　『サーダナマーラー』では、右手にあらゆる愚かさを断ち切る最も大事な智慧の剣を執り、左手には、方便より生じたすべての経論のなかで本当に価値のある1冊の梵夾（『般若経』）を持つとある。[291]

　インドでは、後世、さまざまな種類がみられるが、7～8世紀頃のポスト・グプタ朝からパーラ朝にかけて、文殊は急速に増加する。右手は与願印、左手は大地から伸びた蓮華（Utpala、青蓮華）を執り、頭部、頭髪を3条に垂らす（三髻の表現）などが特徴としてみられる。また、五字文殊アラパチャナや、マンジュヴァラ（Mañjuvara）もみられる。[292][293]

　五字文殊（シルプル出土）は、『サーダナマーラー』にみられるように、右手に剣を、左手に梵夾を握っている。マンジュヴァラは説法印を結び、左腕から梵夾をのせた蓮華が左肩部におかれ、台座に獅子が2頭彫られる作例が確認できる。[294][295]

図115　　　　　　　　　図116

２．作例

　インドネシアにおいて、現在までに筆者が確認した文殊の作例は、27軀である。
　時代は８～11世紀頃で、中部ジャワ地域、東部ジャワ地域、スマトラなどに出土する。材質に銀製１軀、それ以外は青銅像が多数を占める。姿勢は坐像・踏み下げ坐がみられる。一番多くみられる印相は、右手が与願印の場合、左手に蓮茎（蓮華上に梵夾）の例が16軀である。頭部に特徴がみられ、頭頂を房にする（前から後ろに巻くようにロール状にする）、または、三山型（三髻）や五山型に結髪にするなどの作例がみられ、頭部背後に三日月形の装飾が施されるものもみられる。台座は他のインドネシアの作例と同様、蓮華座に方形台座が多く、動物を施したものはみあたらない。
　また、単独像と三尊形式１例がみられる。
　印相や持物から以下の６タイプに分けられる。

①右手が与願印の場合・左手に蓮茎（蓮華上に梵夾）16軀・（蓮華上に剣）１軀[297]・（蓮茎）２軀[298]
②右手が前方・左手に蓮茎（蓮華上に梵夾）１軀[299]

第２章　インドネシアの宗教美術における鋳造像　139

図117

図118

③右手に珠・左手に蓮茎（蓮華上に梵夾）１軀[300]
④右手に剣・左手に梵夾１軀・蓮茎２軀[301]
⑤定印・左手に蓮茎（蓮華上に梵夾）１軀
⑥右手膝上・左手に蓮茎（蓮華上に梵夾）２軀[302]

　右手に剣・左手に梵夾を執る④の作例で、インドでも作例が確認されるアラパチャナと考えられるものが１例確認できる。また、右手が与願印の場合・左手に蓮茎・蓮華上に梵夾などは、インドの文殊の作例と図像部的に一致をみるが、インドネシアは坐像、踏み下げ坐が主であるのに対し、インドでは立像が目立つ。また、インドネシアでは印相にも定印などヴァリエーションがみられる。ただし説法印はみあたらず、台座においても獅子などの動物はみられない。
　①右手が与願印の場合・左手に蓮茎（蓮華上に梵夾）の作例をあげると、リンデン州立博物館（図115）[303]は８〜10世紀で、銀製、総高は5.8cm。頭部がロール形で、額に白毫をあらわし、耳飾、胸飾、X字型飾り、臂釧、腕釧、足釧をつけ、上半身は裸形、腰から下に裙を着ける。右手は与願印・左手に蓮茎を握り、蓮華上には梵夾がのる。10世紀頃、中部ジャワ出土の銀製（29cm）、踏み下げ坐像

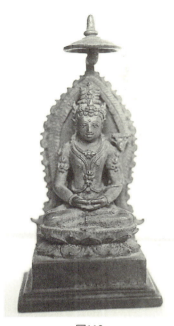

図119

（図116）[304]のジャカルタ国立中央博物館所蔵像も同様の印、持物を執る。

三尊形式[305]（図117）はジャカルタ国立中央博物館所蔵、８～９世紀頃、東部ジャワ出土で15.5㎝、中尊に触地印の像をはさみ、菩薩とともに脇侍としてあらわされる。

④右手に剣・左手に梵夾を執るアラパチャナと考えられる像であるリンデン州立博物館所蔵像（図118）[306]は、８～10世紀頃制作とされ、青銅製、総高は15.7㎝。頭部が中国の唐時代の菩薩のように、前から後ろに１枚の板を巻いたようにロールをつくる。顔面に白毫をあらわし、装飾が耳飾、胸飾、右肩から左脇に聖紐をかける。また、臂釧、腕釧、足釧をつけ、上半身は裸形、腰から下に裙を着ける。胸前で左手で梵夾を縦に握り、右手で剣を高く振り上げる。これは『サーダナマーラー』の記述に合致する。台座は方形台座上に蓮華座をのせ、その上に半跏趺坐する。網目と火焔の文様が施された円形の光背に天蓋を有する。

⑤定印・左手に蓮茎（蓮華上に梵夾）の例は、プリンセスフォフ（Princessehof）博物館所蔵[307]（図119）に、９世紀中頃～10世紀で、出土は中部ジャワとされる。青銅製、総高は10.7㎝。頭部が三山型で、腹前で定印をくみ、蓮上に梵夾を横にのせる蓮茎を執る。

石像では、蓮上に梵夾をのせる作例として、中部ジャワ地域の９世紀頃建立とされるチャンディ・プラオサンの南主堂で、頭部背部に三日月を有する踏み上げ坐像（図24）や、同寺院北にある未修復の堂跡の像、また立像が８～９世紀頃、建立とされるチャンディ・ムンドゥットにみることができる[308]。また、右手で剣をふりあげ、左手は胸前で梵夾を握る作例が東部ジャワ出土の像[309]に確認できる。

また、ボロブドゥール第二回廊において、『華厳経』の「入法界品」に該当する浮彫りも施されており、その中で文殊は二臂で持物は持たず、頭部に三日月をつけた像容であらわされている[310]。ヒンドゥー教の場合、こうした三日月形は、主にシヴァ神と結びついたが、仏教では財宝尊と文殊に集中する。その理由は、い

第2章　インドネシアの宗教美術における鋳造像　141

まだ十分に解明されていない。

第6項　弥勒

1．弥勒という尊格

　弥勒は、梵語でマイトレーヤ（Maitreya）の音訳で、阿逸多の別称をもつが、これは弥勒の別称の Ajita によったものである。中国では「慈氏」や「慈尊」と意訳される。また、「釈迦の補処の菩薩」や「当来仏」（未来仏、次代仏）といわれる。補処は一生補処の略で、一生を過ぎれば次は仏の位処を補うという意味で、釈迦（現在仏）に続き次の仏陀になることが定まっている菩薩をいう。仏陀になることが確定しているので、弥勒仏（如来）と称されたり、その像が如来形であらわされる場合もある。

　弥勒は、経典『観弥勒菩薩上兜率天経（上生経)[311]』、『弥勒下生成仏経(下生経)[312]』、『弥勒大成仏経（成仏経)[313]』の『弥勒三部経』や『慈氏菩薩略修瑜伽念誦法[314]』に以下のことが記されている。現在兜率天で菩薩として修行中で、釈迦滅後56億7千万年ののち兜率天より下生して、鶏足山に赴き、迦葉仏から仏陀としてふさわしい衣を与えられた後、龍華樹の下で覚りを開き仏陀になるという。

　インドのパーラ朝期以降の形状は、龍華樹を手に執り、塔（ストゥーパ・Stūpa）のついた宝冠をかぶる姿が特徴である。この塔は、釈迦以前に仏陀となり、鶏足山で入滅したと伝えられる迦葉仏の仏塔を象徴しているという説、釈迦の舎利塔との説がある。観音とともに、釈迦の脇侍とされる例も多いが、『サーダナマーラー[315]』では、三面四臂の異形な独尊も説かれている[316]。

　インドではクシャーン朝（1世紀中頃〜3世紀中頃）のガンダーラ地方で、カニシカ銅貨の在銘弥勒像、過去七仏と並置された像、単独の像などがみられる[317]。図像の特徴は装身具をつけ、螺髪か、頭髪を束ねるか、髻を結い、左手に水瓶を執る[318]。5世紀以降は、観音と並んで三尊形式および単独尊で造像されるが、水瓶を執る点ではかわらない。ポスト・グプタ朝期（6世紀後半〜7世紀中頃）には[319]、西インドの仏教石窟に三尊形式、守門神、単独像であらわされ、パーラ朝（8〜12世紀頃）に、過去七仏と並置された像、三尊形式、単独像などがみられ、東インドのオリッサ地方に数多くみられる八大菩薩のひとつとしても造像される。パーラ朝に弥勒の図像的特徴はほぼ固定し、宝冠を戴き、その正面には仏塔が施さ

142

図120

れる。装身具を付け、聖紐をかけ、右手与願印・左手は柳状の葉と丸い4弁の花からなる龍華の枝を握っている。龍華やその葉の上に水瓶をのせる例もみられる。[320]

2. 作例

インドネシアで、弥勒と確認できた銅造仏像は、単独尊が6軀で、三尊形式が1軀（図109）の計7軀である。いずれも頭部正面に仏塔を施したものである。判明するもので、時代は8～9世紀頃、中部ジャワ地域、スマトラなどに出土し、8.0～25.0cmの小像が中心である。坐像が2軀、立像が3軀（三尊形式含む）である。印相は、欠損する作例以外は右手与願印、左手は坐像が定印、立像はみな前方に屈臂、蕾状の龍華（蓮蕾か）を執る。

以下、像容の特徴をのべたい。

①頭部に仏塔を施す。
②右手が与願印・左手が龍華の蕾（蓮蕾）。
③坐像は装飾をつけるが、立像は胸飾・臂釧・腕釧などつけない。

単独の坐像を、ジャカルタ国立中央博物館（図120）[321]にあげると、青銅製、総高25.0cm、時代は8～9世紀頃で南スマトラ出土。両手、両足腿から下を欠損する。頭部は高髻を結い、垂髪を両肩に垂らす。頭飾の正面龕に小仏塔がみられる。耳飾、胸飾、臂釧をつける。額に白毫をあらわし、三道を刻み、微笑みをたたえる。左肩より右脇に条帛をかけ、上半身裸形で下半身に裙を着ける。後頭部から背面にかけて光背と接合していた個所がみられることから、当初は光背を負っていたことがうかがわれる。

1930年に南スマトラのパレンバン（Palembang）のコムリン河から、一緒に八臂観音立像と、右手施無畏印・左手で衣端を執る如来立像（図101）とともに発

見される[322]。この地域は７、８世紀後半〜12世紀頃、スマトラで栄えたといわれるシュリーヴィジャヤ王国と関係しているとも考えられることから、この像を含む像と、タイの像との比較研究が今後の課題といえよう。

　三尊形式の立像は、メトロポリタン美術館所蔵（図109）で、左脇侍、青銅製[323]、総高23.7㎝、時代は８〜９世紀頃で中部ジャワ出土。中央に両手ともに第１・２指（親指と人指し指）を捻ずる釈迦をおき、向かい側に右脇侍として右手与願印・左手蓮華を執る観音をおく。弥勒像の頭部は高髻を結い、頭飾の正面龕に塔がみられる。装飾はつけず、左肩より右脇に聖紐をかけ、上半身裸形で下半身に裙を着ける。右手を与願印、左手は前方に屈臂し、蕾状の龍華（蓮蕾か）を握る。三尊が一つの方形台座を共有し、それぞれ二重蓮華座に立つ。

　石像では、中部ジャワ地域のチャンディ・プラオサン南主堂の像や、同寺院北にある未修復の堂跡の像、また立像がチャンディ・ムンドゥット[324]にみられる。いずれも頭飾に仏塔を施し、南主堂、ムンドゥットは、右手を与願印、左手に茎を執っている。また、ボロブドゥールにおいて、第二回廊に『華厳経』の「入法界品」[325]が浮彫りされ、そこに弥勒がみられる。像容は、菩薩形で、頭部正面に仏塔を施し、右手与願印・左手前方で屈臂し、開花した龍華の茎を執る坐像である。このことから８〜９世紀頃には弥勒は頭部に仏塔、印相も与願印・龍華として認められていたことが確認でき、鋳造像もほぼ同様の傾向がみられている。

　インドネシアの弥勒菩薩については数が多く確認できないが、単独尊と三尊形式が確認でき、ボロブドゥールの浮彫りからも、インドの作例とほとんど同形であるといえよう。

第３節　密教尊（多臂像尊・女尊）

１．密教尊（多臂像尊・女尊）という尊格

　前節では、仏教系尊格について考察を行った。仏教はヒンドゥー教を取り入れて次段階の密教へと移行する。密教の段階になると、尊格はその名称を確定していき、また、大勢として多面多臂となっていく。いわゆる密教系尊格である。とくに観音のなかでも、十一面観音、如意輪観音、不空羂索観音などの特定の名称を与えられ、「変化観音（多臂観音）」として扱われるようになる。本節では、そ

うした「変化観音（多臂観音）」に着目し、その尊格の像容などについてのべたい。なお、経典、作例を考察するにおいて、インドネシアのそれらは、持物など現在、インドや日本など他地域に伝わる経典などに適合しないものが多くみられた。検討の余地があると判断したので、本書では尊名を断定せず、臂数を基準として多臂像として、考察を行うこととした。個々の現存作例を紹介するとともに、資料を提示することとする。[326]

　インドでは、宮治昭氏[327]によると、密教系観音は大きく二系統に分けられ、1つはインドで独自に展開した観音であり、もう1つはいわゆる変化観音であるという。前者は12世紀頃はじめに個別に成立していた観想法（成就法）を集めて編纂された『サーダナマーラー』に説かれる観音で、二臂像が金剛法、青頸、カサルパナ、四臂像が六字観音、六臂像がハーラーハラ観音および善趣示現観音などがそれで、佐久間留理子氏[328]の研究により明らかとなった。それらの多くは『サーダナマーラー』に形姿が明確に説かれており、比定が比較的容易である。後者の変化観音は「神通力により変化して種々の姿をとった観音」という意味で、むしろ日本での呼称である。十一面観音、千手、不空羂索、如意輪、馬頭、准胝などをさす。これらは、成立としては前者のグループよりも早く成立している。

　インドネシアにおいて、現段階で確認できた多臂観音は、臂数から二、四、六、八、十、十二臂がみられ、そのうち、尊名比定の可能性のあるものが、金剛法が二臂像に、思惟像（如意輪観音？）が二、四、六臂像に、また不空羂索観音の可能性の高い像が、八、十、十二臂像のなかにみられた。そのほか、断定できないがハーラーハラ観音の可能性のある像1軀がある。これは今後の検討が必要であろう。また、女尊も臂数において分類したが、そのなかでターラー（多羅菩薩）、チュンダー（准胝観音）、プラジュニャーパーラミター（般若波羅蜜）に該当すると考えられる作例がみられた。以下、尊名特定の可能性のあるものを中心に臂数順に検討を試みたい。

第1項　二臂

a.　金剛法 Vajradharma （ジャカルタ国立中央博物館、図121）[329]

　密教の金剛界マンダラの一尊であるこの尊格は、花弁を執る尊容が特徴とされる。『初会金剛頂経』によれば、大乗仏教の観音が密教化、とくに『金剛頂経』

第2章　インドネシアの宗教美術における鋳造像　145

　　　　図121　　　　　　　　　　　　　図122

化したものである。筆者が確認した作例はジャカルタ国立中央博物館の坐像の1
軀で、青銅製、総高14.0cm、推定制作年代は11〜12世紀頃で出土地は東部ジャワ
である。菩薩形を呈し、右手でその花弁をつまむしぐさをとる。坐法は結跏趺坐
で、台座は二重蓮華坐に方形台座である。インドでは、2例がナーランダ、5例
がオリッサのラトナギリ出土で、同形の像がみられる。日本では、金剛界マンダ
ラの一尊に数えられる。形状は四印会の金剛法が同形をとる。

b．二臂思惟像（如意輪観音か）（ジャカルタ国立中央博物館所蔵、図122)

　如意輪については、12本の漢訳経典があげられるが、早い時期の訳出経典で実
叉難陀訳『観世音菩薩秘密蔵如意輪陀羅尼神呪経』（695〜704年訳出）には尊容
はなく、また菩提流支訳『如意輪陀羅尼経』（709年訳出）巻8に二臂の像が説か
れ、右手に説法印を結び、左手に宝珠をのせた開敷蓮華を執ることが説かれる。
しかし最も多く説かれるのは六臂であり、宝思惟訳『観世音菩薩如意摩尼陀羅尼
経』（693〜706）や金剛智訳『観自在如意輪菩薩瑜伽法要』（730)、不空訳『観自
在菩薩如意輪瑜伽』（705〜774）などがあげられる。そこには右手第一〜三手ま
で思惟手、如意宝珠、念珠、左手第一〜三手までが按地、手蓮華、輪宝とされる

図123

場合が多い。如意輪の可能性も高いが、厳密には経典と一致をみないことから、本書では、尊名を断定せずに紹介する。

二臂思惟像の総数は、単独像は坐像のみの5軀で総高は7.0～13.0cm、出土地は判明するものは中部ジャワで、推定制作年代は8～10世紀、材質は青銅である。

①頭部を左にかしげ、その頭部左側面を支えるようにあてられる思惟手をなすこと（四臂、六臂像とは頭の向きが異なる）。
②3軀は化仏を有する。
③印相は右手与願印・左手思惟が多い。すべての作例が左手を思惟にし、右手は与願印（3軀）、垂下（1軀）、腹前（1軀）がみられ、与願印に円形（宝珠か）執るものが2軀ある。
④足をたてる輪王坐が3軀、踏み下げ坐が2軀（四臂・六臂像にはない踏み下げ坐がある）。

　一面二臂の思惟像は、8～9世紀頃建立とされるチャンディ・ボロブドゥールの第四回廊の主壁に彫刻されている石造にみられる[337]。しかし、遊戯坐で頭を右にかしげ、右手を思惟手、左手に蓮茎を執ることから完全なる同形ではない。
　インドでは、二臂の思惟像について、2～3世紀頃マトゥラー菩薩半跏趺思惟像[338]や、3～4世紀頃のガンダーラの像[339]がうかぶが、関連性は確認できない。

第2項　四臂

a. 四臂思惟像（如意輪観音か）（ライデン国立民族学博物館、図123[340]）

　総数は坐像のみの23軀である。総高は鋳造の単独像で7.0～19.0cm、出土地は判明するもので中部ジャワと東部ジャワで、推定制作年代は判明するもので8～10世紀頃、材質は像が銀製の作例以外はみな青銅である。特徴は以下の通りである。

①頭部を右にかしげ、その頭部右側面を支えるようにあてられる思惟手をなすこと（右手第二手が欠損する2軀を除く）。
②多数の作例に頭部の定印仏坐像の化仏が認められる。
③持物で最も多い組み合わせは、右手第一、二手、左手第一、二手が順に与願印、思惟手、宝珠、梵夾である。
　○右手第一手は①与願印を結ぶか、②宝珠を掌にのせるの2タイプ。
　○右手第二手の多くは思惟手をとり、その内の2軀は手に数珠をかけている。
　○左手第一手は①腹前で宝珠を手にのせるか（11軀）、②台座上に垂下し、半数は蓮華の茎を執る（6軀）、③左膝上方で蓮茎を握る（1軀）の3タイプ。
　○左手第二手は、①梵夾を握る（13軀）、②蓮茎を握る（1軀）、③台座上に垂下し蓮茎を執るの3タイプ。
④坐法がすべて右膝を立てた輪王坐をとる。この場合二臂の作例と同様足裏は重ねず片足をはずした形で蓮華座に坐すことである。

図124

　この四臂思惟像は、インド、日本では現段階で確認できず、インドネシア独自の像形といえよう。

b. **四臂坐像**（リンデン州立博物館、図124）[341]
　総数は坐像で20軀である。推定制作年代は8～10世紀頃、出土地は中部ジャワが中心で、材質は青銅である。

①頭部が正面をむき、すべてが化仏を有する
③印相は右手第一手、二手、左手第一手、二手が与願印、数珠、蓮茎、梵夾を執る作例が多数を占める。左手第一手を台坐に垂下する、また左手第二手に

図125　　　　　図126

梵夾、蓮茎がみられる。そのほか、両手第一手を定印にする作例がみられる[342]。
④坐法は、右足を下げた踏み下げ坐（15軀）が多数を占め、台座からのびる蓮台に足を置いている。半跏趺坐（3軀）、結跏趺坐（2軀）である。

　四臂の思惟像（如意輪か）と形状で異なる点は、①顔が正面を向くこと、②遊戯坐がない、③思惟手がない、④宝珠を持たず、蓮華を執るなどがあげられる。

c. 四臂立像（ラディヤプスタカ博物館、図125）[343]

　総数は40軀である。化仏を有する作例が33軀、有さない作例が9軀である。化仏を有する作例は、単独像と三尊形式形式の中尊になる作例が2例みられる。推定制作年代は7～12世紀頃、出土地は中部ジャワが中心で、東部ジャワ、西ボルネオ、スマトラ、ロンボク島などである。材質は青銅が多数を占め、ほかに鍍金、金製、銀製がみられる。スマトラ・ジャンビ出土四臂像（図126）は、マレー半島の流れを汲む可能性が考えられる[344]。

①顔が正面を向き、すべてが化仏を有する。

②印相は右手第一手、二手、左手第一、二手は与願印、数珠、蓮華、梵夾の組み合わせが多い。四臂坐像と同じ傾向をしめす。獣皮を腰に巻く作例が2軀にみられる。

　8〜9世紀頃、中部ジャワ地域に建立されたチャンディ・ムンドゥット壁面の石像が欠損、数珠、蓮華、梵夾と考えられることから、8世紀頃から四臂立像が制作されていたことがわかる。なお、如意輪（観音）に限らず、インドやその周辺地域では8世紀頃から四臂像が大流行している。

　化仏を有さない作例の9軀[345]については、手首が欠損した作例が多い。判明する印相は統一がないが、右手第二手に数珠や輪宝、左手第一手に与願印、水瓶、法螺貝、第二手に払子、梵夾などがみられ、とくに獣皮を巻く像などは、ヒンドゥー教系の尊格である可能性が考えられる。

　そのほか、右手第一手、二手、左手第一、二手を宝珠？、数珠、水瓶、梵夾とする作例が1軀、左手第一手に水瓶を持つ作例、左手第二手に法螺貝？（蓮蕾か）や三鈷？などの持物がみられる。

　インドの四臂観音にみると、パーラ朝では右手は与願印、数珠、左手は水瓶、蓮茎を執る作例が最も多い[346]。インドネシアと持物を同じにする作例は、10世紀頃、パーラ朝のビハール地方やバングラデッシュ東南地域に数例みられる[347]。

第3項　六臂

a.　六臂思惟像（如意輪観音か[348]）

　青銅の単独像が1軀と線描画が1軀である。2軀とも四臂像と同じく、頭を右に傾け、右手が思惟手で、遊戯坐であることが共通している。単独像は全体が磨滅しており、持物が判明しない。線描画では、右手に棒状、思惟手、数珠、左手に宝珠、水瓶、梵夾で、四臂思惟像の与願印、思惟手、宝珠、梵夾に右手第一手に棒状と左手第二手に水瓶が加わったことになる。日本ではこの六臂の如意輪観音が一番多い。日本では思惟手と宝珠を持ち、輪宝を執る作例が多いが、インドネシアでは、輪宝はみられない。

150

図127

b. 六臂坐像・六臂立像（トロッペン博物館、図127[349]）

　総数は6軀と、四臂観音に比べ数が少ない。推定制作年代は7～10世紀頃、出土地は中部ジャワやスマトラなどである。材質は青銅で、単独像である。坐法は立像が3軀、踏み下げ坐が2軀、結跏趺坐が1軀である。

①すべての像が化仏を有する。
②印相は、四臂観音の持物を基本に持物が加わる。右手が与願印、水瓶、数珠の作例が多く、左手は蓮華、不明（水瓶）、梵夾である。また、両手第一手を定印にくむ像も1軀みられる。
○右手が第一手が与願印、第三手が数珠であることが多く、第二手は判明するもので水瓶があげられる。第三手に梵夾を執る場合が多い。

　六臂観音をインドの作例にみると、パーラ朝期のオリッサ出土像の1軀以外はビハール、ベンガル地方に多く、その場合四臂観音で最も組み合わせの多い、右手に与願印、数珠、左手に水瓶、蓮茎を基本に、施無畏印、梵夾、羂索、宝珠のうちの2つをとる場合が多い[350]。インドネシアの六臂観音は持物が不明なものが多く、明確なことはいえないが、ボードガヤー大塔の壁面の像[351]や左手第一手の蓮華に羂索を伴う不空羂索観音と類似する作例がみられる。

第4項　八臂（不空羂索観音か）

　八臂観音の像が15軀みられる。作例のなかには羂索を執る作例もある。この羂索については、インドネシアの作例で、八臂像以外には現在のところみられない。不空羂索観音については、成立や尊容において不明の点が多い[352]。経典は、梵文写本影印版『不空羂索神変真言経』[353]と9本の漢訳経典があげられる[354]。早い時期の訳

第2章　インドネシアの宗教美術における鋳造像　151

出経典で闍那崛多訳『不空羂索呪経[355]』や玄奘訳『不空羂索神呪心経』は尊容について具体的にはふれず、摩醯首羅天のごとく、黒鹿皮を左肩上に覆う、あるいは大自在のごとくとある。李無諂訳『不空羂索神陀羅尼経[356]』に、頭上に阿弥陀仏を有し、三眼で黒鹿皮を披い、四臂で左手に蓮華、水瓶、右手に数珠、垂下して施無畏印を執るとある。また梵文写本、菩提流支訳『不空羂索神変真言経[357]』には、多くの尊容が提示され、一、三、十一面で、多臂（二、四、六、十、十八、三十二、千）が説かれており、第三眼を有し、鹿皮をつけ、手は、蓮華・水瓶・施無畏印・数珠・羂索・三叉戟などを執るものとされている。一方『一切仏摂相應大教王経聖観自在菩薩念誦儀軌』の八臂像には、頭頂に無量寿仏を有し、右手に数珠、宝杖、三叉、施無畏印、左手に蓮華、軍持、羂索、般若経を執り、獣皮を衣とするとあり[358]、とくに不空羂索観音とは比定していない。インドネシアでは羂索を執り、不空羂索の銘文のある作例が石像に2軀みられるが[359]、13世紀と鋳造像が制作された年代よりもかなり下る。また、上述の経典も考慮して、本書では羂索を執るものをただちに不空羂索観音とは断定せずに、銘文のない作例は多臂像として扱うこととする。

　インドネシアで確認できた八臂像の総数は、鋳造像（単独像）が12軀で、浮彫りが3軀、計15軀である。

　東部ジャワ、チャンディ・ジャゴ出土の石像と銅造の浮彫り、ジャカルタ国立中央博物館所蔵の西スマトラ出土の石像に不空羂索の銘文入りの不空羂索観音がある。また、チャンディ・ジャゴの場合、獣皮が巻かれていないことからインドネシアの不空羂索観音が必ずしも獣皮を巻くとは限らないこともうかがわれる。また、欠損している像以外、顔面に白毫のものは確認できるが、第三眼はみられず、この点においても尊名必要条件にはあげられないものと考えられる。これらの特徴が、13世紀頃のインドネシアの不空羂索観音をみる基準となろう。

a.　単独像（ウィーン民族学博物館、図128[360]）

　12軀は、総高が13.7〜53.0cm、推定制作年代は7〜11世紀頃で、判明する出土地は中部ジャワと南スマトラである。持物などから、不空羂索である可能性をもつ。

　①菩薩形を呈し、すべて定印の仏坐像（化仏）を有する。

図128

②印相は欠損するものが多いが、右手は与願印、数珠、羂索、施無畏印など、左手は蓮華、水瓶、三叉戟、梵夾がみられる。四臂像の与願印、数珠、蓮華、梵夾の持物を基本に、右手に蓮華、施無畏印、羂索などが加わり、左手に水瓶、施無畏印、法螺貝、三叉戟が加わった状態。なお垂下する一番下の手に水瓶を執ることが多い。

③左肩に虎皮を掛ける像、腰に虎皮を巻く像がみられる。

④踏み下げ坐の1軀以外立勢である。

　特徴的な持物の羂索のほか、ほかの持物もインドの不空羂索と対応する。

b. 浮彫り（ライデン国立民族学博物館、図129）[361]

　石造像2軀と銅造の浮彫りが3軀である。形状は5軀ともに類似する。[362]

　石造像については、東部ジャワのチャンディ・ジャゴ境内[363]と西スマトラ（ジャカルタ国立中央博物館所蔵）[364]から出土しており、13世紀と同時期制作と考えられ、総高は2軀とも2m前後である。

　形状をジャカルタ国立中央博物館所蔵の石像にあげると（図44）、光背上方に日月をあらわし、中央尊の左右には十化仏をあらわす。正面向かって左からターラー、スダナクマーラー、ハヤグリーヴァ、ブリクティーと思われる4軀を配し、輪宝や宝珠、菩薩などが刻まれた方形状の台座に立つ。

　中央の像は、楕円に透かしの入った頭光を有し、顔面は削られている。頭部は正面に定印の仏坐像を刻んだ宝冠を戴き、耳飾、胸飾、腹帯、臂釧、腕釧をつけ、上半身裸形で左肩から聖紐をかけ、下半身に裙を着ける。両手とも肘から欠損し、現状では持物は確認できない。ただ、チャンディ・ジャゴの作例（図43）が右手手前第一手から欠、欠、羂索、数珠、左手手前第一手から欠、蓮華、欠、梵夾が残存することから同系の持物があったものと推察できる。また、チャンディ・ジャゴの尊像についても、銘文から明らかに不空羂索観音と判明しており、ターラ

第2章　インドネシアの宗教美術における鋳造像　153

ー、スダナクマーラー、ハヤグリーヴァ、ブリクティーをはじめ、匹方仏や四尊のターラーが出土したと報告がされている。[365] この時期の不空羂索観音が眷属を従えていたことが特徴としてあげられる。

　銅造の浮彫りは3軀で、石造の浮彫りと同様、東部ジャワのチャンディ・ジャゴ出土で光背に銘文があり、クリタナガラ王（在位1268～92）らにより制作されたことが記されているもので、[366] 総高22.0cm。爪形の光背上方に日月をあらわし、中央の不空羂索観音の左右には八化仏をあらわす。正面向かって左からターラー・スダナクマーラー、右にハヤグリーヴァ、ブリクティーと思われる脇侍を配し、二重蓮華坐に立つ。中央の観音は楕円に

図129

連珠の頭光を有し、頭部は正面に定印の仏坐像を刻んだ宝冠を戴き、耳飾、胸飾、腹帯、臂釧、腕釧、をつけ、上半身裸形で左肩から条帛と聖紐をかけ、下半身に裙を着ける。持物は右手前第一手から与願印、施無畏印、羂索、数珠で、左手前第一手からは水瓶、蓮茎（蕾）、棒状、梵夾である。蓮華座上に立つ。5軀ともに1つの蓮華座上に立つ。

　八臂像で不空羂索と考えられる作例は、インドにはほとんどみられない。[367] インドにおける不空羂索観音については、[368] 四臂像が6例、オリッサのラトナギリにみられる。右左第一手を与願印と蓮華を基本とし、右左の第二手に①数珠と羂索、②数珠と羂索のタイプがみられる。また、5例には第三眼があり、すべての像が獣皮をつけていない。六臂像は9例で、北東インドにみられる。右左第一手を与願印と蓮華を基本とし、右左①第二手が宝珠、数珠と第三手が壺、羂索、②第二手が施無畏印、数珠と第三手が羂索、梵夾のタイプがみられる。これらには第三眼が3例、獣皮をつけるものが5例みられる。

第5項　十臂（ライデン国立民族学博物館、図130）[369]

図130

現段階で2軀である。姿勢はともに立像で、材質は青銅製、総高20.0〜34.0cm、推定制作年代は9世紀頃〜10世紀頃とされる。不空羂索の可能性がある。

①菩薩形で頭部に化仏を有する
②虎と考えられる獣皮を腰にまく。姿勢はともに立像。
③印相は2軀で大きく異なる。

ライデン国立民族学博物館像は、四臂観音の与願印、数珠、蓮華、梵夾の持物を基本として、親指と小指を捻ずる印を加えたもの。
　ギメ美術館像も、四臂像の持物に右手に水瓶、羂索、親指と薬指を捻ずる印を加え、左手は施無畏印と鉤？などが加わる。

第6項　十二臂（ジャカルタ国立中央博物館、図131）[370]

現段階で1軀である。ジャカルタ国立中央博物館所蔵の立像は、材質は銀製、総高17.0cm、推定制作年代は8〜10世紀頃。出土地は中部ジャワのスマランとされる。

①菩薩形で頭部に化仏を有する。
②左肩に虎の皮を覆う。
③印相は右手第二手を与願印、第四手を数珠として、他の手は大指と小指を捻ずる。左手は第一手を蓮茎、第二手に水瓶、第五手に梵夾？を執る。
④蓮華座に立つ。

第2章　インドネシアの宗教美術における鋳造像　155

図131　　　　　　　　　図132

　印相は、四臂観音の四臂の持物に親指と小指を捻ずる印を加えたものと考えられる。
　インドにはインドネシアでみられる八臂、十臂は確認できないが、持物については右左の第一手を与願印、蓮華にし、右手に羂索や数珠、左手に梵夾を執る点が共通している。しかし、まったく同様の印相のものはみあたらない。かえって、ネパールの一面八臂の不空羂索観音が、右手を与願印、施無畏印、羂索、数珠、左手を梵夾、三叉棒、蓮華、壺をもつ作例にインドネシアのものは近いと思われる。[371]

第7項　女尊

　ターラー（多羅）、プラジュニャーパーラミター（般若波羅蜜）、チュンダー（准胝）などは、持物と印相に特徴がある割には、図像的に多様性があり、明確な尊名比定が難しい。二臂像が36軀、二臂像で智拳印を結ぶ像3軀[372]、二臂像で転法輪印を結ぶ像が7軀[373]、四臂像21軀[374]、六臂像3軀[375]、八臂像6軀[376]、十二臂像1軀[377]、十四臂像2軀[378]、十八臂像1軀[379]、三面六臂像1軀[380]が確認された。本書では、ターラ

156

一、プラジュニャーパーラミター、チュンダーと考えられる代表的な像をとりあ
げ、のべてみたい。そのほかの像については、今後の研究課題とする。

a. ターラー（メトロポリタン美術館、図132）[381]

　仏教に取り入れられた多数の女尊のなかで、ターラーは、その最初期からその
存在が知られている。ターラーには、「渡す者」「救済者」の意味があり、生死の
苦海を渡る衆生を救済する尊として、インド・チベットで広く信仰された。成立
の起源は明らかではないが、多羅菩薩として三十三観音のひとつに数えられるよ
うに、観音とは密接な繋がりを持っている。伝説によれば、観音の眼から落ちた
涙が溜まって池となり、そこに咲いた蓮華の花のなかからターラーが生まれたと
いわれる。[382]ターラーは、温和な相を示すものから、シヴァ神の影響をうけた暴悪
相のものまで多数の種類がある。『アーリヤカディラヴァニーターラーサーダ
ナ』（Āryakhadiravaṇītārāsādhana）、『ヴァラダターラーサーダナ』
（Varadatārāsādhana）[383]などには一面二臂とあり、頭頂仏は不空成就如来とされる。
右手は与願印、左手は蓮華とされる。ほかにカディラヴァニー・ターラー
（Khadiravaṇī-Tārā）、ヴァジュラターラー（Vajratārā）、アシュタマハーバヤタ
ーラー（Aṣṭamahābhayatārā）、白ターラー（Sita-Tārā）、ドゥルゴッターリー
ニターラー（Durgottārīni-tārā）などがあるが、本書では左手に蓮華を執る女
神を中心に可能性のあるものをとりあげた。

　現段階で右手が与願印で、左手に蓮茎をとる一面二臂像が15軀確認できた。メ
トロポリタン美術館の像をあげると、銀製で像高6.0cm、推定制作年代は9～10
世紀頃。高髻で、耳飾、胸飾、臂釧、腕釧をつけ、左肩から右脇にかけて条帛を
かける。上半身裸形にして、腰から下に文様の入った裙を着ける。右手を与願印、
左手に蓮華の茎を執り、左肩横に蓮華が置かれ、半跏趺坐で坐す。図15像に類似
する。

　インドネシアでは、778年（Śaka暦700年）、中部ジャワのプランバナンのカラ
サン（Kalasan）碑文に梵語、初期のナーガリー文字でシャイレーンドラ朝の王[384]
パナンカラナが密教の女神ターラーを祀るためにカラサン寺院を建立したとある。
8世紀頃という比較的早い時期から信仰の対象とされていたことがわかる。日本
では、多羅菩薩として胎蔵マンダラの観音院に配されるのみで、単独尊として祀
られることはほとんどなかった。

第2章　インドネシアの宗教美術における鋳造像　157

b. チュンダー

インド密教は、多くの尊格を生み出したが、そのなかには聖典を偶像化した例がいくつかある。チュンダーもその一例で、成立の背景にはチュンディー陀羅尼という聖句があり、修行者が瞑想のなかでこの陀羅尼を唱えることで、言葉が女神の尊像となって現われるとされたものである。[385]日本では准胝観音として知られている。

漢訳では、唐の不空訳[386]（770）『七倶胝仏母所説准提陀羅尼経』[387]と、この経典の同本異訳される唐の金剛智訳（740）『七倶胝仏母准提大明陀羅尼経』[388]、および善無畏訳（730）『仏説七倶胝仏母心大准提陀羅尼法』[389]や、初唐の地婆訶羅訳（686）『仏説七倶胝仏母心大准提陀羅尼経』[390]などがみられる。つまり『大日経』や『金剛頂経』とほぼ同じ中唐年代には知られていたことになる。そのうちで、形像を多く説いているのは、金剛智訳（740）『七倶胝仏母准提大明陀羅尼経』である。二臂、四臂、六臂、八臂、十臂、十二臂、十八臂、三十二臂、八十四臂が記されている。また、『サーダナマーラー』の『チュンダーサーダナ』（*Cundāsādhana*）[391]には独尊として、『アシュタブジャクルクラーサーダナ』（*Aṣṭabhujakurukullāsādhana*）[392]には一面四臂が説かれ、『ニシュパンナヨーガーヴァリー』には「カーラチャクラ・マンダラ」「ダルマダートゥヴァーギーシュヴァラ・マンダラ」「マンジュヴァジュラ・マンダラ」内にみられ、それぞれ一面四臂、一面二臂、三面二十六臂の姿が説かれる。このうち、『サーダナマーラー』、『ニシュパンナヨーガーヴァリー』、不空訳『七倶胝仏母所説准提陀羅尼経』などにみられる十八臂像に対応する作例が確認できた。

持物は、上記の経典をまとめると、右手、左手で以下の通り。

1．二臂：与願印、梵夾をのせた蓮華、第二手で鉢を持つ。
2．四臂：与願印と矢、蓮華と弓。
3．四臂：槌と槍、蓮華と棍棒。
4．十八臂：転法輪印（説法印）・右手が施無畏印、剣、数珠、果実、鉤、跋折羅、宝鬘、左手に如意宝幢、蓮華、澡灌、羂索、輪宝、法螺、水瓶、梵夾。
5．二十六臂：両手第一手が転法輪印で、右手が施無畏印、剣、宝石、シトロン、矢、斧、棍棒、槌、鉤、金剛杵、三指を伸ばす、数珠。左手が如意宝珠のついた旗、蓮華、水瓶、羂索、弓、槍、輪、剣、期剋印、鈴、投槍、般若

心経巻。
6．インドの作例（東インドのオリッサ、四臂像：定印に鉢、右に数珠）。
7．インドの作例（エローラ石窟、四臂像：①定印に鉢、左に梵夾もしくは蓮華上に梵夾、②右に与願印、数珠、左に鉢、蓮華上に梵夾）。

今回の調査で確認できるチュンダーと考えられる作例は、経典と持物がすべて一致をみる作例はみられなかったが、可能性のあるものとして、四臂像と十八臂像をとりあげたい。各博物館の資料にも「チュンダーか？」と記されているものが多い。

図133

　まず、一面四臂像の例は、アムステルダム国立博物館所蔵像があげられる（図133）。青銅製、総高12.5cm、推定制作年代は8〜10世紀頃。頭部は高髻で、耳飾、胸飾、臂釧、腕釧をつけ、左肩から右脇にかけて条帛をかける。上半身裸形にして、腰から下に文様の入った裙を着ける。両手第一手は定印にして、その上に鉢をのせる。右手第二手は数珠、左手第二手は梵夾を握る。台座は方形台座上に蓮華座をのせ、その上に結跏趺坐で坐す。光背は円形で外縁にぎざぎざが施される。天蓋は現在亡失しているが、支え棒が残存していることから当初はあったものと考えられる。この作例のほかの4軀についても、ほぼ同様の像容がみられる。
　これらの作例については、『サーダナマーラー』『ニシュパンナヨーガーヴァリー』に「第二手で鉢を持つ四臂」と説かれるものに近いと考えられる。インドにおける作例も東インドのオリッサ地方および、エローラ石窟の後期窟にみられ、オリッサの例は定印に鉢をのせ、左第二手は確認できないが、右第二手には数珠を握っている。また、エローラ石窟の第12窟1階の主堂にある像が左右二手で定印を結び、その上に鉢をのせ、左第二手に梵夾、右第二手に数珠を持つ。この作例はインドネシアの上記アムステルダム国立博物館像と形を同じとするものであり、源流をオリッサ地方やエローラ石窟に求めることが可能であろう。なお、類

図134

図135

形の作例が、チャンディ・ムンドゥットの南西壁画（図16）にもみられる。

　一面十八臂像は、1軀がみられる。ウィーン民族学博物館所蔵像（図134）は、青銅製で、総高10.3cm。頭部は高髻、耳飾、胸飾をつける。上半身裸形にして腰から下に裙を着け、結跏趺坐で坐す。両手第一手は転法輪印を結び、右手第二手以下は手前から、施無畏印？、五鈷杵？、不明、不明、棒？、棒？、三鈷杵？、数珠を執り、左手第二手以下は手前から不明、不明、法螺貝、輪宝、鈎？、金剛鈴、梵夾を執る。正確に経典の記述と合致するものはないが、不空訳『七倶胝仏母所説准提陀羅尼経』に近い表現がみられる。すなわち「応に准提仏母を書く。身は黄白色、結跏趺坐で蓮華上に坐す。（中略）十八臂。上の二手を以て説法印を作す。（中略）第九手の手に念珠を持す。（中略）第九手の手に般若梵夾を執る」とある。他の女尊に比べ、華美な装飾がみられない。

c. プラジュニャーパーラミター（ライデン国立民族学博物館、図135）

　プラジュニャーパーラミターは、最も早くに成立した大乗経典『般若経』を偶像化した尊格で、般若の智慧をあらわす原語 prajñāpāramitā が女性形の名詞であることにより、女尊として表現された。『陀羅尼集経』など、『サーダナマーラ

160

一[402]』では一面二臂と一面四臂で、蓮華上に梵夾をのせることが説かれている。インドでも、プラジュニャーパーラミターはパーラ朝に多くの作例がみられる[403]。

　ライデン国立民族学博物館所蔵像に、一面二臂の例をあげると、青銅製で、総高12.9cm、推定制作年代は９世紀末から10世紀初め頃。頭部は高髻で、顔面に円形の白毫を有す、耳飾、胸飾、臂釧、肘釧、腕釧をつけ、左肩から右脇にかけて聖紐をかける。上半身裸形にして、腰から下に文様の入った裙を着け、腰紐（帯）を巻き、半跏趺坐の足元にＵ字型にさがり、背面左右にその端がみられる。胸前で転法輪印を結び、左手より蓮の茎がのび左肩横で梵夾をのせた蓮華が置かれる。台座は方形台座上に蓮華座をのせ、その上に半跏趺坐で坐す。光背は頭光部分上部が欠損。左右にマカラが施されている。

　インドネシアでは、東部ジャワのチャンディ・シンガサリにおいて、11～13世紀頃とされる石像が著名である。この像（図50）は、優美なつくりで、歴代王の妃もしくは娘とされる説がある[404]ことより、この時期、重要な尊格として信仰されていたことがわかる。

第８項　その他（ジャカルタ国立中央博物館、図136）[405]

図136

　ジャカルタ国立中央博物館に三面六臂の坐像については、観音の可能性もあるので、ここでふれておきたい。推定制作年代は８～９世紀頃、出土地は中部ジャワである。材質は青銅、単独像である。総高は11.3cm。形状は、三面で頭部は高髻に宝冠を戴き、耳飾、胸飾、腹帯、臂釧、腕釧をつけ、上半身裸形で左肩から聖紐をかけ、下半身に裙を着ける。印相は右手が第一手から順に棒状、棒状、矢？を執り、左手は第一手から順に左膝上に一人物（明妃か？）を抱える、欠損、弓を握るとなる。半

第2章　インドネシアの宗教美術における鋳造像　161

跏趺坐で蓮華座上に坐す。

　三面と抱えられる人物の額には窪みとして白毫があらわされている。一人物は三面六臂像の左膝上に足を屈して坐しており、胸の部分で抱えられている。頭部は首までの短い髪で、装飾はなく、上半身裸形で腰に短い布状のものを着ける。右手を膝前に、左手を背部においた左足につけている。

　この尊格の比定には今後の考察が必要であるが、ハーラーハラ観音、もしくはスカーヴァティー観音などの可能性が考えられる。いずれにしても日本に数多い初期の変化観音ではない。ただ、人物が明妃である確証はなく、また持物について、インドでは持物が右手第一手から与願印、数珠、矢、左手第一手から弓、白蓮、明妃とあり[406]、右手第一手が与願印という点で、インドネシアの像とは大きく異なる。また、ネパールの11世紀の図像にも右手第一手から不明、蛇、矢、左手第一手から明妃、蓮華、弓の像が描かれ、インドネシアの作例と類似するが、正確に一致するといえない。さらに、ネパールの「百八観自在」内においても[407]、右手第一手から与願印、不明、矢、左手第一手から明妃、蓮華、弓の例が描かれるが、第一手が与願印のため、やはりインドネシアのこの作例をハーラーハラ観音とは判断はできない。また、「百八観自在」にはスカーヴァティー観音が描かれており、右手第一手から与願印、不明、矢、左手第一手から明妃、蓮華、弓が描かれていることから、スカーヴァティー観音である可能性も考えられる[408][409]。インドにおいて現存作例のハーラーハラ観音は、ボードガヤーとブヴァネーシュワラの２例があり[410]、左手第一手に明妃を抱えることは共通するが、どちらの作例も右手第一手は与願印で、ほかに蓮華、矢、数珠、弓を執る。インドネシアのこの作例とは一致をみないことから、今回紹介するものの比定は避ける。

　以上、インドネシアの密教系尊について、とくに変化観音像に焦点をあてて紹介し、かつ考察を行ってきた。その結果、臂数については二、四、六、八、十、十二臂がみられ、二臂の密教系の観音として金剛法が１軀みられた。総数では、四臂観音像が53軀と多く、菩薩像、思惟像を入れると84軀確認できる。女尊も81軀を数えるが、その尊名の一部の比定については今後の課題となろう。今回はターラー、プラジュニャーパーラミター、チュンダーに限り、同定を試みた。

　思惟像（如意輪観音か）は、二、四、六臂像にみられ、判明する推定制作年代から８～10世紀頃、中部ジャワ・東部ジャワ地域の同時期に制作されていたこと

がうかがわれる。印相は二臂の右手、左手が与願印、思惟手を基本形に、四臂で右手第一、二手、左手第一、二手は与願印、思惟手、宝珠、梵夾となり、六臂では、右手第一〜三手、与願印、思惟手、数珠、左手第一〜三手が宝珠、水瓶、梵夾と、主に宝珠、数珠、水瓶、梵夾などが持物に加わる。なお、古代の朝鮮半島と日本で流行した弥勒半跏思惟像は、インドやインドネシアにはみられない。

多臂像は、推定制作年代は8〜13世紀頃、中部ジャワ地域を中心に、東部ジャワ、スマトラ、ロンボク島ボルネオと広い地域にみられる。四臂像の印相は、右手第一、二手、左手第一、二手が与願印、数珠、蓮華、梵夾を基本形に、判明するもので、水瓶、羂索、三鈷、輪宝などが持物として加わる。獣皮などを腰に巻く作例もみられ、六臂、八臂、十臂、十二臂のなかには、不空羂索観音である可能性の高いものもある。菩薩像と一部の明王像に集中しており、如来像はほとんどみられない。

女尊は、二臂、四臂、六臂、八臂、十二臂、十四臂、十八臂が確認された。推定制作年代は8〜13世紀頃、出土地は中部ジャワ、東部ジャワ、西ボルネオなどである。各々の尊については、今後の検討が課題となろう。ターラー、プラジュニャーパーラミター、チュンダーについて、可能性のあるものを提示した。インドネシアでは、ターラーは碑文にも「多羅菩薩を祀る」とあることから、当地において重要視されていたことがわかる。チュンダーについては、中部ジャワの8世紀建立とされるチャンディ・ムンドゥットの壁面にも類形の四臂の女尊像が刻まれており（図16）、8世紀頃より祀られていたことが推察される。チュンダーを壁面に表現することはインドでも行われていた。密教系尊がインドの像容を伝えながら、8〜13世紀頃に中部ジャワ地域を中心に広く制作されていたことが確認された。

第4節　金剛部尊

金剛部とは、密教の金剛界マンダラを構成する五仏の五智をあらわした尊格グループのひとつである。密教の経典である『金剛頂経』の注釈書のなかには、五智（法界体性智・大円鏡智・平等性智・妙観察智・成所作智）を司るという五如来について説明がなされていることがある。それは大日如来を中心として、周囲

第2章　インドネシアの宗教美術における鋳造像　163

東南西北に四如来を配した形をとり、五仏とも呼ばれる。この五仏を関連する部族に分けると、金剛界マンダラには、仏部（如来部・大日）、金剛部（阿閦）、宝部（摩尼部・宝生）、蓮華部（無量寿）、羯磨部（迦嚕摩部、不空成就）の5部がある。これらは、大日経所説（胎蔵部）の仏部・蓮華部、金剛部という三部のさらに発展したものと考えられる。この『金剛頂経』に説かれる金剛界マンダラと、『大日経』に説かれる胎蔵マンダラを、両部マンダラもしくは両界マンダラと呼ぶが、この両者を一具として理解し、重視する思想は、中国の唐代、空海の師恵果あたりからはじまり、空海によって真言密教のなかで確立したとされる[413]。本書では、この区分にしたがい、金剛部に属する像を、金剛部系尊格として、分類を行いたい。

　インドネシアでは、前節の通形の密教系尊格のほかに、五部族のうち仏部と金剛部に属する作例が確認できた。本節では、仏部の大日如来と、金剛部系の尊格[414]である、金剛手、金剛薩埵、持金剛、降三世について考察したい。

第1項　大日如来

1．大日如来という尊格

　大日如来は、密教、とくに中期密教を象徴する仏で、すべての仏たちは大日如来の形を変えたあらわれであるともいえる[415]。密教の胎蔵・金剛界からなるマンダラでは、いずれも中央に位置し、マンダラ全体を統括している。名称については、中期密教経典の『大日経』の本尊となる毘盧遮那（Vairocana）如来を、漢訳者の善無畏と一行の師弟が「大日如来」と訳出したことによる。同経に説かれるマンダラは、「大悲胎蔵生（大いなる仏の慈悲の母胎から生じた）曼荼羅」と呼ばれ、同尊を「胎蔵大日」という。胎蔵大日は、遺品は存在しないとされていたが、佐和隆研氏と頼富本宏氏により像に刻まれた真言と像容の照合によって、東インドのオリッサ地方に数軀の胎蔵大日如来像の存在が明らかにされた[416]。長髪を冠のように結い上げ、定印を組む像容を呈するものと、長髪に宝冠をかぶるものの2種があることが確認された[417]。中期密教経典の中心となった『初会金剛頂経』の本尊としては、金剛界（Vajradhātu）大日があり、「あらゆるものを知る智慧（一切智智）を象徴する印である智拳印[418]を結ぶ[419]。金剛界大日も東インドを中心に数軀発見されている[420]。

164

次に、インドネシアの大日如来像に関する典拠を、経典、注釈、図像画などにみてみたい[421]。インドネシア関係の仏典は、日本では岩本裕氏、石井和子氏の研究に詳しい[422]。インドネシアにおいて金剛界マンダラの儀軌として用いられたと考えられる梵文の『サン・ヒアン・ナーガバーユスートラ(Sang Hyang Nāgabāyusūtra)[423]』に、大日如来は智拳印を結ぶとの記述がみられ、古インドネシア語の儀軌『カルパブッダ(Kalpabuddha)[424]』にも五仏の大日如来についての記載がある。一方、古インドネシア語の『サン・ヒアン・カマハーヤーニカン』では金剛界の五仏の一つに大日如来の記述をみるが、その印相は「dhvaja」とされる[425]。『サン・ヒアン・カマハーヤーナン・マントラナヤ[426]』があり、また14世紀頃のマジャパイト年代の『スタソーマ』32章10節[427]、『アルジュナウィジャヤ』278章4節[428]、『クンジャラカルナ』17章1節[429]などに大日如来が智拳印を結ぶとの記述がみられる。これらの現地資料は10世紀以降の成立ではあるが、インドネシアにおいて金剛界系の密教が流伝したことを裏付ける資料となるであろう。

2. 作例

インドネシアの銅造の作例では、智拳印を結ぶ作例が101軀(如来形78軀・菩薩形23軀)確認でき、ほかに転法輪印の作例が1軀[430]、胎蔵大日如来については、銘文および文献資料による確認のできるものはなかったが、その可能性のある作例が1軀みられる[431]。これらの作例を分析すると、智拳印像が多数出土していること、および如来形像が全体の約8割を占めること、小鋳造像(7.8~30.5cm)であることが特徴としてあげられる。四面二臂の菩薩形像が3軀、さらに大日如来に明妃を伴う像(1つの方形台座において対をなす二尊形式の像)が三組みられ、非常に注目される。材質は、現状で青銅のものが87軀と約8割を占め、次いで金製で11軀、銀製が2軀、青銅鍍金が1軀である。制作推定年代は、資料によれば如来形、菩薩形ともに8~13世紀にわたり、判明している出土地は中部ジャワ、東部ジャワ地域である。この両時期に大日如来像が礼拝の対象とされていたことが推察される。以下、作例をみていきたい。

如来形・智拳印

如来形像については、確認された78軀のすべての印相は智拳印である。代表的な作例を東京国立博物館蔵像(図137)にあげると、材質は青銅、推定制作年代[432]

第2章　インドネシアの宗教美術における鋳造像　165

は8〜9世紀頃で、中部ジャワ地域で出土した。総高が19.2cm、頭部は肉髻、螺髪状で、頂上部に宝珠形をのせる。法衣は偏袒右肩に纏うが、体の輪郭がわかるほど薄い。蓮華座上に吉祥坐にくみ、宝珠形頭光、およびその挙身光（玉座形式）、天蓋を有する。以上のように、この像は当初の形（天蓋、頭光、挙身光、蓮華座、方形台座）を備えており、亡失部が多い他の作例の細部を確認するときに形態的な基準となる作例である。

　全体として智拳印を結ぶ如来形像の形状は、総高が最高20.0cm（天蓋部分が欠損）、頭部は肉髻が突起状に盛り上る螺髪状、すべての像において装身具はつけず、法衣は薄く、偏袒右肩もしくは、通肩に纏い、くびれた腰、膝上に衣端が三角状にかかるなどの様式がみられる。多くの像に天蓋を有する形態がみられ、光背は頭光が宝珠形・楕円形・円形・花形の透かし彫りの順に多い。またさまざまな形の挙身光がみられ、葉形のもの、葉形や円形の下部が外側に反り返るもの、円形や葉形の下部が方形状のものなどがあり、それらに透かし彫りが施されるものもある。そしてその外周はみな火焔状に表現され、その内側を線や連珠で縁どる様式をとる。坐法は結跏趺坐が多数を占め、若干、半跏趺坐（左脚上に右脚）がある。台座は蓮華座で、その下に方形台座を有する形式が多い。方形台座には台座の縁に装飾のあるもの、四弁の花形状と縦線の透かし彫りが側面に施されたもの、正面が彫刻されたものがある。さらに像底内部に経巻の類と思われる納入物のあるものが2軀みられる。

菩薩形・智拳印

　菩薩形は、代表的な作例をソノブドヨ博物館蔵像（図138）[433]にあげると、材質は銀製、推定制作年代は10世紀頃。総高16.4cm、頭部は宝冠を戴き、垂髪が両肩に下がる。上半身は条帛をつけ、下半身は裙を着ける。耳飾、胸飾、臂釧、腕釧をつけ、蓮華座上に吉祥坐にくみ、挙身光と天蓋を有する。また頭部と背中と腰の背部、3カ所が光背に固定されており、頭光はなかったものと思われる。台座は蓮華座に、四面に独特の透かし彫りのある方形台座。蓮華座と台座の接続部分は損傷のため離れている。全体に精巧な造りで、とくに光背の挙身光の透かし彫りが際立つ。当初の形態を備える作例である。

　全体として智拳印を結ぶ菩薩形像の形状は、総高が最高29.0cm（天蓋有り）、頭部は宝冠や髪髻冠。耳飾、胸飾、臂釧、腕釧の装身具をつけ、上半身は条帛や

図137　　　　　　　図138　　　　　　　図139

連珠飾りをつけるものもあり、下半身には裙を着ける。坐法は結跏趺坐と半跏趺坐（左脚上に右脚）が約半数の割合で、台座は現状では蓮華座と、蓮華座の下に方形台座を有するものがみられ、方形台座に透かし彫りが施されたものもある。

四面二臂で智拳印を結び、金剛杵を握る菩薩形

　3軀が確認される。代表的な作例をジャカルタ国立中央博物館蔵像（図139）[434]にあげると、材質は青銅、推定制作年代は11世紀頃、東部ジャワのンガンジュク出土である。総高が30.5cm、頭部は四面それぞれに宝冠台をつけ、中央上部でさらに1つの宝冠を戴く。四面二臂で金剛杵を握る。耳飾、胸飾、臂釧、腕釧の装身具をつけ、上半身は条帛をつけ、下半身に裙を着ける。天蓋を有し、光背は背部の顔面がみえるように、くりぬかれた透かし彫りの挙身光（玉座形式）にカーマ、マカラ、象などが表現される。坐法は半跏趺坐（左脚上に右脚）。台座は蓮華座に方形台座で、方形台座表面には装飾が施されており、台座下部の正面中央には浮き出る形の獅子の像が1軀と、四弁の花形状と縦線の透かし彫りが入る。この像は量感に富み、光背に彫刻が施され、台座に獅子の像が備わる。この作例は松長恵史氏による金剛界系のマンダラの中尊として考えられている。[435] ほかの2

第2章　インドネシアの宗教美術における鋳造像　167

軀については、この作例ほど完成度が高いとはいえないが、台座に獅子を置くなど、像容がほぼ同形である。

大日如来像に明妃を伴う作例

　智拳印を結ぶ大日如来像の左側に、女尊の明妃が配されている像が三組ある。大日如来は如来形像が２軀、菩薩形像が１軀で、女尊はすべて転法輪印を結ぶ菩薩形像である。代表的な作例をジャカルタ国立中央博物館蔵像（図140）にあげると、材質は青銅、推定制作年代は８〜12世紀頃、出土地は中部ジャワである。像高は17.0cm、智拳印を結ぶ如来形像は、肉髻が螺髪と区別がつくほど突起状に盛り上がり、法衣は偏袒右肩で脚部全体に薄く掛かる。転法輪印を結ぶ明妃の菩薩形像は、宝冠を戴き、垂髪が両肩に下がる。耳飾、胸飾、臂釧、腕釧をつけ、上半身は胸部の膨らむ裸形で、下半身に裙を着ける。各尊に天蓋があり、光背は各尊の背後が葉形に盛り上がる一続きの挙身光。頭光は２軀とも宝珠形、坐法は半跏趺坐（左脚上に右脛）で、台座は各尊に蓮華座があり、装飾が施された１つの方形台座上にのる。台座下部は欠損。また、この像に関しては明妃の左側に蓮華茎があり、蓮の上に経典をのせているところより般若波羅蜜を象徴していると考えられる。

　大日如来が明妃を伴うほかの二組に関しても、二尊の配置は同じ。頭光、坐法は対の像と同じ形式をとる。光背は如来形と同系、台座は各尊に蓮華座があり、１つの方形台座にのる。この二組においては、明妃の像高がやや低い。

転法輪印を結ぶ菩薩形像の作例

　ジャカルタ国立中央博物館蔵像（図141）の１軀のみである。その形状は、総高は17.2cm、頭部に五仏宝冠を戴き、垂髪が両肩に下がる。耳飾、胸飾、臂釧、腕釧をつけ、上半身に条帛をつけ、下半身に裙を着ける。光背は亡失し、円台にほぞ穴が残る。坐法は吉祥坐。台座は円台と蓮華座の間に七頭の獅子が放射状に七方向を向くように配され、透かし彫りの方形台座上にのる。この作例は朴亨國氏により大日如来と比定されたものである。

　次に作例を各形態に分け、その文献資料をみることとする。まず、作例に多くみられる智拳印の典拠をあたると、その形態は『初会金剛頂経』「金剛界品」にもとめられ、その様相は「金剛拳を堅く握って、等引せる者はそを両にすべし。

図140　　　　　　　　　　図141

（それらを）両の金剛印となして、それから縛がなされる。左の金剛指が立てられ、（それが）右（の金剛拳）によって握られる[440]」と詳しく説かれている。

　智拳印を結ぶ如来形の文献資料は、金剛智訳『金剛峰楼閣一切瑜伽瑜祇経』巻下「一切如来内護摩金剛軌儀品」第10があげられる。「主身如仏形、智拳住悲愍、此名扇底迦[441]」とあるように金剛界遍照如来は仏形にして智拳印を結ぶとあり、金剛界系において如来形を説いた文献資料といわれる。インドにおける現存作例はオリッサ州のラリタギリ遺跡に8世紀頃の石像が2軀みられる[442]。

　智拳印を結ぶ一面二臂の菩薩形の文献資料は、金剛智訳『金剛頂瑜伽中略出念誦経』（以下、略出念誦経）巻第3に「以此羽金剛指。以観羽手。応執之。此名菩提最上契。（略）応当想毘盧盧遮那尊首。坐於壇中央。結加（跏）趺坐。有大威徳。色如白鵝。形如浄月。一切相好皆円満。垂髪以繒綵軽妙天衣。繞腰披𧛎而為上服[443]」とあるように宝冠を戴き、菩提最上の印（智拳印）を結ぶ菩薩形であることが説かれる。

　さらに不空訳『金剛頂経一字頂輪王瑜伽一切時処念誦成仏儀軌』に金剛宝冠を戴き、獅子座に坐す智拳印の菩薩形が説かれ[444]、『初会金剛頂経』「金剛界品」を基に描かれた園城寺蔵『五部心観[445]』「金剛界大曼荼羅図及観想門第一」に五仏宝冠

を戴き、七頭の獅子座に坐す智拳印を結ぶ菩薩形がみられ、「金剛界微細曼荼羅第三」に宝冠を戴き、蓮華座に坐す智拳印を結ぶ菩薩形がみられる。インドにおける単独尊の現存作例に、西北インドのスワートに8～9世紀頃の青銅像（17.8cm、六頭の獅子座）、スワートもしくはカシミールに8～9世紀頃の青銅鍍金像[446]（11.0cm、七頭の獅子座）、スワートとされる9世紀頃の青銅像[447]（33.2cm、七頭の獅子座）[448]、オリッサ州のウダヤギリ遺跡に9世紀頃の石像（蓮華座、台座と石版上部に2軀ずつの供養菩薩）[449]がみられる。

　智拳印に金剛杵を握る四面二臂の菩薩形の文献は、アーナンダガルバ（Ānandagarbha）の『サルヴァヴァジュローダヤ（Sarvavajrodaya）』[450]に「その（マンダラ）において、世尊毘盧遮那は（身色）白色で、金剛結跏坐にして獅子座に坐し、覚勝印（智拳印）にて五鈷杵をもち、日（輪の）光（背）あり、綾絹の（内）衣と上衣を着し、四面で宝冠と繒綵を受職し（頭頂に戴き）、主たる面は東に向けたまえり」とあるように宝冠を戴き、覚勝印（智拳印）に五鈷杵を持し、獅子座に坐す四面菩薩形であることが説かれる。また少し年代は下がるが、アバヤーカラグプタ（Abhayākaragupta）の『ニシュパンナヨーガーヴァリー』[451]に獅子の上の二重蓮華の上に坐す五仏の宝冠を戴いた四面八臂の菩薩形が、智拳印を金剛を持ちながら結ぶことが説かれる。また、一面二臂で智拳印を金剛をもちながら結ぶこともあると記されている。

　インドにおける現存作例は、ナーランダーに9～11世紀頃の青銅鍍金像（23.2cm、台座四隅に四頭の獅子座）[452]がある。ただし『初会金剛頂経』などによると、金剛杵は持さずに、智拳印を結ぶ四面二臂の菩薩形が説かれている。すなわち『初会金剛頂経』「金剛界大曼荼羅品」に「金剛界如来を加持して（一切如来）たるの資格を授け、一切如来の獅子座に一切方に向いて座らせた」[453]とあるように一切方に面を向け、獅子座に坐すことが説かれ、不空訳『金剛頂一切如来真実摂大乗現証大教王経』巻上[454]、施護訳『仏説一切如来真実摂大乗現証三昧大教王経』巻第1[455]、シャーキャミトラ（Śākyamitra）の『コーサラーランカーラ（Kosalālaṃkāra）』[456]、アーナンダガルバの『タットヴァーローカカリー（Tattvālokakarī）』[457]に同様の記述をみる。また『略出念誦経』巻第1[458]、不空訳『金剛頂経大瑜伽秘密心地法義訣』巻上[459]に獅子座に坐す四面毘盧遮那が説かれる。インドにおける現存作例は、ナーランダー出土の10～11世紀頃の石像（二頭の獅子座）[460]、出土地不明パーラ朝の10世紀頃の青銅鍍金像（13.7cm、台座欠損）[461]などがあげられる。

170

　大日如来が明妃を伴う文献資料は、『サン・ヒアン・カマハーヤーニカン』に「〈金剛界自在母は大智と美を有し、また良くつくすゆえ、六波羅蜜と称される。〉吉祥成る金剛界自在女（Vajradhātvīśvarī）はその知恵もすばらしいのですが、とても美しく、夫である毘盧遮那に良くつくしており、六波羅蜜を本質としているのです」[462]と説かれ、インドでは同形式の作例はみあたらないが、後期密教になると、大日如来に限らず明妃を伴う像は多くみられる[463]。

　転法輪印を結び、七獅子座に坐す菩薩形の文献資料[464]は、その形態を明記した経典はみあたらないが、菩薩形が獅子座に坐す文献は、前述の経典や作例のほかに、善無畏訳『仏頂尊勝心破地獄轉業障出三界秘密三身仏果三種悉地真言儀軌』[465]、金剛智訳『金剛頂経瑜伽修習毘盧遮那三摩地法』[466]などがあげられる。七獅子座については、善無畏訳『尊勝仏頂修瑜伽法儀軌』巻下[467]に法界印の菩薩形、『五部心観』[468]に智拳印の菩薩形、達磨栖那訳『大妙金剛大甘露軍拏利焰鬘熾盛仏頂経』[469]などにその形態があげられる。インドにおけるこの形態の現存作例はみあたらないが、この像に関しては、大日如来像で転法輪印を結ぶ如来形像が９〜12世紀頃にオリッサ、ジェーワリ、ビハール、ナーランダーに多数認められること[470]より、それらを作例として、菩薩形においても転法輪印にて、五仏宝冠を戴き、七獅子座に坐していれば大日如来像と認めうるものと思われる。なお、大日如来像における智拳印と転法輪印の関連については、諸氏による検討がなされている[471]。

　以上、インドネシアで出土した大日如来像の文献資料をあたると、金剛界系の密教経典にその典拠を見出し得る。ゆえにインドネシアにおいては、これらの作例をみることより、８世紀頃には中期密教が伝播していたと考察できる。またインドにその作例をあたると、智拳印を結ぶ如来形像はオリッサ地方ラリタギリに８世紀頃の作例がみられ、智拳印を結ぶ菩薩像は８〜９世紀に西北インドのスワートに青銅像がみられ、智拳印と転法輪印の七獅子座の菩薩形に関してはまったく同系のものは現在のところ報告はされていない。インドネシアの大日如来像との形態の関連には今後の検討を要するが、こうしたインド地域との関わりは深いものと思われる。

　これまでみてきたようにインドネシアでは、小金銅造の大日如来像が多数出土しており、智拳印を結ぶ作例が多いことから、一時期とはいえ、金剛界系の密教、とくに中期密教が主導的形態であったのではないかと推察される。そしてシャイレーンドラ朝の中部インドネシアにおいて展開し、東部インドネシアの13世紀頃

まで存続したものと思われる。

　また、インドネシアの大日如来像の形態については、その影響はインドからの
ものによると考えられる。しかしインドでは単独尊の菩薩形の智拳印像が多いの
に比べ、インドネシアでは如来形の智拳印像が多い。インドにも、インドネシア
にも、そして文献資料にも両像があったので性急な結論を出すことは難しいが、
いずれかを選ぶ傾向があったのだろうか。インドネシアでは、如来の大日如来が
多いのに対し、日本では菩薩形の作例が圧倒的に多い。

　マンダラの中尊としては、松長恵史氏による研究が詳しい。[472]図139にみられる
ように、インドネシアでは東部ジャワのンガンジュク地方の青銅立体マンダラが
確認され、『サルヴァヴァジュローダヤー』、『タットヴァーローカカリー』、『ニ
シュパンナヨーガーヴァーリー』などを参照して制作された中期密教から後期密
教の過渡期の作例とされる。[473]

第2項　金剛手

1．金剛部系の尊格

　前節では、仏部の大日如来について考察を行った。以下、金剛部系尊格に属す
る金剛手、金剛薩埵、持金剛、降三世などについてのべたい。このうち、金剛
手・金剛薩埵などの図像変化、その教理については、数多くの研究がなされてき
ており、[474]インドのパーラ朝に限った作例については、森雅秀氏による詳細な報告
がされている。[475]インドネシアの作例は、パーラ朝のそれと類似性がみられる。イ
ンド全域を網羅した作例報告は現在までなされていないことから、個々の源流の
特定には至らないが、この時代のものを比較作例としてあげたい。

　インドネシアの金剛部系尊格のなかには、集合尊も含まれるが、それについて
は、松長恵史氏によって研究がなされている。[476]本書では、現在、博物館などに単
独で所蔵されている金剛手、金剛薩埵、持金剛・降三世などの作例に限定し、と
りあつかうこととする。筆者がこれまでに確認できた作例は、まず金剛手は金剛
杵を伴う像が31軀、[477]金剛薩埵が鈴杵を伴う像が9軀、鈴を左手に執る像が2軀。[478]
持金剛が3軀、降三世が3軀で、法具として象られた厥が1例確認された。

　以下、これらの尊格についてその萌芽をインドにもとめていきたい。

　これらの尊格の萌芽はすでにインドにおいてその作例が認められる。金剛杵、

すなわち雷を持つ神や雷を神性とする神は洋の東西を問わず、古くからみられる。

インドでは、金剛杵を持つ尊格は古くは『リグ・ヴェーダ』のなかに登場するインドラ神が知られている。2～3世紀のマトゥラー出土のインドラ神に、右手を腰にあてて金剛杵を執る作例があげられる。本像における三叉状の金剛杵の形は、後世の密教における金剛杵の原型としても注目される[479]。

仏教では「仏伝」に金剛杵を手にする作例がみられる。1世紀末のガンダーラ地方（クシャーン朝）の作例に、釈迦を護衛する形でインドラ神（帝釈天）としてあらわれ、左手に杵形の金剛杵を手にする作例がみられる[480]。三尊像の脇侍としてあらわされたものとしては、2世紀のマトゥラー近くのアヒチャトラー出土（クシャーン朝）に作例がみられ、右脇侍として右手に金剛杵を持っている[481]。脇侍としてあらわされるようになったことは、その表現対象の重要度が増したことを意味するといえよう。菩薩として脇侍に観音とともにあらわされる作例が西インドの石窟を中心に多く認められる。その一例として、アジャンター石窟第4窟の仏殿内における三尊像の左脇侍としてあらわされたもので、左手に三鈷状の金剛杵を執る作例があげられる[482]。また、明らかに密教の金剛手として認められるものは、8～9世紀のエローラ第11～12窟の仏三尊形式の左脇侍菩薩、および八大菩薩のなかでみられる[483]。この八大菩薩の本尊に関しては、釈迦や胎蔵界大日などの諸説があるが、向かって左が観音、右が金剛手とみられ、左手で持つ蓮華の上に金剛杵が垂直にあらわされる。インドにおいては、すでに1世紀頃より金剛部系尊格の原型があったことが認められる。

8世紀頃には、右手に金剛杵、左手に金剛鈴を持つ金剛薩埵がみられる。サールナート出土の金剛薩埵は右手手首から先が欠損するが、胸前で金剛杵を垂直に立て、左手で鈴を腰のあたりに置いている[484]。また、インドでは数少ないが、現存作例の降三世が10世紀頃のボードガヤー出土（ナーランダーで制作か）にみられる。四面の顔は牙をつけた忿怒相であらわされ、左右第一手で降三世印を結び、右手に金剛杵、左手に鈴を握り、胸前で両手の小指をからめて交差させている。右手第二～四手には剣、鈎か棒？、矢？、左手第二～四手には輪宝、弓、羂索を持つ。足下には左足でマヘーシュヴァラ（大自在天）の頭を、右足でその妃のウマー（烏摩）の胸を踏みつけている[485]。インドにおける四面八臂像の作例としては、このボードガヤー出土の作例とパトナ博物館所蔵のナーランダー出土とされる像[486]などがあげられる。

一面二臂像については、オリッサ州立博物館所蔵のアチトラジプル（Achtrajpur、オリッサ地方）出土の像[487]とニューデリー国立博物館所蔵のビハール出土とされる像[488]があげられる。ただし2例とも左右第一手で金剛杵、金剛鈴を握り、降三世印を結ぶ。

　なお、同じ降三世であっても、四面八臂像をトライローキャヴィジャヤ（Trailokyavijaya）、一面二臂像をヴァジュラフームカーラ（Vajrahūṃkāra）と呼んで区別する説もある。

2．作例

　筆者がこれまで確認した銅造の金剛手の総数は31軀である。金製の1軀以外は青銅製である。時代は8〜13世紀頃、中部ジャワ、東部ジャワなどに出土し、博物館に所蔵されている場合が多く、その場合、単独尊とみなさ

図142

れている。石像では、中部ジャワ地域のチャンディ・ムン・ドゥット壁面の浮彫像がみとめられる（図15）[489]。

　さて、この金剛手については、その形状から大きく2つに分けられる。

1．金剛杵を直接手に執るタイプ（17軀）
2．蓮華上に金剛杵がのるタイプ（14軀）

以下、作例をあげることとする。

1．金剛杵を直接手に執るタイプ

　金製の1軀以外は青銅製である。総高は、6.0〜24.7cm、出土地は判明するもので中部ジャワ地域に多く、時代は8〜13世紀にわたる。形状の面から金剛杵の持ち方で3つのタイプに分けられる。金剛杵を胸前で①抽擲（垂直に立てる）するタイプ、②垂直にのせるタイプ、③握るタイプである。①②のタイプについては、ともに金剛杵を体の中央に垂直にあらわすことが共通する。ただし、金剛杵の下部、鈷先の下方に指先が位置するものを①抽擲するタイプとし、鈷先の下方に掌

174

　　　　　図143　　　　　　　図144

が位置するものを②垂直にのせるタイプとする。現存する作例では、③握るタイプが多くみられる。

　①抽擲するタイプの作例は1軀。オランダのトロッペン博物館所蔵の立像（図142）[490]をあげると、青銅製、総高13.3cm、時代は8〜10世紀頃、出土地は中部ジャワ。頭部は宝冠を戴き、垂髪を両肩に垂らし、耳飾、胸飾、細腹帯臂釧、腕釧、足釧をつけ、聖紐を左肩より右脇にかけて掛ける。上半身裸形で下半身に裙を着ける。右手を屈臂し、胸前で抽擲して金剛杵を垂直に立てる。左手は左腰のあたりにつけ、蓮茎を執り、左肩あたりに青蓮華がみられる。蓮肉のみの台座上に立つ。

　②垂直にのせるタイプの作例は、半跏趺坐像が1軀、立像が1軀の計2軀。時代は8〜13世紀頃。坐法に関わらず右手を胸前で屈臂し、金剛杵を垂直にのせ、左手に蓮茎を執る。ジャカルタ国立中央博物館所蔵の立像（図143）[491]に例がみられる。

　③握るタイプの作例は、半跏趺坐像が7軀、遊戯坐像が1軀、立像が6軀の計14軀。時代は8〜13世紀頃。坐法に関わらず右手を屈臂し、胸前方で金剛杵を握る。左手は、坐像は左膝背部の台座に手をつくか、左腰あたりに置く。立像は左

第2章　インドネシアの宗教美術における鋳造像　175

腰前あたりに置く。坐像はすべて蓮茎を左手に執り、立像は執らない作例が多い。金剛杵の形状は1例のみ五鈷杵で、独鈷杵が主流を占める。

　大英博物館所蔵の立像（図144）では、青銅製、総高24.7cm、時代は10〜11世紀頃。頭部は宝冠を戴き、垂髪を両肩に垂らし、耳飾胸飾、臂釧、腕釧、足釧をつけ、聖紐を左肩より右脇にかけて掛ける。頭光は、火焔状の縁どりのされた円形頭光で、透かしが施される。上半身裸形で下半身に裙を着ける。右手を屈臂し、胸前方で独鈷杵を握る。左手は左腰前のあたりに置く。左脚をやや屈脚させ、蓮華座上に立つ。この作風や光背のつくりなどが類似する作例に、蓮華手、阿弥陀、大日如来などもみられる。また、大英博物館像の形状に類似するものが、当地のチャンディ・ムンドゥットの外壁南面にみられる。

図145

　これらの尊像の持物の持ち方で同形をインドの作例にもとめると、①抽擲するタイプは、オリッサのウダヤギリの石像にみられ、②垂直にのせるタイプは、ボードガヤーかナーランダー出土とされるカルカッタのインド博物館所蔵の石像、ナーランダー出土のナーランダー考古博物館所蔵の石像、ビハール出土のニューデリー国立博物館所蔵の八大菩薩のうちの一尊などがあげられる。③握るタイプは、ナーランダー出土のナーランダー考古博物館所蔵の石像（左脇侍）などがあげられる。

2．蓮華上に金剛杵がのるタイプ

　青銅像が総高6.8〜23.0cm、出土地は判明するもので中部ジャワ地域に分布し、時代は8〜10世紀頃にわたる。坐法、蓮華の上の金剛杵の向きに関わらず、右手を屈臂（抽擲状に）して胸前に置くか、右膝頭において与願印を結ぶかの2通りで、左手はすべての作例が蓮茎を執り、その蓮は青蓮華である場合が多い。また、蓮華上にのる金剛杵は、五鈷杵ないし三鈷杵（五鈷を意識したものと思われる）

図146

形状をとる。蓮華上の金剛杵ののせ方は、①垂直と②水平の2つのタイプに分けられる。

　①垂直にのるタイプの作例は、半跏趺坐像が3軀、遊戯坐（踏み下げ）が3軀、立像が1軀の計7軀。時代は判明するもので8〜10世紀頃、坐像は右手を胸前で屈臂（抽擲状に）するか、もしくは膝頭に置いて与願印を結び、立像の場合は右手を胸前で屈臂（抽擲状に）する。左手は、坐法に関わらず、すべて蓮茎を執る。

　ウィーン民族学博物館所蔵の遊戯坐（踏み下げ）像（図145）では、青銅製、総高9.3cm、頭部は宝冠を戴き、垂髪を垂らし、耳飾、胸飾、臂釧をつけ、聖紐を左肩より右脇にかけて掛ける。頭光は透かしが施された宝珠形。上半身裸形で下半身に文様入りの裙を着ける。右手は膝頭に置いて与願印を結び、左手は左膝後方の台座上につき、蓮茎を執る。青蓮華上に金剛杵が垂直にのる。踏み下げ蓮華付きの蓮華座上に坐す。

　②水平にのるタイプの作例は、遊戯坐（踏み下げ）像が6軀、立像が1軀の計7軀。時代は判明するもので8〜10世紀頃。遊戯坐像の場合、右手を胸前で屈臂（抽擲状に）する1軀以外の作例は、膝頭において与願印を結ぶ。左手はすべての作例が左膝後方台座上につき、青蓮華の茎を執る。立像は、両腕を前方に屈臂し（右手腕先欠損）、蓮茎を執る。

　ラディヤプスタカ博物館所蔵の遊戯坐像（図146）では、青銅製、総高17.5cm、時代は9世紀初〜9世紀中頃、出土地は中部ジャワ。右手は膝頭に置いて与願印を結び、左手は左膝後方の台座上につき、青蓮華の茎を執る。左手で執る蓮華の上に金剛杵がのるタイプをインドにもとめると、①垂直にのるタイプは、前述のエローラ第12窟の八大菩薩の一尊や、ナーランダー出土のコルカタ・インド博物館所蔵の石像[502]、②水平にのるタイプは、オリッサのラリタギリの石像[503]、ラトナギリの石像[504]、奉献塔の龕内の浮彫り[505]などにみられる。

第2章　インドネシアの宗教美術における鋳造像　177

　以上のように、インドネシアに現存する金剛手の姿勢は、坐像と立像に分かれ、坐像は結跏趺坐と半跏趺坐と遊戯坐とが認められるが、手印とは密接な関係はもたない。また形状から「1. 金剛杵を直接手に執るタイプ」と「2. 蓮華上に金剛杵がのるタイプ」の2つに分けられ、「1. 金剛杵を直接手に執るタイプ」の場合、金剛杵を①抽擲するタイプと②垂直にのせるタイプ、③握るタイプがあり、現段階では、③握る作例が多い。左手は①②③いずれも青蓮華の茎を執る作例が多くみられる。また、「2. 蓮莖上に金剛杵がのるタイプ」の場合は、左手で蓮莖を執り、青蓮華上に金剛杵がのる。金剛杵は、①垂直にのるタイプと②水平にのるタイプがみられる。右手は坐法の場合、多くは右膝において与願印を結び、立像は胸前で抽擲状の形状をとる。坐法は遊戯坐がよくみられる。また、金剛杵のかたちとして、独鈷と三鈷（五鈷をあらわしたものか）と五鈷とがあり、「1. 金剛杵を直接手に執るタイプ」中、①抽擲するタイプと②のせるタイプと、「2. 蓮華上に金剛杵がのるタイプ」は五鈷杵が多く、③握るタイプは五鈷杵もあるが、独鈷杵が多いことを特徴とする。

　日本では、こうしたタイプの金剛手、とくに菩薩形タイプの金剛手はほとんどなく、奈良・東大寺の法華堂の秘仏の執金剛神が原初的な例として知られるのみである。

第3項　金剛薩埵

　筆者が確認した金剛薩埵像の総数は、現段階までで11軀である。材質はいずれも青銅製である。総高は9.0〜26.0cm、出土地は判明するもので中部ジャワ地域と東部ジャワ地域にみられ、時代は8〜12世紀にわたる。坐法は、結跏趺坐（3軀）、半跏趺坐（7軀）、遊戯坐（踏み下げ・1軀）、9〜12世紀頃とされる東部ジャワのンガンジュクや8〜10世紀頃とされる中部ジャワのスロチョロに金剛界系曼荼羅を構成した集合尊に金剛薩埵が含まれている[506]。現存作例のなかにも集合尊の一尊であったものが含まれているかもしれない。このことは、当地の仏教文献『サン・ヒアン・カマハーヤーニカン』に、一切衆生に対する悲に心を集中させること、金剛杵を体した心を「金剛薩埵三摩地」とするとあり、金剛薩埵を五如来の一尊としてあつかっていることからもうかがわれる[507]。なお、金剛薩埵を特定するのは、右手に金剛杵を、左手に金剛鈴を持っていることによる。

図147　　　　　　　　図148

　インドネシアにおいて金剛手と同様、金剛薩埵も重要であったと考えられるが、別軀の鋳造像という性格上、博物館では単独尊として収蔵されており、単独尊か集合尊かという当初の性格については、判断を保留しておきたい。
　さて、形状の特徴としては、金剛杵の持ち方があげられ、大きく分けて2通りがみられる。1.抽擲する（垂直に立てる）タイプと、2.握るタイプである。以下、作例をあげて考察したい。

1．抽擲する（垂直に立てる）タイプ

　このタイプは、2軀確認でき、いずれも青銅製で、坐法は、結跏趺坐と半跏趺坐である。時代は10～12世紀頃、出土地は判明するもので東部ジャワとされる。形状は、金剛手の抽擲する作例と同様、右手を胸前で屈臂し、金剛杵を垂直に立てる。金剛杵は、いずれも五鈷杵を意識した鈷部に膨らみのある形状となっている。左手は腰のあたりで金剛鈴を握る。
　ムプ・タントゥラル（スラバヤ）博物館所蔵の半跏趺坐像（図147）[508]は、青銅製で、総高11.0cm、時代は10～11世紀頃、出土地は東部ジャワ。頭部は宝冠を戴き、垂髪を両肩に垂らし、耳飾、胸飾、細腹帯臂釧、腕釧、足釧をつけ、上半身

第2章　インドネシアの宗教美術における鋳造像　179

図149

図150

裸形で下半身に裙を着ける。右手は胸前で屈臂して抽擲し、五鈷杵を垂直に立て、左手は腰のあたりで五鈷鈴を握る。蓮華座上に坐す。

2．握るタイプ

　このタイプは、9軀確認でき、すべて青銅製で、坐法は、結跏趺坐（3軀）と半跏趺坐（6軀）、遊戯坐（踏み下げ・1軀）である。時代は8～11世紀頃。出土地は判明するもので東部ジャワとされる。形状は右手で金剛杵を握り、握り方には3通りあり、①垂直に握るタイプが1軀、②水平に握るタイプが1軀、③鈷先を正面前方、もしくは斜め前に向けて握るタイプが5軀、欠損が2軀みられる。金剛杵を②水平に、③鈷先を正面前方、もしくは斜め前に向けて握る場合、手の甲は下方となる。金剛杵は判明するものは五鈷杵、または五鈷杵を意識した鈷部に膨らみのある形状となっている。左手は腰のあたりで金剛鈴を握る。

　①垂直に握るタイプの作例：ボゲム地域・歴史的古代遺物管理施設所蔵の半跏趺坐像（図148）[509]の一例のみ。右手は胸前で屈臂し、五鈷杵を垂直に握り、左手は腰のあたりで五鈷鈴を握る。

　②水平に握る作例：ジャカルタ国立中央博物館所蔵の半跏趺坐像（図149）[510]で

図151

は、青銅製、総高13.9cm、時代は9世紀後半〜10世紀頃。右手は胸前で屈臂し、手の甲を下にして五鈷杵を水平に握り、左手は腰のあたりで五鈷鈴を握る。方形台座上の蓮華座上に坐す。方形台座の正面中央には一頭の象、両端に獅子が各一頭彫られる。

③鈷先を正面前方、もしくは斜め前に向けて握る作例：オランダのアジア美術協会所蔵の半跏趺坐像（図150）では、青銅製、総高11.0cm、時代は10世紀後半〜11世紀前半頃。出土地は東部ジャワのンガンジュク。右手は胸前で屈臂し、五鈷杵の鈷先を斜め前に向けて握る。左手は腰のあたりで金剛鈴を握り、蓮華座上に坐す。

インドにおいても、金剛杵を、1.抽擲するタイプや、2.握るタイプの類似型が認められ、その作例としてはオリッサ州立博物館所蔵の青銅像などがあげられる。また、ラトナギリの奉献塔における龕中の浮彫りなどには、金剛杵を握るタイプの作例が多くみられる。

第4項　持金剛

筆者が確認した持金剛は3軀で三面六臂像が1軀、一面二臂が1軀、マンダラの形成していたとされる1軀である。ジャカルタ国立中央博物館所蔵の半跏趺坐像（図151）は、青銅製、総高20.5cm、時代は10〜11世紀頃。出土地は西部ジャワとされる。頭部に宝冠を戴き、三面で、耳飾、胸飾、臂釧、腕釧、足釧をつけ、左肩から聖紐を左肩より右脇にかけて掛ける。上半身裸形で下半身に裙を着ける。左右の第一手で金剛鈴と金剛杵を握り、その手を胸前で交差する持金剛独特の表現がとられる。それぞれ第二手、第三手に持物を持っていた形跡は残るが、持物については明らかではない。

インドにおいては、三面六臂で明妃を抱き、グヒヤサマージャとされる作例はあるが、本作例のように明妃を抱かない作例は現段階では知られていない。鈴杵

第2章　インドネシアの宗教美術における鋳造像　181

を持つ左右の第一手を胸前で交差する像容は、『秘密集会タントラ』など、後期
密教、無上瑜伽・父タントラ系の尊格にしばしばみられるところであり、本作
例もインドネシアでは珍しい後期密教系のものである可能性が考えられる。また、
ほかの２例は両手で金剛杵を執る一面二臂像である。いずれも密教の像として認
められる。

第5項　降三世

　四面八臂像が２軀と、頭部正面に一面を加えた五面八臂像が１軀、また、法具
の橛に刻まれた一面二臂の降三世が１例確認される[517]。橛以外の共通点は、降三世
印を結び、左足を伸ばす展左坐で、足首より下を欠損する１軀以外は、左足で大
自在天（マヘーシュヴァラ）を、右足でその妃（ウマー）の胸を踏む。それぞれ
について形状をのべたい。

　大英博物館所蔵の四面八臂像（図152）[518]は、青銅製、総高14.3cm、時代は10世
紀頃、出土地は博物館資料では中部ジャワのディエンとされる。頭部に宝冠を戴
き、耳飾、胸飾、臂釧、腕釧をつける。上半身裸形で、下半身に膝上までの裙を
着ける。裙正面に三角上の布（獣皮か）[519]が垂れ、腰に巻かれた紐の端が背面に下
がる。左右の第一手で金剛鈴と金剛杵を握り、その手を胸前で交差し、降三世印
を結ぶ降三世独特の表現がとられる。またそれぞれ第二手、第三手、第四手に持
物を持っていた形跡は残るが、その内容は明らかではない。展左の姿勢で左足下
に大自在天の胸を、右足下にその妃の胸を踏む。

　ジャカルタ国立中央博物館所蔵の四面八臂像（図153）は、青銅製、総高28.0cm、
時代は10～11世紀頃、出土地は東部ジャワとされる。左右の第一手で金剛鈴と金
剛杵を握り、その手を胸前で交差し、降三世印を結ぶ。また、持物としては、右
手第二手、第三手、第四手それぞれに、棒状？、輪宝、剣、さらに左手にはそれ
ぞれ棒状？、不明、弓が見出される[520]。展左の姿勢で、楕円形の蓮華座上に横たわ
る生殖器をあらわにした大自在天の顔面を左足で、その妃の胸を右足下に踏む。
大自在天は左手で独鈷杵を執り、ウマーは右手で五鈷杵を握る。

　ライデン国立民族学博物館所蔵の五面八臂像（図154、155）[521]は、青銅製、総高
17.0cm、宝冠上の正面に第三眼と牙を有する一面がみられ、四面はそれぞれ第三
眼と牙を有する忿怒相で、眼と歯は銀製の象嵌。耳飾、胸飾、臂釧、腕釧をつけ

図152

図153

る。さらに、仏坐像をあらわした輪状のものを首にかける。左右の第一手に持物は持たず、胸前で交差し、降三世印を結ぶ。左右の第二〜四手にかけて持物はない。第四手は親指と中指を結び、当初より持物はなかった可能性もある。足首より下は欠損する。

ボゲム地域・歴史的古代遺物管理施設所蔵の橛（図156）は、一面二臂の上半身のみをあらわす。青銅製、総高10.6cm、時代は8〜10世紀頃、出土地は中部ジャワのスルマン（Sleman）。頭部正面に髑髏の頭飾をつける。高く髻を結いあげて焔髪髻をなし、結い紐が両肩に垂れる。

第2章　インドネシアの宗教美術における鋳造像　183

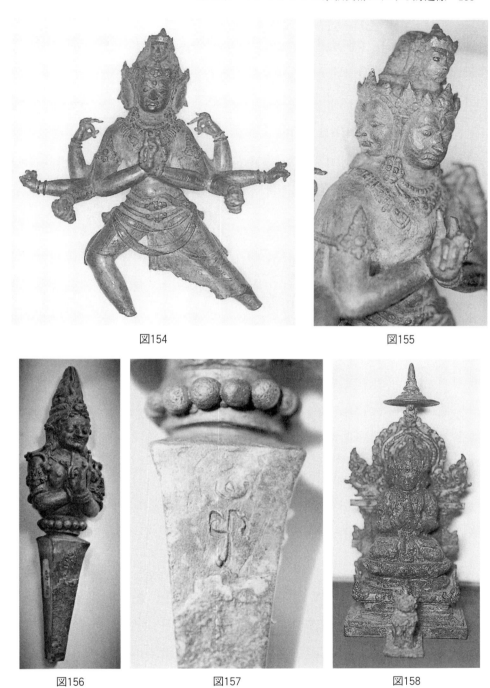

図154　　　　　　　　　　　　　図155

図156　　　　図157　　　　図158

184

面相は、大きく眼を見開き、牙を有する忿怒相。腰から下はあらわさず、像と橛の境目を連珠で巻く。左右の手は持物を持たず、胸前で交差し降三世印を結ぶ。橛正面上部に梵字状の一文字がみられる（図157）が、制作当初に彫られたものかは不明である。

第6項　マンダラ尊

　松長恵史氏により、マンダラ構成尊について研究がなされている。中部ジャワのスロチョロに10世紀初め頃、後期密教の母タントラに属する『サマーヨーガタントラ』等に説かれるマンダラと合致するとの見解が提示された[523]。また、東部ジャワのンガンジュクでは『タットヴァーローカカリー』等を参照した曼荼羅がみられる[524]。これらの青銅製の曼荼羅は、ともにインドには報告がなく、中期密教から後期密教への過渡期の密教遺品として貴重なものである[525]。また、ムプ・タントゥラル（Mpu Tantular）（スラバヤ）博物館に一群をなす像がある。ンガンジュクマンダラと同形の四面大日如来がみられる（図158）。マンダラを構成していた可能性が考えられる。

　上記の作例についての形状をまとめつつ、以下に、若干の考察を行ってみたい。インドネシアの金剛手については、確認できた総数は31軀で、坐像と立像の両方がみられる。金製1軀、それ以外の30軀は青銅製で、小像が主流である。形状の特徴としては、「1．金剛杵を直接手に執るタイプ」と「2．蓮華上に金剛杵がのるタイプ」の2種に大分される。「金剛杵を直接手に執るタイプ」の場合は、金剛杵の持ち方が①抽擲する、②垂直にのせる、③握るの3つのタイプがみられる。判明する作例の資料から、中部ジャワ、東部ジャワ、西ボルネオに出土し、8～13世紀頃に制作されたと考えられる。また文献記録・碑文などにおいては、マレー半島出土の775年のリゴール碑文に釈迦牟尼、蓮華手、金剛手の三尊を祀る仏塔の建立が記されたように[526]、あるいは三尊形式の左脇侍、ないし集合尊の1軀[527]として造像された可能性が高いと考えられる。

　さらに、10世紀以降に成立したとされ、古ジャワ語で成就法などが説かれた当地の仏教文献『サン・ヒアン・カマハーヤーニカン』においても[528]、金剛手が釈迦の左半身から生まれること、釈迦牟尼、世自在、金剛手を「三宝尊」とすること

第2章　インドネシアの宗教美術における鋳造像　185

が説かれていることなどからも、単独で造像されるよりは、三尊形式、八大菩薩
の左脇侍として造像されたと推測される。しかし、今回の調査の結果、独尊形式
として所蔵されていることや、同形式の蓮華手ないし、八大菩薩の作例があまり
現存していないことを考慮すると、単独で祀られた可能性も否定できないと考え
られる。

　金剛薩埵については、総数11軀。金剛杵と金剛鈴、また腰に鈴（杵を欠損）を
執る作例を金剛薩埵としてとりあげた。すべての像が坐像で、坐法は結跏趺坐、
半跏趺坐、遊戯坐がみられた。また金剛杵の持ち方は、金剛手と同様、「１．抽擲
する（垂直に立てる）タイプ」と、「２．握るタイプ」の２種に大分され、さらに
「２．握るタイプ」には、金剛杵の向きで３種に分かれる。①水平、②垂直、③鈷
先を正面前方、もしくは斜め前に向けるなどである。出土地は、中部ジャワ、東
部ジャワ地域で８〜13世紀にかけて制作されており、とくに９〜11世紀多く、こ
の頃に流行したものと考えられる。また、この尊格は、日本においては集合尊の
中尊、あるいはマンダラの一尊として祀られる作例も認められるが、集合尊を構
成すると予想されるほかの尊像がほとんど見出されていないことなどから、イン
ドネシアにおける金剛薩埵は単独で祀られていた可能性も高いと考えられる。こ
れは、インドの傾向とも一致する。

　持金剛については、数が少なく、３例だけでは詳細はわからない。降三世は四
面八臂像が２軀、五面八臂像が１軀。青銅製で、８〜11世紀に中部ジャワと東部
ジャワ地域に出土する。各形式とも姿勢は展左坐であり、さらに降三世は、法具
として一面二臂の橛が１例現存する。降三世においても、降三世以外の明王とし
て明確に特定できる作例は今までに報告がされていないことから、五大明王や十
忿怒尊のような集合尊としてより、単独で祀られていたと考えた方がよいかもし
れない。この点は、中国やチベットと異なる点であろう。

　以上のように、インドネシアにおいては、金剛部に属する尊像は、インドネシ
アにおいての仏教が栄えたと考えられる時代（中部ジャワ、東部ジャワ）の８〜
13世紀頃に信仰されていたことがわかる。これら金剛手、金剛薩埵については、
集合尊としても単独尊としても祀られたと考えられるが、持金剛、降三世につい
ては単独で祀られていた可能性の方が高いと推測される。このほか、マンダラ尊
は後期密教の母タントラに属する『サマーヨーガタントラ』や、また『タットヴ
ァーローカカリー』を参照した青銅製のマンダラがみられ、ともに中期密教から

後期密教への過渡期の経軌に説かれるものである。明らかに後期密教に属する作例は、インドネシアでは見当たらなかった。石像を含め、後期密教の明確な痕跡は現状ではうかがいしれない。

インドネシアでは、インドと同様、密教の中心仏としての大日如来と代表的密教の菩薩である金剛薩埵がそれなりの流行を示している。この両尊は典型的な密教仏、密教菩薩であり、それだけ重要であるため、図像も安定していた。

ところがインドネシアでは、最もインド的な降三世だけが『金剛頂経』の「降三世品」に関わる尊格として造型されるが、ほかの明王が集成して五大明王などのグループ明王を形成することはなかった。これは明王成立の一条件である「ヒンドゥー尊より強い」という要素を強調できなかったからであろう。

第5節　守門像

インドネシアでは、中部ジャワ期、東部ジャワ期を通して、石造寺院の前にヒンドゥー教、仏教、密教といった宗教に関わらず、石造守門像が対で置かれることが多い。本項ではこの像に着目し、現存作例を紹介するとともに、若干の考察を行い、資料を提示する。鋳造像は、現在2軀を確認するのみ。やはり像の性格上、石像で寺院の前に置かれる事が多いことによるものと考えられる。この像はジャワ美術史の中部ジャワ期、東部ジャワ期の像容の変化をみるのに凡例となることから、石像が中心となるが、ここに項目をもうけて、のべておきたい。なかでも、中部ジャワ時代の像を中心にのべることとし、中部ジャワ期から東部ジャワ期に制作された作例にその像容の変化をみてみたい。

1．守門像という尊格

守門像は、サンスクリットでは「dvāra」門、戸、入口[529]、「pāla」監視人、守護者、保護者の意味をあわせた、ドゥヴァーラパーラ（Dvārapāla）と表現される[530]ことが多い[531]。永田郁氏によれば、この守門像はインドでは、ヤクシャやナーガなどの、古代インドの民間信仰に出自をもつ神々がその役割を担い、初期インド美術以来、ストゥーパ、石窟寺院、石積寺院などの入口において、宗教を問わず造像されてきたとされる[532]。それらの中、仏教に関するものは、紀元前2世紀頃のピ

第 2 章　インドネシアの宗教美術における鋳造像　187

タルコーラーの像をはじめとして、後 1 世紀頃のサーンチー第一塔の守門ヤクシャ[533]、アジャンター[534]、さらにポスト・グプタ期以降のアウランガーバード、エローラ石窟においては、菩薩をその守門にあてることもあった[535]。

　こうした門を守護する像については、現段階において、その像容や名称について規定がいまだ曖昧である。そこで、本項では、インドネシアの守門像のうち、門を守護する像として、明らかに護衛を意味する像を取り上げることとしたい。すなわち、武器を手にし、威嚇する表情をとるものとする[536]。

図159

2．作例

　インドネシアに現存する作例は、石像や鋳造像にみられる。鋳造像については現段階ではほとんど例が見当たらず、ライデン国立民族学博物館所蔵の 2 軀のみ確認している（図159）[537]。総高は18cm、身体的特徴として、鋳造像 2 軀とも、片膝を立てた蹲踞する姿勢をとり、どちらかの手に、棒先を下にして棍棒を執っている。顔面は、太い眉に、目を大きく見開き、髭をたくわえ、上牙を有している。装身具は、円形の耳飾、胸飾、臂釧、腕釧、足釧をつけ、太鼓腹上に腹帯が一周し腹部中央で環で結ばれている。上半身は裸形で、裙を着けている。

　石像は約66〜370cmである。判明する時代と地域は、石像が 8 〜 9 世紀頃の中部ジャワ地域、12〜14世紀頃の東部ジャワ地域、11〜14世紀頃のスマトラである。中部ジャワ期以前のものは現段階では確認ができていない。インドネシアにおける初期の守門像は、仏教寺院に属するものが多いことが特徴といえる。

　時代が降り、東部ジャワ期になるとシヴァ・ブッダという仏教とヒンドゥー教が混在した宗教形態のもと、ヒンドゥー教系の寺院にも多くみられるようになる。像容については、均整が整い技巧に長けた中部ジャワ期の作例に比べ、東部ジャワ期は彫りが深く、髑髏などがモティーフに加わり、全体に土着化、民族化がみられ、また約 1 m以下の単純化された彫りの作例も多くみられるようになる。本書では、これらインドネシアの守門像の祖形である中部ジャワ地域の作例を中

　　　図160　　　　　　　　　図161

心にみてみたい。
　以下、中部ジャワの代表的な守門像を5例あげる。プランバナン遺構群に属するチャンディ・カラサン、チャンディ・セウ、チャンディ・プラオサンの像と、チャンディ・ボロブドゥールといった遺構群のあるクドゥ盆地出土の2軀の像である。いずれも一対で配置されていたと考えられるが、この5例（1例は持物が欠損）に共通してみられる点は、以下の通りである。

　①どちらかの膝を立てた蹲踞の姿勢。
　②どちらかの手に棍棒を下、または上に向けて執る。
　③どちらかの手は蛇を握るか、腿におく。
　④目を大きく見開き、口髭を有し、歯と牙をみせる。
　⑤腹部が太鼓腹。
　⑥耳飾、胸飾、臂釧、腕釧を付ける（数例に腹帯、足釧、聖紐がみられる）。
　⑦耳飾はみな円形。
　⑧上半身は裸形で、膝上までの短い裙を着ける。

第2章　インドネシアの宗教美術における鋳造像　189

図162

図163

　そのほか、冠帯をつける作例や、腰の後ろに短剣を保持するものもみられる。
　では、各作例についてみてみたい。まず8～9世紀頃のチャンディ・カラサン（図160）の作例をあげると、現在、ジョグジャカルタのソノブドヨ博物館に安置されている。この寺院は、778年の年号をもつ碑文によれば、密教の女尊ターラーを祀るために建立された仏教寺院とされる。像は総高190cm、材質は安山岩。左膝を立てた蹲踞の姿勢で、方形台上の文様の入った台上に左膝を置き、指先を曲げて足裏を外に向ける。頭部は毛先が渦を巻く豊かな髪を額中央から分けて肩まで垂らす。顔面は全体につくりが大きく、口から歯と上牙がのぞく。また眉の形や眉間にしわを寄せるなどの表情から、威嚇する様子がうかがえる。装身具は、花文を有する円形の耳飾、ほかに胸飾、臂釧、腕釧、足釧をつけ、太鼓腹上に腹帯が一周し腹部中央で結ばれている。上半身は裸形で、膝上の短い模様入り裙を着け、腰紐がその上から巻かれている。右の腰背部にはその腰紐に短剣が、剣先を下にして下げられている。右手は右脇で屈曲して胸前で蛇を握り、左手は左脇で屈曲して棍棒を、棒先を下にして柄を執っている。右手に握られた蛇は婉曲し、羂索を意識している形と考えられる（龍索）。
　同じ遺構群の8～9世紀頃の建立とされるチャンディ・セウの像（図22、

190

図164

161)は、寺院の四方の入口前方に対で計8軀が置かれている。総高約2.5m、カラサンと同じく、左膝を立てる蹲踞の姿勢で、像容で異なる点は、①頭部に冠帯をつける、②棍棒を棒先を上にして握る、③聖紐をかける、④冠帯、聖紐、臂釧が蛇であらわされる。左手には、蛇が顔を外にむけて握られている。

また同じ遺構群内、9世紀頃のチャンディ・プラオサンの像（図162）は現在、北堂と南堂の入口前方に対で計4軀が置かれている。像容は、チャンディ・セウとほぼ同形式であるが、棍棒は、棒先を下にして握っている。カラサンと比べ、花状のデザインがモティーフで、蛇は片手に執る羂索状のもののみである。特筆すべきは、対の像の口がそれぞれ開閉し、阿吽の形を呈していることである。

中部ジャワ地域のクドゥ出土の作例（図163）は、112cmと小柄で、持物を持たずに手を腿にあてる点が、カラサン、セウ、プラオサンと異なる。

バンコク国立博物館所蔵の作例（図164）は、8世紀頃、中部ジャワ、チャンディ・ボロブドゥール付近より出土したとされ、総高105.5cmで、カラサンと同様冠帯はつけずに、額中央から髪を分けている。両手は両膝近くに置かれ、ともに持物を欠損している。

以上が、中部ジャワ地域で出土したとされる作例の代表的な作例である。蹲踞し、持物を欠損している1例を除いて、手には棍棒の先を上か下にして執り、もう一方の手は、羂索を意識したような婉曲した蛇を握るか、腿に手を置いている。また、装飾品については、耳飾は5例とも円形で、セウの像が聖紐、臂釧を蛇であらわす以外、4例は花などの文様であらわされている。

さて、時代が降り、東部ジャワ期のスマトラ島、および東部ジャワ地域のものになると、今までの作例の像容に変化があらわれはじめる。まず、彫りについては、均整のとれた中部ジャワ期の作例に比べ、深い彫り、もしくは荒い彫りの作

第2章　インドネシアの宗教美術における鋳造像　191

図165

図166

例が目立ち、装飾物は蛇や髑髏といったモティーフが取り入れられるようになり、姿勢は蹲踞に限らず、輪王坐や立像、展左などが制作されるようになる。

　まず、スマトラ北部、パダン・ラウス（Padang Lawas）遺跡の仏教寺院とされるビアロ・バハールⅠ（Biaro Bahal）の展左の像についてみてみる。推定制作年代は11〜14世紀頃とされる。総高約80cm、左膝を屈した展左の姿勢で、台上に立つ。頭部は髻を高く結い、冠帯をつける。顔面は第三眼を有し、眉間にしわを寄せて、眼を大きく見開き、口を開け、歯と牙をのぞかせ、全体的に威嚇する様子で表現される。装身具は、耳飾、胸飾、蛇の臂釧、腕釧、足釧をつけ、上半身は裸形で、膝上の短い花模様入りの裙を着け、腰紐が巻かれる。紐の先が臍下より長く下がる。右手は屈曲して右太もも前で武器の柄を下にして握り、左手は屈曲して胸前で人指し指を立てている（薬指、小指が欠損）。

　この寺院出土と推察される頭部のみの作例もみられる（図165）。顔面は、円形の第三眼を有し、眉間にしわを寄せ、眼を大きく見開き、口を開けて歯と牙をのぞかせ、威嚇する様子で表現される。とくに、蛇が輪を描いた耳飾、蛇の冠帯など、全体に蛇が強調されていることが顕著にみられる。

　東部ジャワ地域の13〜14世紀頃建立とされるチャンディ・シンガサリ像（図

図167

166）も、装飾品に蛇が強調され、また髑髏といったモティーフが新たに加わっている。像は、総高約3.7m、左足を立てる蹲踞の姿勢。頭部は渦をまく髪を肩まで垂らし、髑髏を3つめぐらした冠帯をつけている。顔面は眉、大きく見開かれた眼、大きな鼻、唇から歯と上牙がのぞき、髭をたくわえている。装飾として髑髏の耳飾、胸飾をつけ、臂釧、腕釧、聖紐に太い蛇を用いている。太鼓腹上には腹帯がかけられている。上半身は裸形で、太鼓腹をなし、下半身に膝上の裙を着け、髑髏の装飾の入った紐でゆるく巻かれる。右手は人差し指と中指をたて、左手は棍棒の先を下にして執る。この像には対の像もある。対の像も左足を立てた蹲踞の姿勢で、左手を膝にのせ、右手は棍棒の先を下にして執っている。こうした髑髏をモティーフにした作例は、インドネシアにおいて東部ジャワ期の他の作例にもみられるようになる。

　トトッ・ケロッの守門像（図167）も巨像で、左腕、右手首を欠損しているが、肉観的にあらわされた像としてあげることができる。髑髏を3つめぐらした冠帯をつけ、顔面は眉、大きく見開かれた眼、大きな鼻、唇から歯と上牙がのぞき、髭がたくわえられている。装飾として髑髏の耳飾、胸飾、臂釧をつけ、蛇の腕釧、足釧、太鼓腹上には腹帯がかけられており、髑髏の文様の入った裙をつけ、正面にU字型にたらしている。

　またクディリのアイルランガ博物館所蔵の約2mの像（図168）に至っては、右手に蛇、左手に先を下にした棍棒、冠帯、耳飾、胸飾、臂釧、胴釧、聖紐・足釧も蛇で、背部にはU字型に2匹のナーガがしつらえられている。

　約1m以下（約68〜89cm）の石像も現在、ジャカルタ国立中央博物館に8軀ほどみられる。1例をあげると（図169）、総高約89cm、東部ジャワのクディリ出土で、推定制作年代は12世紀頃とされる。左膝を立てた蹲踞の姿勢で、右手に棍

図168　　　　　　　　　図169

棒を握り、左手で右手の甲を支えている。頭部に冠帯をつけ、顔面はつくりが大きく、眼を見開き、眉間にしわをよせ、口から歯と牙をのぞかせて威嚇する表情をとる。耳飾、臂釧、腕釧、足釧をつけ、とくに胸飾、聖紐は髑髏がモティーフにされている。上半身裸形で太鼓腹をなし、腰から下は短い裙を着けている。台座は円形で、髑髏が縁を一周している。

　こうした東部ジャワ地域の像は、先にあげたジャカルタ国立中央博物館の所蔵像をはじめ、胸を有した女形の像[555]、14世紀頃のチャンディ・パナタランの像や[556]、シカゴ美術館所蔵の像など[557]、異形で、人物というよりも鬼に近い形状を呈するようになる。しかし、中部ジャワ期の作例にみられたように、棍棒等といった武器を執る姿に変わりはみられないようである。

　以上、インドネシアにおいて、守門像の現存作例についてみてきたが、像容において、蹲踞、もしくはそれに順ずる姿勢で、棍棒といった武器をもつ形式が一貫してみうけられた。像容の変化を中部ジャワ期と、それ以降に分けて特徴をみてみる。

　まず中部ジャワ期の作例は、どちらかの膝を立てた蹲踞の姿勢で、持物として棍棒と羂索を意識した蛇（龍索）を握る作例が多く、また装飾においては花文を

194

用いる場合が多くみられた。

　中部ジャワ期以降は、蹲踞のほかに展左や立像がみられるようになり、両手で棍棒を握るなど、持物に蛇がほとんどみられなくなり、代わりに、装飾において蛇や髑髏といったモティーフが強調されるようになる。装飾品については、中部ジャワの花文とは異なり、その強調の度合が違っても、一貫して「蛇」がモティーフに用いられている。

　また、中部ジャワ期には、均衡のとれた彫りの浅い自然さをあらわしていたのが、時代が降るにしたがい、意匠化、装飾化がすすみ、目鼻立ちが際立つ、力強い彫刻がなされるようになり、東部ジャワ期になると、人物というよりも鬼に近い形状をとるに至るようになり、1m以下の小像とともに、巨像がみられるようになる。

　次に上述した特徴のいくつかについてのべてみたい。

　まず、この蹲踞の姿勢については、礼拝供養のイメージを兼ねた姿勢であり、ヒンドゥー教において主尊の左右の眷属像に多くみることができる。一方、スマトラのビアロ・バハール寺院の像にみられた展左の姿勢は、すぐに動ける神々の伝統的な姿勢と考えられ、仏教でも明王などにみることができる[558]。

　次に棍棒については、ガンダーラ地域のヘラクレス像などが守護神としての武器としてもつことがあるが、『ラーマーヤナ』などに登場するシヴァ神が愛用する棍棒も有名である[559]。

　また、蛇を装飾とする点については、インドネシア早期の仏教系の作例に用いられることはほとんどなく、シヴァやガネーシャなどのヒンドゥー教シヴァ系の図像に多くみられるものであり、龍索は四方の守護神中のヴァルナやシヴァの妃ドゥルガーなどの持物として知られるものである。

　さて、安置される寺院について特筆すべき点があるので、それについてものべておきたい。それは、寺院が主に仏教系の建物であり、場所は寺院の門と祠堂の間に置かれるということである。先にのべたように、ヒンドゥー教の神像に由来する持物を有する中部ジャワの守門像であるが、安置されるのはヒンドゥー教寺院ではなく、仏教寺院の入口であることは注目すべきであろう。この点についてはより詳しい考察が必要であると思われるが、一つの可能性としては、当時の政治的な状況が要因の一つであったとも考えられる。すなわち、当時、中部ジャワ地域において、ロロ・ジョングランを建立したマタラーム朝のヒンドゥー教と、

第2章　インドネシアの宗教美術における鋳造像　195

シャイレーンドラ朝の大乗仏教・密教は、併存形態で信仰されていたものと考えられるが、その主従関係については、シャイレーンドラ朝が主であり、マタラーム朝が従であったとされるのが一般的である。また、中部ジャワ内のプランバナン地域はマタラーム朝の都があった地域であるが、シャイレーンドラ朝のために建立した仏教寺院も非常に多い。今回紹介した中部ジャワの守門像のほとんども　そのような性格を有するプランバナン地域の仏教寺院に配置されたものである。

　このような当時の状況から考えると、ヒンドゥー教、とくにシヴァ信仰を中心として展開していたマタラーム朝が、シャイレーンドラ朝のために建立した仏教寺院に、シヴァ系の図像を有するヒンドゥー教系守門像を配置させた可能性が高く、それゆえに、シャイレーンドラ朝の王女を妃にすることで両王朝を一つにした統一王朝としてのマタラーム朝の流れを汲む東部ジャワにおいては、仏教寺院のみならず、ヒンドゥー教寺院においても同系統の守門像を配置することができたのであろう。[560]

　宗教建造物内に置かれる守門像についての考察は今後の課題としたい。[561]

註

1 ）　立川武蔵・他（1980）、菅沼晃（1976）（1985）、斎藤昭俊（1986）を参照し、分類を行った。

2 ）　菅沼晃編（1985）159頁。

3 ）　Gopinatha Rao, 1968, pp.39-41.

4 ）　菅沼晃（1976）158頁。

5 ）　ルドラ、シャルヴァ、ウグラ、アシャニは破壊的面を、バヴァ、パシュパティ、マハーデーヴァ、イーシャナは恩恵、恩寵を授ける面を意味する。

6 ）　Dowson, 1961, p.298.

7 ）　ウマーは「最も美しいヒマラヤの娘」『ケーナ・ウパニシャッド（Kena-upaniṣad）3 . 12』とあることから、パールヴァティー「山の娘」といわれる。ともに山岳民族の信仰した女神であったと推定される。

8 ）　井原徹山（1943）212頁。インドにおける女神崇拝は、ドラヴィダ文化などの母系尊重の遺産であるともいわれる。

9 ）　菅沼晃（1976）68頁。

10）　立川武蔵・他（1980）80頁。

11）　マトゥラー博物館所蔵、立川武蔵・他（1980）図60。リンガにシヴァの顔が1面もし

くは4面彫刻される。

12) 立川武蔵・他（1980）図68、3～4世紀、ロサンゼルス州立博物館蔵、図69、10～11世紀、ニューデリー国立博物館蔵。一面四臂で右手第一、二手は与願印（数珠を持つ）、棒（旗か）、左手第一、第二手は水瓶、三叉戟である。

13) 立川武蔵・他（1980）図99、6～7世紀、アッラーハーバード博物館や図101～103、7～8世紀のエローラ石窟15・21・29窟のパールヴァティーと結婚するシヴァ、同じく21・29窟の魔神ラーヴァナに恩恵をさずけるシヴァなどには、隣にパールヴァティーがよりそうようにいる。

14) 立川武蔵・他（1980）図70、3世紀、コルカタ・インド博物館蔵。

15) 立川武蔵・他（1980）図126、11世紀、ニューデリー国立博物館蔵。

16) 立川武蔵・他（1980）図127、8世紀、エローラ石窟第14窟、図128、7世紀第29窟、8世紀第15窟には牛が置かれる。

17) 立川武蔵・他（1980）図93～96、5世紀、マトゥラー博物館蔵、6～7世紀バーダミ第1窟、6世紀ラーヴァナパティ石窟、12～13世紀頃ニューデリー博物館蔵。

18) エローラ第15・16窟。リンガからシヴァが姿をあらわす。

19) エローラ第15・16窟。シヴァは大きく足をひらき死神カーラを左足で蹴飛ばす様子で四臂のうち右手第一手で剣をふりおろす。

20) エローラ第16窟、図74。10臂に武器を持ち、象の魔人を攻撃する。

21) ほかに、三都を破壊するシヴァ、魔人アンダカを退治するシヴァ、魔人ラーヴァナに恩恵を授けるシヴァ、ガンガー河を受け止めるシヴァ、踊るシヴァ、ヨーガをするシヴァ、三面のシヴァなど。

22) No.A4/497a、25.3cm、ジャカルタ国立中央博物館蔵。出土地と推定制作年代が同じとされることから一組とされている金製の像がある。しかし、像容から組像でない可能性が高いことが指摘されており、筆者も同意見であるので本書では単独像として扱う。東京国立博物館編（1997）82頁。

23) インドネシアでは青銅像に銀が施される場合が多い。

24) No.9011, ジャカルタ・歴史的古代遺物保護復興総局（Direktorat Perlindungan dan Pembinaan Peninggalan Sejarah dan Purbakala, Jakarta.）東京国立博物館編（1997）103頁。尊名を決める手がかりがない作例である。1979年、中部ジャワ地域のスプラワン山の鍾乳洞内にある祭壇状の石の頂部に置かれた銅製容器に王冠などとともにいれられていたもので、この窟の入り口脇にシヴァを象徴するリンガとヨーニが収められた建物の基壇址が残されていることから、この窟はシヴァに関わる聖地と推察され、本像はシヴァとその妃とされたものであるが、さらに検討の余地がある作例である。

第2章　インドネシアの宗教美術における鋳造像　197

25)　東京国立博物館編（1997）106頁の名称は、カラサン・歴史的古代遺物博物館。カラサン地区内にボゲムが含まれる。

26)　BG. 771, ボゲム地域・歴史的古代遺物管理施設蔵。東京国立博物館編（1997）96頁。

27)　像をのせる台座の形状をさす。上からみると凸の形をするものを、とくに框という。

28)　インドで高貴な人物（王など）が、実際の外出の際、日除けに用いた傘のことで、尊容をあらわす際にも、頭頂に付け加えられたものをさす。

29)　No.6050, ジャカルタ国立中央博物館蔵。東京国立博物館編（1997）90頁。東京国立博物館編（1981）No.26.

30)　東京国立博物館編（1997）90頁。

31)　No.5170, Soebadio-Noto and Soebadio（et al.）, 1998, p.96.

32)　No.524a and b, Lunsingh Scheurleer and Klokke, 1988, No.38.

33)　No.9011, ジャカルタ・歴史的古代遺物保護復興総局蔵。東京国立博物館編（1997）103頁。他にライデン国立民族学博物館蔵（図81）、Suaka・Peninggalan M. N. BG9011.

34)　東京国立博物館編（1997）103頁。

35)　No.6347, ジャカルタ国立中央博物館蔵。東京国立博物館編（1981）No.14.

36)　7～8世紀頃の中部ジャワのディエン高原の寺院群、グドン・ソンゴの寺院群、チャンディ・ロロ・ジョングランなどをはじめ、東部ジャワのチャンディ・シンガサリにいたるまで、シヴァを信仰する寺院は多い。

37)　伊藤奈保子（2001）74～97頁。Nos.1403-1650, ライデン国立民族学博物館蔵、No. 48669, ミュゼオン蔵。

38)　頼富本宏・下泉全暁（1994）242・243頁。Gaṇapati の説明。

39)　頼富本宏・下泉全暁（1994）242頁。

40)　Moor, 1984, p.169.

41)　斎藤昭俊（1986）107・146頁。

42)　Wilkins, 1882, pp.268-271.

43)　菅沼晃編（1985）110頁。

44)　漢訳の唐・金剛智訳『金色迦那鉢底陀羅尼経』大正蔵第21巻、303頁では六臂が説かれ、同じく唐代には六臂について、また双身歓喜天やその儀礼に関するものが多く、『大聖天歓喜双身毘那夜迦法』『使呪法経』『大使呪法経』『大聖歓喜双身大自在天毘那夜迦王帰依念誦供養法』など（大正蔵第21巻）があげられる。

45)　宮治昭（1981）156頁。

46)　Pal, 1997, p.60.

47)　クッションに方形台座は、インドネシアでは財宝尊に多くみられる。

198

48) 台座に頭を左右どちらかにむけて頭から尾までの姿があしらわれているが、これは、ガネーシャの乗り物としての座をあらわすものと考えられる。

49) No.251, Lunsingh Scheurleer and Klokke, 1988, No.29.

50) No.602-1,1930, Lunsingh Scheurleer and Klokke, 1988, No.25.

51) Bhattacharyya (ed.) 1968, II, No.307, 頼富本宏・下泉全暁（1994）242頁。

52) Huntington, 1984, fig.53. 一面四臂像。遊戯坐（踏み下げ）で台座前の方形台上に向かって右を向く鼠があらわされる。10世紀ベンガル出土。持物は右手第一手、第二手に数珠、大根？、鉢、斧。大根であれば日本との図像の類似がみられる。

53) No.1403-1876. Lunsingh Scheurleer and Klokke, 1988, No.23.

54) 佐和隆研（1973）89頁、第30図。

55) 佐和隆研（1973）66頁、XX。伊東照司（1989）図版45。Girard-Geslan（et al.), 1998, No.726. 中部ジャワのプランバナン地区に位置し、9世紀中頃～9世紀後半にマタラーム国のラカイ・ピカタン王により建立されたヒンドゥー寺院。チャンディ・プランバナンと称される。シヴァ堂・ヴィシュヌ堂・ブラフマー堂と、この三神の乗り物のナンディー堂・ガルダ堂・ハンサ堂の小さな祠堂が向かい合うようにしてある。

56) 東京国立博物館編（1997）26頁。Girard-Geslan（et al.), 1998, No.706.

57) Girard-Geslan（et al.), 1998, No.707. Kinney（et al.), 2003, p.152.

58) With, 1922, p.88. Bernet Kempers, 1959, p.73, pl.212.62. 伊東照司（1989）本扉写真。

59) Kinney（et al.), 2003, p.150. 立像。マラン（Malang)。

60) Krom, 1926, p.58, pl.XXVII. Bernet Kempers, 1959, p.79, pl.235. Raffles, 1988, p.58. 岩本裕（1973）269頁、挿127。佐和隆研（1973）191頁、第98図。
　　シンガサリは、東部ジャワの Malang に位置し、14世紀初め、クリタナガラ王（在位1268～92年）が建立したシヴァ教の聖堂で、王の霊廟ともされる。本尊のリンガを中心に、南西の入り口の左右に2部屋、左右と背後に3部屋あり、南西ナテーシュヴァラ、南西・マハーカーラ、北西・ドゥルガー、北東・ガネーシャ、南東・アガスティヤが祀られていた。現在アガスティヤ以外の4軀は、ライデン国立民族学博物館に所蔵される。

61) 中部ジャワ地域の8～9世紀頃建立とされるロロ・ジョングランやバノン、サンビサリの像には、華美な装飾はほとんどみられない。それに対し、東部ジャワ地域の13世紀頃のチャンディ・ボロ、チャンディ・シンガサリの像は、中部ジャワ期の作例の持物とほとんど変わらないもの、髑髏や蛇といったモティーフが新しく加わり、彫りが深く、より装飾性が強くなったことがみてとれる。

62) 在位1268～92年。シヴァ神と仏教に帰依し、また密教の信者として知られた。死後「シヴァ・ブッダ」と称される。シヴァ・バイラヴァなどを祀ったことからもシヴァ教

と仏教との混交が最高潮に達したものと思われる。有吉厳編訳・N. J. クロム著（1985）408頁。

63) 伊藤奈保子（2004a）45〜59頁。

64) 辻直四郎編（1967）42頁、1.154.1.

65) 7世紀のマハーバリプラム。島岩・池田健太郎訳、R. G. バンダルカル著（1984）。

66) ヴェーダの説明解釈を集成したもの。物語や伝説が挿入される。バラモン僧が宗教的権力を持つ時代の副次的聖典である。辻直四郎編（1943）60〜64頁。

67) 5世紀、中インド、ウダヤギリ第5窟（野猪に化身したヴィシュヌ）、8世紀西インド、エローラ第15窟（人獅子に化身したヴィシュヌ）ほか。

68) 12世紀、アンコールワット内ほか、多数あり。立川武蔵・他（1980）図版45。

69) ヴィシュヌ神の乗り物の聖鳥。体は人間の姿で、頭とくちばし、羽と爪だけは鷲の形をする。『マハーバーラタ』初編にヴィシュヌの乗り物になった由来の話がある。ガルダが生まれた時、母はナーガ（蛇）族に支配されており、自由を手に入れるため、蛇族が要求する天界の霊水「アムリタ」を求め、天界へ向かう。やっとのことでアムリタを入手したガルダの前にヴィシュヌ神がたちはだかり、激しい戦いとなった。勝負がつかず、ヴィシュヌが妥協案として、ガルダにアムリタを与え、高位につかせるかわりに、自分を運ぶ乗り物になれと提示したところ、それを受けたことから、乗り物になったという。菅沼晃編（1985）118頁。

70) 辻直四郎編（1967）293頁。

71) Gopinatha Rao, 1968, p.40.

72) 立川武蔵・他（1980）図版56・57・58・59、74頁。

73) ヴィシュヌが『ラーマーヤナ』のラーマに化現すると、ラクシュミーはシーターとなる。姿は蓮の上に立つ四臂像であらわされ、蓮華・瓶・実・法螺貝を持つとされ、8つの姿があり、なかでも二頭の象が両側から女神に水をかける姿が有名で、ガジャラクシュミー（ガジャは象）と呼ばれる。頼富本宏・下泉全暁（1994）246頁。起源は古く、『リグ・ヴェーダ』に遡り、幸運の神とされ、『アタルヴァ・ヴェーダ』では幸不幸をともにする神とある。『ラーマーヤナ』少年編で、神々とアスラたちが不死の霊水アムリタを求め、乳海をかき回したところ、手に蓮を持った美しい女神ラクシュミーが生まれたとされる。プラーナ文献では、ラクシュミーが乳の海から姿をあらわすと、ただちにヴィシュヌが妻にしたとある。菅沼晃（1976）65頁、（1985）336頁。

74) 立川武蔵・他（1980）58頁。

75) インドでは、ヴィシュヌの妻・ラクシュミーとともに乗り物である擬人化されたガルダ鳥にのる作例（12世紀マトラー博物館、10世紀ラクノー博物館）もあるが、ジャワに

は現段階ではみられない。

76) No.1403-2836, 1883. Lunsingh Scheurleer and Klokke, 1988, No.26.

77) No. A31/486a, 東京国立博物館編（1997）81頁。

78) 東京国立博物館編（1997）81頁。

79) No.35252L, Lohuizen-De Leeuw, 1984, No.29.

80) No.7974, No.8161. 1952年出土。インドネシアで残存する最古の作例と称されるが、石が黒色をおび、玄武岩とみられること（インドネシアでは安山岩が用いられる）、様式の違いから、移入像とみる説が有力である。東京国立博物館編（1997）18頁。

81) No.17, ジャカルタ国立中央博物館蔵。東京国立博物館編（1997）22頁。

82) No.18e/4847, ジャカルタ国立中央博物館蔵。東京国立博物館編（1997）25頁。正面に像、像の裏にガルダが彫像される。

83) 現在残存するのは、小規模な水浴場のみ。アイルランガ王（1019〜49）の霊廟とされる。ヴィシュヌ神を信仰した。図35がブラハンに在ったものとされる。

84) シュリーはラクシュミーの別称で元来両者は一つのもの。佐和隆研（1973）181頁。

85) No.2082, 安山岩、213.0cm。伊東照司（1989）103頁、図83。東京国立博物館編（1997）64頁ではハリハラ？（シヴァとヴィシュヌの両神が一体となった形の神）とある。持物は右手左手第一手、第二手の順に、数珠、法螺貝、棍棒、輪宝とある。数珠以外の３つはヴィシュヌの持物、両脇侍がラクシュミー、シュリーとも考えられ、ヴィシュヌの可能性がある。

86) 立川武蔵（1990）164〜165頁。

87) ７世紀後半、ベンガル。Huntington, 1984, pl.203.

88) 菅沼晃編（1985）266頁。

89) 宮治昭（1981）168頁。

90) No. A76/6068, 東京国立博物館編（1997）113頁。

91) 東京国立博物館編（1997）113頁、10行目。

92) No.517, Soebadio-Noto and Soebadio (et al.), 1998, p.97.

93) 菅沼晃編（1985）290頁。

94) 宮治昭（1991）41頁。

95) 菅沼晃（1976）45頁。

96) 宮治昭（1991）40頁。

97) 東武美術館編（1998）55頁。釈尊開悟の際、ブラフマーが釈尊に衆生教化を懇願したという説話。国立ベルリン・インド美術館蔵、１世紀、スワート・パキスタン。40.0×39.0cm。宮治昭（2004）23頁、田中公明（2015）61〜62頁、森雅秀（2017）24頁。

第2章　インドネシアの宗教美術における鋳造像　201

98)　菅沼晃（1976）45頁。エレファンタ。

99)　プリンス・オブ・ウェルズ博物館蔵。

100)　宮治昭（1991）43頁。

101)　No.249, 1949. Lunsingh Scheurleer and Klokke, 1988, No.37.

102)　アムステルダム個人コレクション。ほかにハンサに乗る像は、ジャカルタ国立中央博物館（No.8403）、大英博物館（1859, 12-28, 83 B&M）。

103)　No.6, ジャカルタ国立中央博物館（中部ジャワ、8〜9世紀頃）蔵。東京国立博物館編（1997）21頁、安山岩、91.0cm。ライデン国立民族学博物館にもディエン出土の類似する像がみられることから、同じグループに属するものと考えられる。

104)　佐和隆研（1973）152頁。

105)　No.15, ジャカルタ国立中央博物館蔵。安山岩、150.0cm。四面四臂像で、腕は肘からすべて欠損、足も膝から下欠。東京国立博物館編（1997）24頁。

106)　大正蔵第18巻、876頁。

107)　大正蔵第39巻、634頁。

108)　頼富本宏（1990a）180頁。ジャンバラについて、起源の古いクベーラ、パーンチカなどとも関連をもつ可能性があるが、実際に文献や彫像に登場しはじめたのは、後期密教が流行しはじめた8世紀以降と考えられ、漢訳経典では、法蔵神と呼ばれる。

109)　頼富本宏（1991）257・276〜299頁。Lokesh, 1999, p.1500. 小川貫弌（1963）。高橋堯昭（1987）47〜65頁。

110)　大正蔵第21巻、345頁下。獅子座上に結跏趺坐し、右手に菴摩勒果を、左手に種種の宝に満ちた宝嚢を持つとある。

111)　大正蔵第21巻、351頁上。

112)　Bhattacharyya,（ed.), 1968a, I, Nos.284-289, Nos.296-297.

113)　肥塚隆・宮治昭編集（2000）No.11. 砂岩で264cm。Maṇi は真珠・宝石・宝珠、bhadra は祝福された・麗しい・幸福で「宝賢」と訳される。いかにも財宝神らしい名称である。インドの作例については、永田郁氏に御教示を頂いた。

114)　Srinivasan, 1989, pl.35. III, pl.35. IV.

115)　肥塚隆・宮治昭編集（2000）56頁、挿図20。砂岩で150cm。

116)　永田郁（2002）20頁。（2016）。

117)　東京国立博物館等編（2002）pl.32.

118)　東京国立博物館等編（2003）pl.139. 前田たつひこ氏は財宝神ファッローと豊穣女神アルドクショーの可能性を指摘する。田辺勝美（2006）49頁。

119)　Coomaraswamy, 1971. pl.5.

120) Malandra, 1993, fig.88.

121) Malandra, 1993, fig.220, 221.

122) 佐和隆研編（1982）21・172頁、図11・12。

123) 頼富本宏（1990a）657頁。Saraswati, 1977, pl.145, p.78. Mitra, 1981, pl.CLXXV.

124) Mitra, 1981, p.126, pl. LXXⅢ, Bénisti, 1981. fig.150.

125) Mitra, 1981, 1983に多数。

126) 佐和隆研編（1982）図124。

127) 頼富本宏（1990b）40〜57頁。Misra, 1979, pl.19（right）.

128) Bhattasali, 1929, pl.XI, Saraswati, 1977, pls.145-152。宮治昭（ルクノール博物館所蔵、Nos.YM83-123-85, YM83-151-26）、森雅秀（1990）図13・14。宮治昭氏調査資料では、ルクノール博物館に２軀、ナーランダー考古博物館６軀、ボードガヤー博物館２軀、コルカタ・インド博物館６軀、パトナー博物館１軀などに確認される。

129) ９〜10世紀には中インドで持物に財布もしくは酒盃をもった財宝神クベーラ像もみられるようになる。クベーラの酒杯については、ローマの酒神バッカス、シレヌスとクベーラの混淆に由来する。マングースは持っていない。

130) No.1987. 142. 170, メトロポリタン美術館所蔵の三面四臂で太鼓腹の像が１軀あり、同館ではジャンバラか？とする。持物が右手手前第一手、第二手が、棒状、金剛手、左手が不明、不明なので判明ができない。Lerner and Kossak, 1991, No.144.

131) 石像は５軀で、すべて二臂で左手にマングースを握る。総高66.0〜133.0cm、９〜10世紀頃の中部ジャワ地域にみられる。
　　　半跏趺坐はジャカルタ国立中央博物館蔵（No.207a4372）
　　　遊戯坐は、セウ寺院前の像（東京国立博物館編（1981）図版内 B）。
　　　　　　ジャカルタ国立中央博物館蔵（No.207, 東京国立博物館編（1997）37頁。
　　　　　　BP３・プラオサン資料館蔵（番号不明）。Pal.1997, No.83. の像。

132) ３軀とも実見していない為、転用である。図像および様式において不明な点も認められる。

133) 森雅秀（1990）69〜111頁、（2006）Nos.1025-1057. に作例リストがある。遊戯坐が24軀、倚坐が４軀、坐像２軀、立像が１軀。Saraswati, 1977, pl.147, p.79.

134) 壺が光背に彫刻された作例は２軀あり、いずれも光背の下部両脇に各１個しつらえられる。

135) A48. ジャカルタ国立中央博物館蔵。東京国立博物館（1981）No.55.
　　　ほかに国立ギメ東洋美術館の青銅像（No.3818, Le Bonheur, 1971, p.180.）、ボゲム地域・歴史的古代遺物管理施設（BG.106）、トロッペン博物館（A5982）。

第2章　インドネシアの宗教美術における鋳造像　203

136）　No.538a, No.8518/C235, ジャカルタ国立中央博物館に２軀あり、壺は光背の下部両脇に各１個しつらえられている。ほかの尊格に類はみられない。

137）　インドネシアに日月が光背にあらわされたものは、ほかに不空羂索観音やシヴァ、ガネーシャなどがあげられる。いずれも像の右に太陽、左に三日月を配する。日本では、千手観音の例が圧倒的に多い。

　　　ライデン国立民族学博物館（No.2630-1, 1947, 13世紀頃。Lunsingh Scheurleer and Klokke, 1988, No.62.）

　　　ジャカルタ国立中央博物館（No.6469/p198. 石像、西スマトラ出土、1286年。Soebadio-Noto and Soebadio（et al.）, 1998, p.71.）、Girard-Geslan（et al.）1998, No.681）シヴァ金製盤、Girard-Geslan（et al.）1998, p.95.

138）　No. MG3814, Le Bonheur, 1971, p.180.

139）　出光美術館編（1996）125頁。

140）　No. A5982, トロッペン 博物館蔵。

141）　No.1431-4, トロッペン 博物館蔵。

142）　個人コレクション（オランダ）。

143）　Krom, 1920, *Beschrjving van Barabudur, samengesteld*, No.260.　勇盛王による魔軍の撃退（勇盛王物語）図。（入法界品中の願勇光明守護衆生の語るマーヤー前生譚）。宇治谷祐顕（1986）176頁。宇治谷祐顕（1987）142・207頁。

144）　森雅秀（1990）図14。

145）　Mitra, 1981, pls. CXXI,B; CLXXV; CLXXVI,A, B, C, D; XLVI, C; LXXIII, C; CXI. Mitra, 1983, pls. CCXV, B; CCLV, A; CCXCV, B; CCCXLII, B.

146）　Bhattasali, 1929, p.34-35.　宮治昭氏調査、ルクノール博物館の２軀、ナーランダー考古博物館の５軀、コルカタ・インド博物館の７軀、パトナー博物館の１軀、ブッダガヤー博物館の２軀、パトナー博物館の１軀など。

147）　No. SA35266L, リンデン州立博物館蔵。Lohuizen-De Leeuw, 1984. Raffles, 1988, No.46.

148）　大英博物館蔵の青銅像（９世紀前半、No.1859, 12-28. 25, Raffles, 1988. p.16,）。

　　　アムステルダム国立博物館蔵の石像（８～10世紀中部ジャワ出土、No. MAK240, Klokke and Lunsingh Scheurleer, 1994, p.92, p.97.）。

　　　リンデン州立博物館蔵の銀製像・青銅像（８～10世紀頃、No. SA35244L, No. SA35245L. Lohuizen-De Leeuw, 1984, No.20, No.21）。

　　　ラディヤプスタカ博物館蔵の青銅像（A21）, 図115など。

149）　A5982.

150）　No.1859. 12-28. 46B&M, 大英博物館蔵。

151)　現段階における筆者調査では、二臂思惟像の３軀は左膝を立て、四臂思惟像の21軀、六臂思惟像の２軀は右膝を立てる。いずれも足裏を重ねることはない。

152)　No.551b/3424, Soebadio-Noto and Soebadio (et al.), 1998, p.88.

153)　No.547/c196.

154)　No.1431-7.

155)　Mitra, 1983, pl. CCLV（A）. 森雅秀（1990）102～103頁、76YM 小105-11.

156)　森雅秀（1990）101～102頁。

157)　Mitra, 1981, pl. XXXII, B.

158)　国立ギメ東洋美術館（No.3815, Le Bonheur, 1971. p.170. ９世紀頃）。

　　　メトロポリタン美術館（No.1987.142.301, Lerner and Kossak, 1991, p.143, ９～10世紀頃）。

　　　アムステルダム国立博物館（No.311.1958, Lunsingh Scheurleer and Klokke, 1988, p.85, ９ -10世紀頃）。

　　　メトロポリタン美術館（No.123, Lerner, 1984, p.46, 10世紀頃）。

　　　大英博物館（No.1859.12-28.2B&M. 11世紀頃）。

　　　ウィーン民俗学博物館（No.68760）。

　　　ミュゼオン（No.7533）の７軀。

159)　リンデン州立博物館（Nos.35251L, 35252L）、ライデン国立民族学博物館（No.1403-2836,1883)、メトロポリタン美術館（ No.1987.142.15）、個人所蔵。

160)　インドでは、ヴィシュヌに関する「乳海攪拌」の場面で、クベーラが関わり、マングースや蛇とともに宝を取り返す場面がモティーフとしてとりあげられる。そのことからもヴィシュヌとの関係があるかもしれない（Lerner, 1984, p.122）。

161)　Valmiki and Shastri, 1959, p.415.『ラーマーヤナ』はインドネシアでよく用いられる神話のモティーフ。10世紀頃ヒンドゥー教寺院プランバナン寺院群のシヴァ堂欄干内側の彫刻がとくに有名。青山亨（2019）13～138頁。

162)　No.MAK311, 1958, Lunsingh Scheurleer and Klokke, 1988.

163)　No.7533.

164)　No.538, c194.

165)　図115など。

166)　A42, ラディヤプスタカ博物館蔵。

167)　No.8456, ジャカルタ国立中央博物館蔵、東京国立博物館編（1997）48頁、ほか数例あり。

168)　シカゴ美術協会蔵（石像９～10世紀頃、Pal, 1997. cat. 78, 79）。

169)　No.277, ジャカルタ国立中央博物館蔵（石像８～９世紀頃、中部ジャワ、プラベス出土）。

170)　No.203, ジャカルタ国立中央博物館蔵（石像８世紀頃、ディエン、中部ジャワ出土）。

171) Krom, 1927, vol.II, SeriesII, pl. VIII, №16. 宇治谷祐顕（1986）99頁、（1987）244頁。文殊とする。

172) Krom, 1927, SeriesII, pl. XIV, №27. 宇治谷祐顕（1986）200頁、（1987）246頁。釈天主とする。

173) Krom, 1927, SeriesIII, pl. VI, №12. 宇治谷祐顕（1986）223頁、（1987）314頁。文殊とする。

174) Krom, 1927, SeriesIV.（B）. pl. IX, Nos.43. 44. 45. 宇治谷祐顕（1986）241頁、（1987）376頁。弥勒とする。Krom, 1927. SeriesIV.（B）. Plate XI, Nos. 50. 51. 宇治谷祐顕（1986）242頁、（1987）378頁。文殊とする。

175) Smend（ed.）, 2000.

176) Valmiki and Shastri, 1959, p.415.

177) Nos.288-289, 296, 297にジャンバラの記載あり。№288にはジャンバラとして五仏宝冠を戴き、一面二臂で右手に種がいっぱいになったものを手にするとあり、さまざまな宝を吐き出すメスのマングースを左手にしている。青蓮華の首飾りをして、宝のつまった壺を脚に置いている。№286では、右手にマートゥルンガを、左手にメスのマングースを持つとある。

178) 伊藤奈保子（1997）99〜129頁。

179) 伊東照司（1989）図版28は毘沙門、松長恵史（1999）114頁はヤクシャと同定する。

180) 後期密教における初心の修行者が1日の勤め次第『アーディカルマプラディーパ（初行のしるべ）』に行者は毎朝ヴァスダーラーを伴うジャンバラに水供養を捧げるべきことが記されている。高橋尚夫（1992）564〜565頁。類似の文献がチベットのプトンの著作にもあり、インドの伝統がチベットに継承されたことがわかる。望月海慧（1992）426頁。

　　著者のアヌパナヴァジュラは10〜11世紀頃にヴィクラマシーラ寺におり、同時期にアティーシャがスマトラと考えられる「スヴァルナドヴィーパ」へ留学している。また、インドネシアの不空羂索観音（チャンディ・ジャゴ）が、同寺の僧院長シャーキャ・シュリーバトラの儀軌によってネパール・チベットに流布された図像と一致することなどから考えると、パーラ朝とインドネシアとは交流があり、チベットに伝わった「お勤め」の作法が、同じくインドネシアに伝えられた可能性が考えられる。安元剛氏に御教示を頂いた。

181) 現段階においてインドネシアでは、四天王の造形がみつからず、宝塔を掲げる像や甲冑を身に纏う像がみあたらない。

182) 菅沼晃編（1985）267頁。

183) ニューデリー国立博物館蔵ほか。島岩・池田健太郎訳、R.G. バンダルカル著（1984）図17。

184) ビハール州、コルカタ・インド博物館蔵。森雅秀（2001）120頁。

185) インドの降三世は、ボードガヤー（ナーランダ制作か）、10世紀頃。肥塚隆・宮治昭編集（1999）pl.56.

186) MAK 524a and b, Lunsingh Scheurleer and Klokke, 1988, No.38.

187) No.5802,2847, Krom, 1926. pl.XIX. p.54. Bosch, 1948. Platen, p.316. 真贋不明。

188) No.1794, 火山岩、190.0cm、ジャカルタ国立中央博物館蔵。東京国立博物館編（1997）66頁。

189) No.655 a, ジャカルタ国立中央博物館蔵。With, 1922, pp.78-79. 松長恵史（1999）200頁。

190) 菅沼晃編（1985）267頁。

191) ビーシュマ巻第23章。ドゥルガーをたたえる讃歌がみられる。

192) 菅沼晃編（1985）226頁。

193) 立川武蔵・他（1980）図134〜144。

194) No.522a. のシバァ像に類似する。検討が必要。

195) No.68754.

196) No.1630-10, ライデン国立民族学博物館蔵。

197) No.1403-1875.

198) No.522. 右手第一手が上から、左手第一手は下からはじまる。

199) 佐和隆研（1973）89頁。

200) 佐和隆研（1973）65頁、図18。伊東照司（1989）図版44。

201) No.1955, ムプ・タントゥラル（スラバヤ）博物館。Fontein, 1990, p.156. No.22.

202) Fontein, 1990, p.158, No.23. 佐和隆研（1973）191頁。Krom, 1926.

203) 『リグ・ヴェーダ』に記される25の河のなかで、最もよく知られ、「最高の母、河の中の最上者、女神中の最上の女神」（2.41）といわれる。菅沼晃編（1985）156頁。

204) 錦織亮介（1983）115頁。

205) 頼富本宏・下泉全暁（1994）244頁。

206) No.68758, With, 1922.

207) 菅沼晃編（1985）336頁。

208) ニューデリー国立博物館蔵、２世紀頃、クシャーナ時代、マトゥラー出土。砂岩、106cm。肥塚隆・宮治昭編集（2000）図83。錦織亮介（1983）106頁。

209) Pal, 1986. p.138, 紀元前１世紀頃、Uttar Paradesh, Kasambi 出土(？)。14.6cmのテラコッタ。コルカタ・インド博物館。頼富本宏・下泉全暁（1994）246頁。立川武蔵・他（1980）図165〜168。８世紀頃、エローラ14・16窟ほか。

第2章　インドネシアの宗教美術における鋳造像　207

210）　菅沼晃編（1985）184頁。

211）　Mitra, 1982, pp.81-82, pls.54-55 pl. 54, 55.

212）　Mitra, 1982, p.112, pl. 91. 東京国立博物館編（1997）101頁。

213）　No. SBE10, 東京国立博物館編（1997）101頁。シュリーあるいはヴァスダーラと表記。
　　　　Bernet Kempers, 1959, pl.112. シュリー。

214）　No.1403-3027.

215）　No. B86, BI. Fontein, 1990, p.199.

216）　No.19603, 7-10.I. Fontein, 1990, p.198.

217）　No.5186.

218）　伊東照司（1989）80頁。東京国立博物館編（1997）47・49頁。

219）　1世紀後半、マトゥラー博物館蔵、72.0cm。肥塚隆・宮治昭編集（2000）78頁。

220）　1世紀、ペシャワール博物館蔵、田辺三郎助監修（1990a）18頁。2世紀後半、マト
　　　　ゥラー博物館蔵、79cm、32cm。肥塚隆・宮治昭編集（2000）112頁、図77・78。

221）　ペシャワール博物館蔵、ガンダーラ。田辺三郎助監修（1990a）24頁。

222）　ペシャワール博物館蔵、ガンダーラ。75.0cm。東武美術館編（1998）57頁。田辺三郎
　　　　助監修（1990a）25頁。

223）　田辺三郎助監修（1990a）24頁。

224）　大英博物館蔵。5世紀頃、サールナート出土。117cm。京都国立博物館編（1994）65頁。

225）　3世紀頃、ガンダーラ、大英博物館蔵、47cm。京都国立博物館編（1994）126頁、図
　　　　65。

226）　パトナー考古博物館蔵。頼富本宏・下泉全暁（1994）66頁。

227）　金剛界五仏は東に阿閦如来、南に宝生如来、西に無量寿如来（阿弥陀）、北に不空成
　　　　就如来を配し、中尊に大日如来をおく。

228）　Miksic, 1990, pp.54-55.

229）　密教に基づく研究が数多くなされている。
　　　　栂尾祥雲（1930）、栂尾祥雲（1959）461～489頁。干潟龍祥（1981）89～96頁。田村
　　　　隆照（1965）。田村隆照（1984）。

230）　Kats, 1910. 石井和子（1988a. b）。

231）　石井和子（1988b）78～79頁。

232）　釈迦・金剛手・蓮華手の三尊を寺院に祀ると説いている。岩本裕（1977）。

233）　No. SA23235L, リンデン州立博物館蔵。Lohuizen-De Leeuw, 1984, No.11.

234）　天蓋上に宝石を載せる作例は、金の仏像に多く、水晶やルビーなどが個人コレクショ
　　　　ンなどにみられる。

235) 頼富本宏・下泉全暁（1994）67頁。

236) No.SA35234L, Lohuizen-De Leeuw, 1984, No.10.

237) No.1403-2854.

238) No.050877. ウィーン民族学博物館蔵。

239) No.19473.

240) No.050877.

241) No.8562, ジャカルタ国立中央博物館蔵。

242) No.1987.142.156, メトロポリタン美術館蔵、Lerner and Kossak, 1991, No.142, 個人蔵。

243) No. SA35238L, Lohuizen-De Leeuw, 1984, No.14.

244) No.1403-2631.

245) No.1987.142.23, Lerner and Kossak, 1991, No.139,

246) No.1403-3043.

247) 肥塚隆編集（2001）217頁。佐和隆研（1973）14頁ほか。

248) No.1403-2844,1833, Fontein, 1990.

249) No.8216, ジャカルタ国立中央博物館蔵、東京国立博物館編（1997）97頁。チャンディ・セウからは銀製でヨーニに坐したシヴァ（合掌・右手第二手数珠・左手第二手払子？）と考えられる像も出土している。

250) No.588, 東京国立博物館編（1997）94頁。Fontein, 1990, No.39.

251) No.MAK196-1939, Lunsingh Scheurleer and Klokke, 1988, No.55.

252) No.6023, Bernet Kempers, 1959. pl.176, 東京国立博物館編（1997）80頁。コムリン河からは弥勒、四臂観音も出土している。

253) インドのグプタ期に完成した流れをくむ。

254) No.1403-1690, Lunsingh Scheurller and Klokke, 1988, No.50.

255) No.A20/596c, 東京国立博物館編（1997）110頁。

256) No.8524, 東京国立博物館編（1997）75頁。

257) 東京国立博物館編（1997）75頁。

258) No.388,1940, アムステルダム国立博物館蔵。Lunsingh Scheurller and Klokke, 1988, No. 12. リンデン州立博物館 SA35236L は東ベンガルの可能性有り。

259) No.1987.142.22, メトロポリタン美術館蔵。Lerner and Kossak, 1991, No.140. もう1軀は西スマトラ。1039年。Bernet Kempers, 1959, pl.197.

260) マトゥラー、2世紀（カニシカ32年、砂岩、67.3cm）。肥塚隆・宮治昭編集（2000）図74、86頁。東武美術館編（1998）53頁。カニシカ王の舎利容器、ペシャワール博物館蔵。

261) 国立ベルリン・インド博物館蔵、緑色片岩・スワート地方。40.0×39cm、東武美術館

第2章　インドネシアの宗教美術における鋳造像　209

編（1998）28・55頁。

262)　宮治昭（2004）104頁。

263)　田辺三郎助監修（1990b）23頁。

264)　宮治昭氏は観音信仰を3つに分け、③に華厳経系、『華厳経』に説かれる観音をふくみ、①②をあわせて三系統にみられるとした。宮治昭（2004）98頁。佐久間留理子（2010）。

265)　『妙法蓮華経』観世音菩薩普門品第二十五。大正蔵9巻、56〜58頁。

266)　佐和隆研編（1965）589頁。

267)　大正蔵第20巻、126頁。

268)　佐和隆研編（1962）53頁。

269)　宮治昭（2004）104頁。

270)　東武美術館編（1998）35・62頁。ガンダーラでは観音菩薩。日本では半跏思惟は弥勒菩薩と結びつく。肥塚隆・宮治昭編集（2000）図300、354頁。

271)　宮治昭（2004）105頁。

272)　No.1A5963, トロッペン博物館蔵。

273)　No.2960-155, トロッペン博物館蔵。

274)　No.1984.486.4, メトロポリタン美術館蔵。Lerner, 1984, No.41.

275)　No.48658, ミュゼオン蔵。

276)　No.7515a, ジャカルタ国立中央博物館蔵。東京国立博物館編（1997）95頁。Fontein, 1990, p.45.

277)　No.B86BI, サンフランシスコ・アジア美術館蔵、9世紀後半、No.196 3.7-10.1, 大英博物館蔵。Fontein, 1990, pp.198-199.

278)　No.SA35236L, リンデン州立博物館蔵（Lohuizen-De Leeuw, 1984, No.12）。No.1987.142.156, メトロポリタン美術館像蔵（Lener and Kossak, 1991, No.142）。

279)　No.MAK388.1940, アムステルダム国立博物館蔵（Lunsingh Scheurleer and Klokke, 1988, No.12.）。

280)　No.1987, 142, メトロポリタン美術館。Lerner, 1984. No.41と、もう1躯は個人所蔵。

281)　肥塚隆編（2001）図168、216頁。

282)　石井和子（1988b）78頁。

283)　No.1403-2860, ライデン国立民族学博物館蔵。

284)　No.8425,C72, ジャカルタ国立中央博物館蔵。東京国立博物館編（1981）No.30。

285)　No.3827, 9〜10世紀、国立ギメ東洋美術館蔵、Le Bonheur, 1971. No.008, 9〜10世紀、Rejoso 出土、ロンゴ・ワリスト（Ronggo Waristo）博物館蔵。

286)　ムプ・タントゥラル博物館蔵。11世紀、ポノロゴ出土。

287) No.5186,C253, ジャカルタ国立中央博物館蔵。No. M100,A73, ラディヤプスタカ博物館蔵。

288) No. M100,A74, ラディヤプスタカ博物館蔵。もう1軀はNo.8442. ジャカルタ国立中央博物館蔵。

289) 田辺三郎助監修（1990b）142頁。

290) 須菩提・優填王・善財童子・最勝老人。

291) Bhattacharyya (ed.), 1968, No.56, No.65. 不空訳『金剛頂経瑜伽文殊師利菩薩法』大正蔵第20巻、705頁上。唐・金剛智訳『金剛頂経曼殊室利菩薩五字心陀羅尼品』大正蔵第20巻、710頁上。

292) ナーランダー考古博物館蔵 、7～8世紀頃、ナーランダー出土。74.0cm。肥塚隆・宮治昭編集（1999）No.45、366頁。像容は、ヒンドゥー教の童子神、カールティケーヤの図像にヒントを得た部分もある。Huntington, 1984, pl.12.

　　また、パトナー博物館蔵、11世紀、ボードガヤー出土、150cm、に与願印・蓮華上に梵夾の立像がみられる。肥塚隆・宮治昭編集（2000）pl.313、360頁。

293) 頼富本宏（1985・1988a）。

294) 頼富本宏・下泉全暁（1994）122頁。肥塚隆・宮治昭編集（2000）125頁。8～9世紀、アマラーヴァティー出土。石灰岩。

295) パトナ考古博物館蔵。頼富本宏・下泉全暁（1994）136頁。

296) 三日月形は、インドネシアではほかに財宝尊でみられる。中国・日本などでは毘沙門天につく。

297) No.SA35247L, ライデン国立民族学博物館蔵。Lohuizen-De Leeuw, 1984, No.23.

298) No.68778, ウィーン民族学博物館蔵。No.1156, カラサン ・歴史的古代遺物管理施設蔵。

299) No.SA35248L, ライデン国立民族学博物館蔵。Lohuizen-De Leeuw, 1984, No.24.

300) No.SA35245L, ライデン国立民族学博物館蔵。Lohuizen-De Leeuw, 1984, No.21.

301) 左手が蓮茎の像。No.13, ロンゴ・ワリスト博物館蔵。番号なし、ムプ・タントゥル博物館蔵。

302) No.MAK389,1940, アムステルダム国立博物館。Lunsingh Scheurleer and Klokke, 1988, No.21. No.68767, ウィーン民族学博物館蔵。

303) No.SA35244L, Lohuizen-De Leeuw, 1984, No.20. 図132像に類似。

304) No.5899, Fontein, 1990. 東京国立博物館編（1997）104頁。ほか多数。

305) No.8425/c, 東京国立博物館編（1981）No.30. 像容に疑問が残る。

306) No.SA35246L, Lohuizen-De Leeuw, 1984.

307) No.1932-1, Lunsingh Scheurleer and Klokke, 1988.

308) 松長恵史（1999）図版28。

第2章　インドネシアの宗教美術における鋳造像　211

309)　No. D21. Maland 出二。

310)　宇治谷祐顕（1986）199・204・222・223頁。

311)　大正蔵第18巻、3頁。

312)　大正蔵第19巻、11頁。

313)　大正蔵第20巻、65頁。『下生経』はインドにはみあたらない。

314)　大正蔵第20巻、591頁上下、595頁下、596頁。

315)　Bhattacharyya (ed.), 1968, I, No.4, No.283-1, 2. II, No.283.

316)　ガンダーラ・マトゥラーの初期弥勒像を別にすれば、八大菩薩の一つとしての弥勒像
　　　も少なくない。

317)　宮治昭（2004）74〜96頁。

318)　ニューデリー博物館蔵。2世紀、アヒチャトラー出土、67.5cm。肥塚隆・宮治昭編集
　　　（2000）72・84頁。伊東史朗（1992）図1。

319)　髪を結い上げ、装身具をつけず、数珠を執るのが一般的で、肩に鹿皮もしくは条帛を
　　　かけ、水瓶を持つ。

320)　パーラ朝、9〜10世紀、東インド、マガタ出土、72.5cm。肥塚隆・宮治昭編集（2000）
　　　312・360頁。

321)　No.6025/c149, ジャカルタ国立中央博物館蔵。南スマトラのコムリン河出土、9世紀頃
　　　の青銅仏（25.0cm）も明らかに弥勒とみられる。東京国立博物館編（1997）78頁。
　　　　7世紀頃から8世紀後半あるいは11世紀頃まで、スマトラ島を中心に栄えたといわれ
　　　るシュリーヴィジャヤ王国は、王都の所在はもとよりジャワとマレー半島との関係につ
　　　いてもいまだ不明な点が多い。これら各像がもつ共通の様式、あるいは形式が物語る、
　　　相互の影響関係の有機についての研究は、今後の大きな課題となる。この像のほか、単
　　　独像は、Nos.M12/A76, M47/58, ラディヤプスタカ博物館蔵、No.5469, 国立ギメ東洋美術
　　　館蔵。Le Bonheur, 1971.

322)　東京国立博物館編（1997）79〜80頁。

323)　No.1987.142, Lerner, 1984, No.41.

324)　松長恵史（1999）108頁、図版24。

325)　Krom, 1927, pl.LXIV. 126〜128面。宇治谷祐顕（1986）197・210頁。宇治谷祐顕
　　　（1987）279頁。

326)　朴亨國（2001b）73〜82頁。（2019）292〜304頁。

327)　宮治昭（2002）21頁。

328)　佐久間留理子（2001）53〜72頁。

329)　No.8682/B175。

330) 朴亨國（2001b）図65。

331) ラトナギリ第4祠堂の一例は、中尊に胎蔵大日、その両脇に金剛薩埵とともに祀られ、
密教の五仏宝冠を戴く。佐和隆研編（1982）口絵11。頼富本宏（1990a）図7・図17。
宮治昭（2001）図17、27頁。

332) 無量寿如来の四親近の一尊。

333) No.7781.

334) 井上一稔（1992）。

335) 大正蔵第20巻、197〜200頁。

336) 大正蔵第20巻、188〜196頁。

337) Chutiwongs, 1994, p.112.

338) 宮治昭（2001）図8、肥塚隆・宮治昭編集（2000）No.73。

339) 肥塚隆・宮治昭編集（2000）No.300。

340) No.1403-1773.

341) No.SA35241L, Lohuizen-De Leeuw, 1984, No.17.

342) ボロブドゥール第二回廊に同形の四臂坐像がある。右手第二手は数珠、左手第二手は
蓮華であることから、この青銅像も持物が同じものだったかもしれない。佐和隆研
（1973）図6。

343) No.A517。

344) Ito, 2015, pp.239-246. Ito,2016, pp.279-286. 肥塚隆（2019）21頁。

345) ソノブドヨ博物館蔵等。佐和隆研（1973）図26。博物館ではシヴァと比定されている
が、佐和隆研氏は、四臂菩薩像とする。1995年調査で確認できず。

346) 佐和隆研（1973）108〜113頁、171〜185頁。宮治昭（2001）29頁。

347) 森雅秀（2000）。宮治昭（2001）。佐久間瑠理子（2001）。
Saraswati, 1977, pls.69, 70. Lunsingh Scheurleer and Klokke, 1988, No.17.

348) Raffles, 1988, p.74. ロッテルダム博物館蔵、Chutiwongs, 1994, p.108, pl.5.

349) No.2960-136.

350) 宮治昭（2001）30頁。

351) 佐久間留理子（2001）図55〜60、59頁。

352) 森雅秀（2002）43〜67頁。田中公明（1993）45〜55頁。

353) 密教聖典研究会（1997）。大正大学総合仏教研究所年報（2000）22号、309〜372頁。

354) 浅井和春（1998）19頁。

355) 大正蔵第20巻、399〜402頁。

356) 大正蔵第20巻、409〜421頁。

第2章　インドネシアの宗教美術における鋳造像　213

357)　大正蔵第20巻、227～398頁。

358)　大正蔵第20巻、66頁。頼富本宏（1984）。

359)　No.1286, ジャカルタ国立中央博物館の石像、西スマトラ出土。Girard-Geslan（et al.），1998. 681. Soebadio-Noto and Soebadio（et al.），1994. チャンディ・ジャゴの石像、光背にナーガリー文字で記される。amoghapāśa, 松長恵史（1999）172頁、口絵 7 。Chuti-wongs, 1994, p.165.

360)　No.68755.

361)　No.2630-1,1947, Lunsingh Scheurleer and Klokke, 1988, No.62.

362)　ほぼ同系がトロッペン博物館（No.1753-1,）と国立ベルリン・インド博物館（II233）に所蔵されている。

363)　松長恵史（1990）172頁、口絵14。Schoterman, 1994, pp.154-177.

364)　Girard-Geslan,（et a..），1998, pl.681.

365)　千原大五郎（ 1975）289頁。

366)　Lunsingh Scheurleer and Klokke, 1988, p.114

367)　宮治昭（1997）3 ～14頁。佐久間留理子（2001）53～72頁。森雅秀（2001）155～171頁。

368)　森雅秀（2000）119～145頁。宮治昭（2001）34～36頁。佐久間留理子（2001）57～58頁。

369)　No.1403-1782,1844, Lunsingh Sheurleer and Klokke, 1988. もう 1 軀はNo.3816、国立ギメ東洋美術館蔵で、シュリーヴィジャヤの作例と考えられる。出光美術館編（1996）96頁。Bernet Kempers, 1959, pl.34.

370)　No.A43.62b, Lunsingh Scheurleer, 1994, p92, pl.2. Schotsmans, 1978, No.57.

371)　Pal, 1966, p.148.

372)　No.1403-1703, ライデン国立民族学博物館蔵、No.1859.12-28.61.B.&M, 大英博物館蔵、プリンセスホフ博物館蔵。

373)　No.602a I.c66, ジャカルタ国立中央博物館蔵、東京国立博物館編（1981）No.31、No.602a Ⅱ, ジャカルタ国立中央博物館蔵、No.1403-1697,1865, ライデン国立民族学博物館蔵、Lunsingh Scheurleer and Klokke, 1988. No.44、ムプ・タントゥラル博物館蔵。

374)　3 軀（オランダ個人コレクション）、No.1403-2358,1864, ライデン国立民族学博物館蔵、Lunsingh Scheurleer and Klokke, 1988. No. 40, No. 1859.12-28.60.B.&M, No. 1859.12-28.100.B.&M., 大英博物館蔵、Nos.48666,7540, ミュゼオン蔵、No.520, 不明, ジャカルタ国立中央博物館蔵、Nos.1697-3, 1403-1779, 1403-1870, 1403-2458, 1403-2580, 1403-2471, 1403-2359, 1403-3034, ライデン国立民族学博物館蔵、Nos.1431-6, 2960-135, トロッペン博物館蔵。

375) No.1965.7-25.7.B.&M. 大英博物館蔵、No.77, A8, 31, ラディヤプスタカ博物館蔵、ムプ・タントゥラル博物館蔵。

376) 個人像（アメリカ）、No.3624, 国立ギメ東洋美術館蔵、Le Bonheur, 1971, p.204. BG1440, カラサン・歴史的古代遺物管理施設蔵、Nos.1403-18, 1403-36, 1403-2842, ライデン国立民族学博物館蔵。

377) No.A528, ラディヤプスタカ博物館蔵。

378) No.SA35258L, リンデン州立博物館蔵、Lohuizen-De Leeuw, 1984. No.37, No.82150/c180, ジャカルタ国立中央博物館蔵。

379) No.68792, ウィーン民族学博物館蔵。

380) No.M30, ラディヤプスタカ博物館蔵。

381) No.1987,142.12. Lerner and Kossak, 1991, No.141.

382) 頼富本宏・下泉全暁（1994）186頁。

383) Bhattacharyya(ed.), 1968a, I, p.177, No.91.

384) Sarker, 1971-72, p.34. 岩本裕（1973）265頁。

385) 頼富本宏・下泉全暁（1994）202頁。

386) 浅井和春（1998）68頁。

387) 大正蔵第20巻、184頁下。

388) 大正蔵第20巻、178頁中。

389) 大正蔵第20巻、No.1077.

390) 長谷寶秀（1997）241頁。

391) Bhattacharyya（ed.）, 1968a, I. No.129-131.

392) Bhattacharyya（ed.）, 1968a, II. No.174.

393) No. MAK1202,1970. Lunsingh Scheurleer and Klokke, 1988, No.20.

394) 佐和隆研編（1982）171～185頁。

395) 松長恵史（1999）121頁、図版38。

396) 松長恵史（1999）口絵7。

397) No.68792.

398) 大正蔵第20巻、184頁下。

399) No.1403-1697,1865, Lunsingh Scheurleer and Klokke, 1988.

400) 頼富本宏・下泉全暁（1994）200頁。

401) 大正蔵第18巻、805頁。

402) Bhattacharyya (ed.), 1968a, I, Nos.151-159.

403) 森喜子（1990・1991・1992）。

第2章　インドネシアの宗教美術における鋳造像　215

404）　シンガサーリ王朝初代王ケン・アンロックの妃デーデ、またクリタナガラ王（1293～
　　　1309）の娘・ラージャパトニーともされる。東京国立博物館編（1997）56頁。

405）　No.518a，ジャカルタ国立中央博物館蔵。

406）　Bhattacharyya（ed.），1968b, p.41. 佐久間留理子（2001）72頁、図61-1。

407）　Saraswati, 1977.

408）　高岡秀暢訳、アモーガヴァジュラ・ヴァジュラーチャールヤ著（1982）No.106. なお、
　　　No.82にハーラーハラ観音に類似するスカーヴァティーが描かれているが、インドに作例
　　　が求められないことから、本書ではふれない。

409）　田中公明（1990）192～195頁。

410）　佐久間留理子（2001）58頁、図61～62。佐久間留理子女史よりご教示を頂いた。

411）　778年、中部ジャワのプランバナンのカラサン碑文（梵文、初期のナーガリー文字）
　　　にシャイレーンドラ朝のパナカラナ王が密教の女尊ターラー女神を祀るためにカラサン
　　　寺、僧院を建立したとある。Sarker, 1971-72, p.34.

412）　松長恵史（1999）116頁、口絵7。

413）　田辺三郎助監修（1990a）224頁。

414）　大日如来については、松長恵史（1994）、伊藤奈保子（1997）、朴亨國（2001a）など
　　　において、金剛部系尊格については、伊藤奈保子（2002）に報告あり。インドの作例は
　　　Mitra, 1978.,1981.,1982,1983., Pal.1975., 佐和隆研編（1982）、頼富本宏（1990）、宮治昭
　　　（2010）、安元剛（2019）等に詳しい。

415）　頼富本宏・下泉全暁（1994）72～77頁。

416）　佐和隆研編（1982）97～101頁、口絵13ほか。頼富本宏（1990a）554～557頁。頼富本
　　　宏（1992）。

417）　頼富本宏・下泉全暁（1994）72頁。

418）　智拳印の梵名は jñāna-muṣṭi（TS 291-2）とあり、また bodhāgrī mudrā（TS 285）、
　　　覚勝印ともある。多くの資料に覚勝印がみられ、インドネシアの仏典では
　　　bodhyagrīmudrā（註423参照）、boddhyāgrimudrā（註427参照）、bodhyagrimudrā（註
　　　428参照）などと表現されるが、本書では一般に使われる智拳印の名称を用いる。

　　　　TS：堀内寛仁編著（1983）193頁（291-2）、185頁（285）。

　　　　なお、次の和訳を参照した。津田眞一（1995）193・196頁。遠藤祐純（2013）160・
　　　162頁。

　　　　智拳印については、次の書籍・論文に詳しい。佐和隆研（1969）。頼富本宏（1990a）、
　　　頼富本宏（1995）。

419）　頼富本宏・下泉全暁（1994）74頁。

420) ウダヤギリ遺跡。森雅秀（2001）。

421) インドの現存作例については、宮治昭（1995）に詳しい。

422) 岩本裕（1953）（1973）（1977）、石井和子（1987）（1988a）（1988b）。

423) Bosch, 1961, p.131.

424) Bosch, 1961, p.133.

425) Kats, 1910, pl.59,a52. 石井和子（1988b）78頁、No.106.「dhwaja」相、象徴などの意。

426) 石井和子（1989）61頁。

427) Tantular, Mpu and Santoso, 1975, p.229.

428) Tantular, Mpu and Supomo, 1977, p.122.

429) Teeuw and Robson, 1981, p.115.

430) 朴亨國（1995）。

431) 鋳造像では１軀、No.1403-2855, ライデン国立民族学博物館蔵。Lunsingh Scheurleer and Klokke, 1988. 菩薩形で定印を結ぶ像、No.1403-2856, 菩薩形で触地印を結ぶ像、金剛手（図144）あり。佐和隆研（1971）pl.129（1973）53頁、第12図に頭部と右手が欠損、定印状の菩薩形（15世紀、クディリ出土）。また、No.7513, ジャカルタ国立中央博物館蔵、松長恵史（1999）口絵16、No.276, ジャカルタ国立中央博物館蔵。

432) No.TC709, 東京国立博物館蔵。伊藤奈保子（1997）No.2.

433) 石井和子（1991）133頁。

434) No.5387, Lunsingh Scheurleer and Klokke, 1988, p.33. 伊藤奈保子（1997）No.56. 松長恵史（1990）303頁、口絵18。

435) 松長恵史（1999）214頁。他は、（2016）写真資料⑥、個人コレクション。もう１軀あるが真贋つかず、含まない。

436) No.602aI, 東京国立博物館編（1981）No.31.

437) 東京国立博物館編（1981）No.31、伊藤奈保子（1997）No.8.

438) No.20.09, 伊藤奈保子（1997）No.57.

439) 朴亨國（1995）。

440) 堀内寛仁編著（1983）185頁、津田眞一（1995）193頁、遠藤祐純（2013）160頁。

441) 大正蔵第18巻、264頁中。

442) 宮治昭（1995）14〜17頁。

443) 大正蔵第18巻、242頁中。

444) 大正蔵第19巻、322頁上。

445) 栂尾祥雲（1985）154・302頁。

446) Barrett, 1962, pl.11A, p.94.

第2章　インドネシアの宗教美術における鋳造像　217

447）　西新井大師（1984）12頁。和泉市久保惣記念美術館編（1988）87頁、図76。

448）　No.1987,21.8.7, Schroeder, 1981, pl.11G, p.95, Lerner and Kossak, 1991, pl.89, p.119.

449）　頼富本宏（1992）、宮治昭（1995）17頁。

450）　密教聖典研究会（1987）256頁。

451）　立川武蔵（1995）、宮治昭編（1993）（1995）5頁。

452）　Ray,1986, pl.241a,b では975年頃。Schroeder, 1981. pl.57G, pp.258-259 では 9 世紀。
　　　Huntington and Huntington, 1985, p.402では11世紀。宮治昭（1995）23頁では11世紀。
　　　頼富本宏（1990a）558・656頁、図27。

453）　堀内寛仁編著（1983）30頁、津田眞一（1995）42頁、遠藤祐純（2013）42頁。

454）　大正蔵第18巻、208頁中。

455）　大正蔵第18巻、342頁中。

456）　北京版大蔵経第70巻、No.3326.28b[6].

457）　北京版大蔵経第71巻、No.3333.50b[7], 〜51a[1].

458）　大正蔵第18巻、227頁中。

459）　大正蔵第39巻、814頁下。

460）　宮治昭（1993）45〜46頁、図37。宮治昭（1995）24頁。

461）　Schroeder, 1981, pl.62D.

462）　石井和子（1988b）69頁（80）。Kats, 1910, (b39).

463）　明妃を伴う像の形態はインド、チベットの後期密教にみられる。なお、ヘーヴァジュ
　　　ラ、サンヴァラなどの後期密教の尊格では、明妃を伴って表現されることが多い。

464）　この像に関しては朴亨國（1995）に詳しい。

465）　大正蔵第18巻、913頁上。

466）　大正蔵第18巻、329頁下。

467）　大正蔵第19巻、376頁上。

468）　註445参照。

469）　大正蔵第19巻、339頁下。

470）　宮治昭（1995）12〜14・18〜20頁。

471）　註414参照。

472）　松長恵史（1994）（1995）（1996）（1998a）（1999）（2015）。氏は新たな曼荼羅の可能
　　　性を指摘する（2017）。高橋尚夫・野口圭也・大塚伸夫（2016）。

473）　金剛界三十七尊から四波羅蜜を除く三十三尊と賢劫十六尊で構成される金剛界立体曼
　　　荼羅。松長氏は9世紀中頃、遅くとも12世紀初頭の制作とする。

474）　金剛手、金剛薩埵についての日本の主な先行研究は次の通り。

神林隆淨（1910）49頁、栂尾祥雲（1930）441～460頁、松長有慶（1973）92～101頁、福田亮成（1976）1～14頁・（1995）97～109頁、北村太道（1977）17～34頁、頼富本宏（1982）30～45頁、石黒淳（1984）181～191頁、入澤崇（1986）55～63頁、高橋尚夫（1996b）81～103頁・（1997）414～395頁、山野智惠（1998）221～240頁、中塚浩子（2000）424～422頁。

475) 森雅秀（1990）69～109頁、（1997）35～58頁、（2001）220～248頁。

476) 松長恵史（1995）803～805頁、（1996）60～79頁、（1999）213～259頁。

477) 伊藤奈保子（2001）28～29頁。インドネシアの金剛手は、右手に金剛杵を持し、左手に蓮茎を執る作例が多数確認できる。今回、右手に持物を持たず胸前で抽擲し、左手に茎状のものを執る像が5例と、同じ形状の三尊形式の左脇侍が1例、右手を抽擲状に胸前に置き、左手で茎状のものを執る像が4例確認された。これら13軀も金剛手である可能性が考えられるが、ほかの作例である可能性も否めないので、正確を期すために本書では数に入れないこととする。持物が欠損した場合、これらの像の形状は、集合尊であるンガンジュク立体マンダラを形成する賢効十六尊のうち、不空見（Amoghadarsin）や虚空慧（Aksayamati）などの形状に類似する。松長恵史（1999）300頁。今回取り上げた作例のなかにも、賢効尊の一尊が含まれている可能性がある。

478) 金剛手、金剛薩埵の名称は、『初会金剛頂経』では、厳密に区別されず金剛としていると理解される。金剛手と金剛薩埵の尊容の区別については、今後の課題として残すこととなる。インドネシアの金剛薩埵については、左右の手に鈴杵を持つ作例をとりあげた。11軀中、1軀は鈴が摩滅（No.1859,12-28,18.B&M.,大英博物館蔵）しているので数にいれた。

『初会金剛頂経』の梵本、漢訳、チベット語訳において、金剛薩埵に関して、鈴を持つとの記述はみられない。『金剛頂タントラ』から十六尊の筆頭としての金剛薩埵ではなく、五秘密の金剛薩埵が左手に鈴を持つようになり、アーナンダガルバの系統は鈴を持つとされる。鈴杵を持たなくとも金剛薩埵とみなすことは可能であろうが、持物が欠損する場合、マンダラを構成する作例の金剛業（Vajrakarma・ンガンジュク立体マンダラ）などに類似することも考慮して、今回は完品で両手に持物が確認できない作例は数にいれない。すなわち、①右手を屈臂して右胸前方で杵を持ち、左手を拳にして左腰あたりに置く金剛手の可能性も考えられる1例、②右手持物を持たずに胸前で抽擲、もしくは拳を握り、左手で拳を左腰あたりに置く5例は金剛薩埵の可能性が考えられる。

一方、持物は持すが、特殊な例と考えられる2例、メトロポリタン美術館蔵（No.1987.142.169., Lerner and Kossak, 1991. No.133）、ヴィクトリアアンドアルバート（Victoria&Albert）博物館蔵（No. IS38-1984）は対象外として今後の調査、考察をすすめたい。伊

第2章　インドネシアの宗教美術における鋳造像　219

　　　藤奈保子（2001）29頁。

479）　朝日新聞社編（1999）136頁、№.87.

480）　高田修・上野照夫（1965）pl.312.

481）　肥塚隆・宮治昭編集（2000）pl.74.

482）　Behl（et al.）, 1998.

483）　肥塚隆・宮治昭編集（2000）pl.231,（1999）pl.221.

484）　肥塚隆・宮治昭編集（2000）pl.224.

485）　肥塚隆・宮治昭編集（2000）pl.56.

486）　Huntington, 1984, pl.170.

487）　Mitra, 1978, pl.78.

488）　Saraswati, 1977, pl.178.

489）　寺院南面。佐和隆研（1973）41頁、第7図、松長恵史（1999）108頁、図版27。

490）　№.2961-4.

491）　№.8332c111. Soebadio-Noto and Soebadio（et al.）, 1998.

492）　№.1859.12-28.49. 写真番号№.269093、Raffles, 1988, p.77.

493）　蓮華手—№.1859.12-23.50, 大英博物館蔵、23.2cm、10〜11世紀。

　　　阿弥陀—№.1403-2855, ライデン国立民族学博物館蔵、1883, 26.5cm、9〜10世紀。

　　　大日如来—№.1859.12-28.77, 大英博物館蔵、29.2cm、14世紀。

　　　上記3例の編年は各博物館の見解であり、筆者は9〜11世紀の同地域の制作によるも

　　　のと考えている。実際に集合尊を形成していたかは現状ではわからない。

494）　松長恵史（1999）108頁、図版27。

495）　森雅秀（1997）口絵3。

496）　森雅秀（1997）図1。

497）　森雅秀（1997）図2。

498）　肥塚隆・宮治昭編集（1999）pl.61.

499）　Huntington, 1984, pl.132.

500）　№.68772.

501）　№.A583.

502）　Saraswati, 1977. pl.89

503）　佐和隆研編（1982）挿図12、図125。森雅秀（1997）図7。

504）　佐和隆研編（1982）挿図81、図15。

505）　Mitra, 1981, Pl.LXXII（A）.

506）　松長恵史（1995）803〜805頁、（1996）57〜70頁。（1998a）60〜79頁、（1999）241〜

254頁。東京国立博物館編（1997）106〜109頁。『サマーヨーガタントラ』に基づき、瑜伽部から無上瑜伽部への過渡期の作例とする。

507) 石井和子（1988b）74頁（96）、77頁（102）、82頁（118）。Kats, 1910.（53）,（57）,（66）, 阿閦を含む金剛界の五如来についても説かれるが、それとともに金剛薩埵についても記述がみられる。「次のことがらは如来の五色蘊のきまりです。五色蘊というのは膜、皮包、堅肉、血肉、支節です。金剛薩埵は膜、宝生は皮包、阿弥陀は堅肉、不空成就は血肉、毘盧遮那は支節なり。五色を本質とする生は、五つの形の正覚の五如来と知られたり」、82頁。

508) No.04.164, 伊藤奈保子（2002）図6、松長恵史（2017）。

509) No. BG1154.

510) No.602a. Fontein, 1990.

511) No.1168.1967, Lunsingh Scheurleer and Klokke, 1988, No.51.『Tattvālokakarī（タットヴァローカカリー）』を参照した金剛界立曼荼羅を構成した尊と報告のある金剛薩埵像。松長恵史（1995）303頁。

512) Mitra, 1978, Pls.54, 55, 56, 57, 58.

513) Mitra, 1981, Pls.LXV-C、LXV-D、LXVI-A、LXVI-B、LXVI-C. 佐和隆研編（1982）164頁。奉納塔の龕内の金剛薩埵像浮彫りを15例数える。森雅秀（1997）46頁。

514) No.5917, ジャカルタ国立中央博物館蔵。ンガンジュクマンダラのVajrayakṣaとする。松長恵史（1999）302頁。ほかの一面二臂の一軀はNo.2960-149, トロッペン博物館蔵。

515) No.6053.

516) なお、三面六臂で胸の前で二臂を交差する坐像の尊格は、グヒヤサマージャタントラなどの無上瑜伽・父タントラ系にしばしばみられるものであり、本作例もインドネシアでは珍しい後期密教系作例である可能性も考えられる。

517) 密教の修法を行う際に、結界を作るが、その四隅に打ち込む、先端の尖った杭を橛（ケツ）といい、この作例は上部に降三世が刻まれている。チベットに多く見られる。

　　降三世（Trailokyavijaya）はVajrahūmkāraと密接な関係に有り、教義上は同一とみなされる場合もある。図像では前者が四面八臂で、後者が一面二臂である。ただし、いわゆる降三世印とヴァジュラフーンカーラ印は必ずしも同一ではない場合がある。

　　頼富本宏・下泉全暁（1994）166〜169頁。森雅秀（1990）72〜74頁。

518) No.1859.12-28.94. 写真番号No.354329.

519) 日本の東寺所蔵の五大明王図中の降三世は豹皮をつける。また、「降三世明王像集」（大正図像第12巻）においても、豹皮をつける作例が多くみられる。

520) 一般的な降三世の持物から考察すると、右手が金剛棒、矢、剣、左手が羂索、弓、三

叉戟の形のものが多い。「降三世明王像集」（大正図像第12巻、1109〜30頁）それを考慮
すると、この作例は右手が矢、輪宝、剣、左手は三叉戟、羂索、弓である可能性が考え
られる。

521）　No.1403-1760.

522）　No.BG.49.

523）　松長恵史（1996）60〜79頁。東京国立博物館編（1997）106頁。

524）　松長恵史（1995）803〜805頁。

525）　松長恵史（1999）277頁。松長恵史（2015）32〜44項。松長恵史（2017）1〜20項。

526）　マレー半島のリゴールで発見されたもので、釈迦牟尼仏、蓮華手菩薩、金剛手菩薩を
　　　祀る煉瓦造りの三聖廟が建立された旨を示す。岩本裕（1973）36頁。Coedès, 1918,
　　　pp.29-32.

527）　三尊形式では、中部ジャワのチャンディ・ムンドゥットの尊像があげられるが、この
　　　三尊の左脇侍については現在まで尊名比定が困難とされている。像容は左足を垂下させ
　　　る遊戯坐で、右手に持物は持たずに抽擲する形状をとり、左手は左膝後方の台座につく。
　　　これと全く同様の像容表現をする鋳造像は今回みられなかった。右手を抽擲し、金剛杵
　　　を立てる鋳造像の作例は、いずれも左手を膝上におき、蓮茎を握っている。また、三尊
　　　形式の鋳造像については、2例確認でき、坐法は半跏趺坐と遊戯坐像である。ともに左
　　　脇侍であるが、前者は両手を欠損、後者は右手を抽擲するが持物はなく、左ひざを立て、
　　　そこに左肘をつき、青蓮華を執る。今回は、後者のみ金剛手の抽擲するタイプの可能性
　　　があるものとした。

528）　「釈迦牟尼尊の右半身から赤い色をした禅定印の尊が、hrīḥ字（真言）で生まれます。
　　　これが世自在尊（Lokeswara）です。釈迦牟尼尊の左半身からは青色の触地印の尊が
　　　brīh字（真言）により生まれます。これを金剛手尊（Bajrapāṇi）といいます」。またそ
　　　れぞれ三尊の本質は「最高真実（paramārtha）・法（dharma）・教団」（samggha）」で、
　　　これらを三宝尊と称するとの記載もみられることから、その重要性がうかがわれる。
　　　　石井和子（1988b）79頁（107）、80〜81頁（113）、Kats, 1910, (60), (64).

529）　Monier-Williams（et al.）, 1999, p.504.

530）　Monier-Williams（et al.）, 1999.

531）　ドゥヴァーラパーラについて、Monier-Williams（et al.）, 1999. は、「様々なヤクシャの
　　　名称、およびそれらに関連する聖地」とし、ヤクシャとの関連を説く。また、ラークシ
　　　ャサ（Rākṣasa）にも、「保護者、監視者」などの意味がみられる。ibid, p.504, p.860. 作
　　　例が掲載された書籍でも、多い順に「Guardian」「Dvārapāla」「Rākṣasa（Rākshasa）」
　　　「Rākshasa guardian」「守門神」などの表記がみられた。

532) 永田郁（2002）15頁。インドの守門像については、永田郁（2002）（2004）氏による研究が詳しい。伊藤奈保子（2017）65〜68頁。

533) 門衛神として門両脇に楯と槍を持つ武人としてあらわされる（ピタルコーラー第4窟、前2世紀頃）。

534) 宮治昭（2004）182頁、図70。「守門神形のヤクシャ像の浮彫立像」と記載。

535) アジャンターの守門像には、第19窟ファサード左右の守門ヤクシャ像（永田郁〈2002〉や、第1窟後壁左右の守門像（肥塚隆・宮治昭〈2000〉図版240・241）。また、第16窟のエレファンタゲイトの守門ナーガ像（対象ではない）などがみられる。

536) アウランガーバード第7窟ヴェランダ（肥塚隆・宮治昭〈2000〉図版222）、エローラ第11、12窟の仏殿入口の守門菩薩像（Malandra, 1993. fig.202, 203, 218, 219）など。

537) インドの仏教系の守門像の場合、武装した像は、バージャー、ピタルコーラー、サーンチー第1塔の守門ヤクシャとされている像が数例報告されている。これらはいずれも、貴人（王侯貴族系供養者）の性格をあわせもつものである可能性が高く、持物に槍などを執り、入り口の門番として相応しい姿であらわされている。また、サーンチー第1塔などのように、武装像のほかに、供養系の性格を持つ像として、蓮華などの切り花を執るなど、その形状にヴァリエーションがみられる。

538) No.1630-12, No.1630-13, Juynboll, 1909, p.76.

539) Bernet Kempers, 1959, p.51, pl.105. 佐和隆研（1973）214頁。
　　寺院の南に1925年に4軀みつけられ、そのうちの2軀が現在インドネシアのソノブドヨ博物館に所蔵されている。

540) Sarkar, 1971-72, p.34. カラサン碑文には、「マハーラージャ・パナンカラナ（Paṇaṃkaranaḥ）を説得して、シャイレーンドラの王の王師たちは、ターラー（Tārā）女神の荘厳な祠堂を建造させた」とあり、パナンカラナはマタラーム王と考えられ、シャイレーンドラ朝がマタラーム朝に関係していたことがうかがわれる。

541) 中部ジャワ地域は、ムラピ山の安山岩を彫刻することが多い。

542) Girard-Geslan（et al.）, 1998, p.611, pl.720. ほかに Bernet Kempers, 1959, pl.125, 伊東照司（1989）図版12、佐和隆研（1973）214頁。セウは「千」の意味。平面で十字形をなす主寺院を中心に、周囲の東西南北に240基の小寺院が囲む。

543) Bondan（et al.）, 1982, p.95. ほかに Krom, 1926, p.53, PL.X Ⅶ.

544) 東京国立博物館編（1997）38頁、No.21.

545) Fontein, 1990, p.129, No.9.

546) Bernet Kempers, 1959, p.77, pl.227. ほかに Girard-Geslan（et al.）, 1998. p.610, pl.684. 伊藤奈保子（2005）633頁、図6。Bautze-Picron, 2014, pp.107-128.

第2章　インドネシアの宗教美術における鋳造像　223

547）　佐和隆研（1973）245頁、伊東照司（1989）86頁。

548）　No.12, ジャカルタ国立中央博物館蔵。Fontein, 1990, pp.164-165, No.26. 佐和隆研（1973）
　　　234頁、第143図「バイラヴァ頭部」、13世紀頃のペルティビ・タパヌリ（Pertibi Ta-
　　　panuri）出土。

549）　東京国立博物館編（1997）59頁。ほかに Fontein, 1990, p.130. Bernet Kempers, 1959,
　　　p.80, pl.239, 佐和隆研（1973）214頁、第126図、伊東照司（1989）図版72。

550）　東京国立博物館編（1997）58頁。

551）　伊藤奈保子（2004a）。台座に髑髏を配する作例は、ジャワおよびスマトラなどにおい
　　　てバイラヴァ像といったタントラ的像や他の作例にもみられる。Fontein, 1990, pp.162-
　　　163. 朴亨國（2000）89頁4-2. Girard-Geslan（et al.）, 1998, p.66, p.610, pl.677. Soebadio-No-
　　　to and Soebadio（et al.）, 1998, pp.78-81. 佐和隆研（1973）234頁、第144図など。

552）　No.189/KDR/96.

553）　Nos.100, 211a, 211b, 155b, 216, 217, 218, 219c.

554）　No.211b, ジャカルタ国立中央博物館蔵。

555）　No.155b, ジャカルタ国立中央博物館蔵。

556）　佐和隆研（1973）16頁、図24。Girard-Geslan（et al.）, 1998, p.613, pl.768.

557）　Pal, 1997, p.73, cat.88.

558）　ヴィクラマシーラ寺院址出土像など。頼富本宏・下泉全暁（1994）162頁。

559）　岩本裕訳、ヴァールミーキ著（1980）163頁。第一編の56。

560）　チャンディ・ロロ・ジョングランを建立したラカイ・ピカタン（Pikatan）王はチャ
　　　ンディ・ボロブドゥールを建立したとされるサマラトゥンガ（Samarattungga, Samarot-
　　　tungga）王の娘プラモーダヴァルダニー（Pramodavardhanī）を妻とした。チャンデ
　　　ィ・プラオサンは、ラカイ・ピカタン王により建立された仏教寺院。

561）　インドネシアにおいての立像の守門像について、他の東南アジア地域の作例を含んだ
　　　研究が今後必要と考えられる。

写真出典（下記以外は筆者撮影）

図62　所蔵館提供（アムステルダム国立博物館　No.251）

図65　Lunsingh Scheurleer and Klokke,1988, No.26.（ライデン国立民族学博物館　No.1403-
　　　2836,1883）

図68　No. A76/6068, ジャカルタ国立中央博物館蔵。東京国立博物館（1997）113頁。

図70　所蔵館提供（アムステルダム国立博物館　No.249, 1949）

図77　所蔵館提供（アムステルダム国立博物館　No.311, 1958）

図81　Krom,1926, pl. XIX. p.54.（ライデン国立民族学博物館所蔵）

図87　所蔵館提供（サンフランシスコ・アジア美術館　No.B86，BI）

図95　所蔵館提供（メトロポリタン美術館　No.1987.142.23）

図104　No.8534,ジャカルタ国立中央博物館蔵。東京国立博物館（1997）75頁。

図106　所蔵館提供（メトロポリタン美術館　No.1987.142.22）

図109　所蔵館提供（メトロポリタン美術館　No.1984.486.4）

図132　所蔵館提供（メトロポリタン美術館　No.1987.142.12）

図144　所蔵館提供（大英博物館　No.269093）

図150　所蔵館提供（アムステルダム国立博物館　No.1168, 1967)

図152　所蔵館提供（大英博物館　No.354329)

第3章　インドネシアの宗教美術における法具

第1節　鈴杵の形態

　前章までは、主に鋳造像をとりあげ、ヒンドゥー尊、仏教尊、密教尊、そして密教のなかでも金剛部尊を、インドネシアのとくにジャワから多数出土していることを紹介してきた。それらは、ほぼ時期を同じにして並存していたことが論証されたといえる。

　この章においては、儀礼に用いられる道具、すなわち「法具」について考察を行い、そこからインドネシアの宗教形態を探ってみたい。とくにインドネシアの法具のなかでも、最も遺品が多く、種類の変化に富む鈴と杵についてのべることとする。鈴は僧侶などが修法などの際に、諸尊を驚覚させ、歓喜させるため、手にして振りならすもので、杵は密教の修法に用いられ、その形状からもうかがわれるように、従来の研究からは、外敵となる魔を破る意味をもつとされる。それ

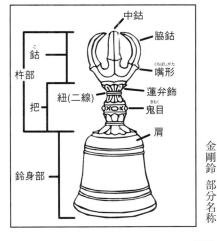
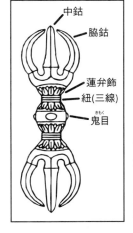

挿図1

ぞれの代表的な形態は、挿図1の通りである。

　筆者が確認した鈴は、インド、チベット、中国、韓国、日本、東南アジア（カンボジア・タイ）などであるが、鈷部に爪形の鈷が5つつくもので、いわゆる五鈷鈴が最も数が多く、基本形と考えられる。インドネシアの鈴には、上述の国々にはみられなかった、鈷部に多種多様な象徴が象られており、その種類は現段階で牛、獅子、人物などの、仏教に属さない作例も含め、大別して約20種を数える（表1）。仏教が信仰されたほかの地域ではこうした傾向はみられず、特異なものといえよう。また、その一々の形状については、いまだ公表、出版がなされていない。本書が、インドネシアの法具の資料提示となるものと思われ、それに基づいた今後のより詳細な研究も必要と考えられる。

　さて、筆者が確認できた金剛杵の作例は18例で、すべてが五鈷杵である。杵がみられることは、原則として密教の痕跡を確認することにつながる。なぜならば、普通の大乗仏教では、こうした密教法具は用いないからである。また、鈴は596例（内、鈷部・把部のみの残存作例が52例、鈴身部のみが23列）で、そのうち五鈷鈴は、246例である。そのなかで、37例の五鈷鈴に三昧耶形が刻まれていることが判明した。三昧耶形とは、密教において仏像の印契や持物といった、像が手にするものを象徴（シンボル）、図案として、その像をあらわすものであり、この象徴、図案をみれば、なんの像をあらわしているかがわかる。すなわち五鈷鈴自体はヒンドゥー教にも使用されているが、三昧耶形があることで、密教の修法に用いられた可能性が高いと考えられる。

　また、五鈷杵、五鈷鈴が、その形状ならびに材質などから一式を成すと考えられるものが2組確認された。これは、鈴杵が同時に使用されることを意味し、その修法は密教に限られることから、密教の修法に使用されていたことが推察できる。

　以上のことをふまえ、第3章第2節では、金剛杵と金剛鈴（五鈷鈴）についてそれぞれ考察を行う。これらは、仏教のなかでも密教に使用されたと考えられる法具である。そして第3項では、密教以外で使用されたのではないかと考えられる鈴をとりあげる。鈷部に象られたものは、ヒンドゥー教系と考えられるものを含め、その形もさまざまみられる。時代は資料から10世紀頃〜15世紀と、五鈷鈴よりも少し時代が下る。なお、用語、各部の名称は、『密教法具』（「日本の美術」No.282）に従う。

第3章　インドネシアの宗教美術における法具　227

それぞれの出土地を地図（図2-a・2-b）に示した。ただし、作例の出土地、推定制作年代については明確な断定は難しい。というのも、法具が比較的小型なので移動可能なこと、また博物館の表記資料が不十分だからである。今後は、個々の形態や成分分析等の検討が必要と考えられる。

挿図2-a　金剛杵出土図

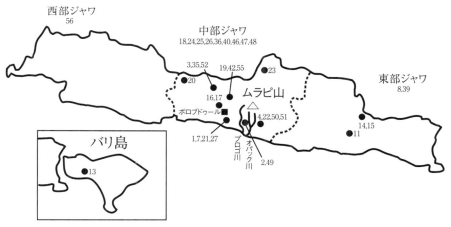

挿図2-b　金剛鈴出土図

第2節　密教系鈴杵

本節では、仏教、明らかに密教に使用されたと考えられる杵と鈴について考察を行う。杵は密教特有の法具であり、五鈷鈴はヒンドゥー教でも使用されるが、筆者の調査から、いくつかの五鈷鈴に密教であることを象徴する図案である三昧耶形がみつかった。これらは、密教の儀礼がインドネシアにおいて行われていた

可能性を示唆するものといえよう。以下、個別の考察を行うが、現行のバリの聖職者のプタンダ・ボダによる法具を使用した儀礼は、日本の真言宗、天台宗のそれに類似するものであるが、今後、別の検討が必要であろう。

第1項　鈴杵に関する文献資料とその周辺

まず金剛杵と金剛鈴に関する文献資料を確認しておきたい。

インドネシアの仏教文献では、10世紀以降成立したものとされ、古ジャワ語で成就法などが説かれた『サン・ヒアン・カマハーヤーニカン[10]』に、師が弟子に教義を説く際、身体中、舌が金剛杵であること、また金剛杵を体した心は一切の邪悪な心を消滅させること、ほかに延命、増益法の修法を行う場合、中央に金剛杵があるマヘーンドラ・マンダラを建立するなどの記述がみられ、金剛杵が重要なことを示す記述がみられる。

また、灌頂の儀軌と考えられ、42の梵文の偈頌を古代インドネシア語で釈す構成の『サン・ヒアン・カマハーヤーナン・マントラナヤ』の第11、12、29、32偈には、灌頂において金剛杵と金剛鈴と印契が重要であるという記述がみられる[11]。この文献は第11偈が『一切悪趣清浄軌』、第12偈が『真実摂経（Tattva-saṃgraha)』（以下、『真実摂経』）と『金剛頂瑜伽中略出念誦経』（以下、『略出念誦経』)、第29、32偈が『最上根本大楽金剛不空三昧大教王経』（以下、『理趣広経』)「一切如来大三昧曼荼羅儀軌分」第22に相応しており[12]、密教の段階でいうと、瑜伽タントラ、および瑜伽タントラから無上瑜伽タントラへの過渡期にあたる経軌の断片が引用されており、そのことからこうした密教の影響があったと考えられる。

漢訳資料にみられる金剛杵の記載は、長さや材質などについては、輸波迦羅訳『蘇婆呼童子請問経』巻上「分別金剛杵及薬証験分品」第4[13]に二十指以内の長さで、金、銀、銅などで作るなどの多種多様である記述がみられる。また、不空訳『都部陀羅尼目』に、杵の長さとともに、「両辺各有五股。五仏五智義。亦表十波羅蜜。能摧十種煩悩。成十種真如。便証十地[14]」と、五股が五仏五智などをあらわすことが説かれ、不空訳『大楽金剛不空真実三昧耶経般若波羅蜜多理趣釈』巻上[15]には、上下の十峰を如来の十真如、十法界、十如来地をあらわす金剛大空智とあり、天息災訳『一切如来大秘密王未曾有最上微妙大曼荼羅経』巻第5「鈴杵相分

出生儀則品第六」には金剛杵の上の五股が五如来で下の五股が四波羅蜜菩薩を意味することが説かれる

また、『真実摂経』には、金剛杵が仏の本性をあらわすという意味合いとともに、「瓶の灌頂」「金剛主灌頂」などに、阿闍梨が弟子に金剛杵を与えることが記され、修法において重要な意味をなすことが強調される。金剛智訳『略出念誦経』巻4にも、入壇授法の際、五股金剛杵が使用され、弟子に授与されるとあり、般若訳『諸仏境界摂真実経』巻下「護摩品」第9に、灌頂の際、瑜伽行者が金剛杵を授かってのち、金剛鈴を3遍振るとある。

さらに、『造像量度経』の梵文註釈『Saṃbuddhabhāṣita-pratimā-lakṣaṇavivaraṇī』に、金剛杵と、把部に一面の顔面をあらわし、鈴身部に三昧耶形を鋳出する金剛鈴の制作説明が詳しく記されており、ジャワの鈴との類似をみる。

図170

次に、インドネシアにおいて、金剛杵と金剛杵の形状があらわれた時期について考察したい。

まず、金剛杵については、ジャカルタ国立中央博物館（所蔵番号D141、図170）の石碑に彫られたものがあげられる。四角柱の一側面の上部に、嘴形のある脇鈷の閉じた金剛杵（現状は三鈷杵）が刻まれたもので、Śaka暦797年（875年）の銘文がみられ、中部ジャワの出土である。

金剛鈴は、建造物においてその形状が確認される。8世紀中頃建立とされるボロブドゥールの第一回廊の『本生譚』や、第二回廊から第四回廊にかけての『大方広仏華厳経』「入法界品」のレリーフに刻まれる。形状は、鈷部の先がみな閉じた金剛鈴である。これらの場面は、釈迦などを人々が礼拝する時、名士が寺院を来訪する時、音楽の演奏をする時であり、修法を描いたものは現在のところみられない。表現として、天上人や演奏者が手に持つか、木々にむすびつけられている。その使用目的の具体的な内容については、今後検討を加えたい。

鈴や杵を持つインドネシアの仏像の作例は、8世紀頃作とされる金銅造の金剛手像や、金剛杵と金剛鈴を持つ金剛薩埵像（第2章第4節金剛部系尊）が数軀確

表1

	所蔵	総長（cm）	鈷部	鈷数		鈷部の接着	鈷部の装飾
1	ジャカルタ国立中央博物館1	14.2	閉	5	5	×	雲形
2	ジャカルタ国立中央博物館2	13.8	閉	5	5	○	
3	ソノブドヨ博物館1	15.5	閉	5	5	○	
4	ソノブドヨ博物館2	20.0	閉	5	4	×	
5	ソノブドヨ博物館3	14.4	閉	5	5	×	
6	ラディヤプスタカ博物館1	13.0	閉	5	3	○	
7	ラディヤプスタカ博物館2	13.1	閉	5	3	×	
8	ラディヤプスタカ博物館3	11.8	閉	5	3	○	
9	ボゲム地域・歴史的古代遺物管理施設	14.5	閉	5	3	○	
10	ロンゴ・ワルシト博物館（鈴と対）	21.0	閉	5	5	×	
11	ライデン国立民族学博物館	17.0	閉	5	4	×	
12	サンフランシスコ・アジア美術館	13.3	閉	5	5	×	
13	ジャカルタ国立中央博物館3	26.1	閉	5	5	×	雲形
14	ムプ・タントゥラル博物館（鈴と対）	18.2	開	5	5	○	雲形
15	ロッテルダム博物館	18.0	開	5	4	○	雲形
16	アムステルダム個人コレクション1	18.0	閉	5	5	×	
17	アムステルダム個人コレクション2	17.7	閉	5	5	×	
18	アムステルダム個人コレクション3	16.0	閉	5	5	○	雲形

※表内、○は「有り」、×は「無し」をあらわす。推定年代の「前」は1世紀を半期に分け
　た前半を意味する。
①ジャカルタ国立中央博物館資料
②ソノブドヨ博物館資料
③ラディヤプスタカ博物館資料
④ボゲム地域・歴史的古代遺物管理施設資料
⑤ロンゴ・ワルシト資料

認される。[23]

　したがって、インドネシアにおける法具の形状があらわれるのは、少なくとも
8世紀にまでさかのぼることができるといってよいだろう。

蓮弁飾	鬼目部の文様	出土地	推定年代（世紀）	所蔵番号	資料
八葉	○	中部ジャワ	8-10前 ※	6636	①
八葉	○	中部ジャワ	8-10前	839m	①
八葉	○	中部ジャワ	8-10	／	②
八葉	×	中部ジャワ	8-10	／	②
八葉	×	中部ジャフ	8-10	／	②
八葉	×	中部ジャフ（Prambanan）	8-10	A121	③
八葉	○	中部ジャワ（Prambanan）	8-10	A122	③
八葉	○	中部ジャワ（Prambanan）	8-10	A123	③
八葉	×	中部ジャワ（Prambanan）	8-10	／	④
八葉	○	中部ジャワ	9	19	⑤
八葉	○	中部ジャワ	9	1403-2443	⑥No.65
八葉	×	ジャワ	9	／	⑦
八葉	○	中部ジャワ（Klaten）	9-10／13-14	8390	①⑧No.72⑨No.40
八葉	×	東部ジャワ（kediri）	10-13	648	⑩
八葉	×	東部ジャワ	10-16	33987	⑥No.66
八葉	○	ジャワ	不明	／	⑪
八葉	×	ジャワ	不明	／	⑪
八葉	×	ジャワ	不明	／	⑪

⑥Lunsingh Scheurleer and Klokke, 1988.
⑦サンフランシスコ・アジア美術館資料
⑧Fontein, 1990.
⑨東京国立博物館（1981）
⑩ムプ・タントゥラル博物館資料
⑪アムステルダム個人資料

第2項　五鈷杵の実作例（表1）

　筆者が確認した金剛杵は、総数18例でいずれも五鈷杵であり、材質は現状ですべて青銅製である。制作法は蝋型鋳造によるものと考えられ、一鋳とみられる。総長は13.0cmから26.1cm。形状は、五鈷杵を象る鈷部と手で握る把部からなる。

図171

図172

特徴は以下の5つがあげられる。

1. 脇鈷の4本の鈷先が、閉じたものと開いたものの2種に大別される。（図171・172）（以下、煩雑を避けるため、閉じたものを「閉鈷式」、開いたものを「開鈷式」と称する）。[24]
2. 鈷の背には雲形の文様が1カ所、もしくは2カ所に施されるものがある。
3. 把部の鬼目部は装飾のあるもの、または装飾のないものが約半数ずつの割合で認められる。[25]
4. 鬼目部の両脇は円盤形を重ねるか、紐帯もしくは連珠文帯などで締められる。
5. 蓮弁飾が各八葉（間に小蓮弁をのぞかせる）ずつ、すべての作例に施される。

18例中16例が、閉鈷式である。閉鈷式は、中央の中鈷に向かい、脇鈷の鈷先が湾曲する形状をとり、作例中には4本の脇鈷の先端が中鈷と接着する例が、約半数の割合でみられる。また、すべての作例に共通して嘴形がみられ、脇鈷の基部には、花弁状の飾りやさまざまな装飾が施されている。なかには、脇鈷の先端が

第3章　インドネシアの宗教美術における法具　233

図173

すぼまり、嘴形が一層強調されたもの[26]〔表1、No.4〕が1例確認される。
　開鈷式は、脇鈷の鈷先が外側へ広がる形状をとる。閉鈷式のように明確に嘴形と判明するものはみられないが、すべての作例に共通して、脇鈷の基部と鈷の境に、突起や凸線があらわされている。基部には外側に向け、さまざまな装飾が施され、中鈷の中央部分と4本の脇鈷の内側の各1カ所が、棒状の補強材をはさんで接合されるものが約半数の割合でみられる。
　各地の博物館所蔵資料によると、推定制作年代および出土地は、閉鈷式が8～14世紀頃の中部ジャワにおいて、開鈷式は10～16世紀頃の東部ジャワに確認され、作例そのものが移動された可能性もあることは否めないが、閉鈷式が開鈷式より先行して制作されていたことが推察される。これは、インドネシア美術史で区分される、中部ジャワ地域を中心とした中部ジャワ期と東部ジャワ地域を中心とした東部ジャワ期にそれぞれ対応しており、各時代においてこれらの法具が使用されていたものと推察される。
　また、金剛鈴と対をなす杵は、鈷部、把部が鈴と同じ形状をとり、閉鈷式と開鈷式の作例に各1例〔表1、Nos.10,14〕が認められる（図173）[27]。これらの2例と同様に、ほかにも鈴と対を成していた金剛杵が含まれている可能性が考えられる。

234

表2

種類	番号	総高(cm)	鈷部 開閉	鈷部 鈷数	把部・顔面部	鈴身部 三昧耶形 金剛杵(東)	宝珠(南)	蓮華(西)	羯磨杵(北)	中央
①団形(算盤の珠形)を鬼目部に有するもの (計205・内三昧耶形有り15)	1	14.2	閉	5	×	○	○	○	○	
	2	16.5	閉	3	×	○	○	○	○	金剛杵
	3	12.1	欠	0	×	○	○	○	○	○
	4	14.3	欠	1(中鈷)	×	○	○	○	○	○
	5	14.5	閉	3	×	○	○	○	○	○
	6	15.7	閉	5	×	○	○	○	○	金剛杵
	7	23.6	閉	1(中鈷)	×	金剛杵・弓箭	鉤・輪?	剣・棒?	羂索・旗	
	8	14.5	欠	0	×	金剛杵・三叉戟	不明・鉤	羂索・髑髏杖?	剣・不明	
	9	14.0	開	3	×	○鈷部	○鈷部	○鈷部	○鈷部	素文
	10	19.2	開	5	×	○鈷部	○鈷部	○鈷部	○鈷部	素文
	11	17.3	開	5	×	○鈷部	○鈷部	○鈷部	○鈷部	素文
	12	16.9	開	5	×	○鈷部	○鈷部	○鈷部	○鈷部	素文
	13	16.8	開	5	×	○鈷部	○鈷部	○鈷部	○鈷部	素文
	14	15.8	開	5	×	○鈷部	○鈷部	○鈷部	○鈷部	素文
	15	15.2	開	5	×	○鈷部	○鈷部	○鈷部	○鈷部	素文
②一面の顔面があらわされるもの (計5・三昧耶形有り2)	16	14.2	閉	5	菩薩	○正面	○右	○背面	○左	
	17	10.8	欠	0	菩薩	×	×	×	×	素文
	18	9.6	閉	5	菩薩	欠失	欠失	欠失	欠失	欠失
	19	15.3	閉	5	不詳	○正面	○右	○背面	○左	金剛杵
	20	16.7	閉	5	菩薩	×	×	×	×	○
③四面の顔面があらわされるもの (計27・三昧耶形有り15)	21	7.8	欠	0	菩薩	○	○	○	○	○
	22	11.5	欠	0	菩薩	○	○	○	○	○金剛杵
	23	16.3	閉	0	菩薩	○	○	○	○	○金剛杵
	24	13.8	閉	0	菩薩	○	○	○	○	○金剛杵
	25	15.0	閉	5	菩薩	○	○	○	○	○金剛杵
	26	18.5	閉	5	菩薩	○	○	○	○	○
	27	21.5	閉	5	菩薩	○	○	○	○	○
	28	17.8	閉	3	菩薩	○	○	○	○	○
	29	15.7	欠	1(中鈷)	菩薩	○	○	○	○	○
	30	17.2	閉	5	菩薩	○	○	○	○	○
	31	16.0	閉	5	菩薩	○	○	○	○	○
	32	23.5	閉	5	菩薩	○	○	○	○	○
	33	14.0	閉	5	菩薩	○	○	○	○	○
	34	15.6	閉	2	菩薩	金剛杵・不明	宝珠・不明	蓮華・不明	羯磨杵・不明	○
	35	15.0	閉	5	菩薩	金剛杵・不明	宝珠・不明	蓮華・不明	羯磨杵・不明	○
	36	12.6	欠	1(中鈷)	菩薩	×	×	×	×	○
	37	15.7	閉	5	菩薩	×	×	×	×	○
	38	14.9	欠	1(中鈷)	菩薩	×	×	×	×	○
	39	15.5	閉	5	菩薩	×	×	×	×	○
	40	14.0	閉	3	菩薩	×	×	×	×	○
	41	16.1	閉	5	菩薩	×	×	×	×	○
	42	10.3	閉	4	菩薩	×	×	×	×	○
	43	10.8	欠	0	菩薩	×	×	×	×	○
	44	24.0	閉	5(変形)	菩薩	×	×	×	×	○
	45	11.2	閉	3	菩薩	欠失	欠失	欠失	欠失	欠失
	46	16.4	閉	5	菩薩?	×	×	×	×	○
	47	5.1	欠	0	忿怒相	欠失	欠失	欠失	欠失	欠失
④鬼目部に加え，環形を伴うもの (計7・三昧耶形有り5)	48	10.3	欠	0	×	○環の貫通側	○環の側面側	○環の貫通側	○環の側面側	○
	49	12.6	閉	5	×	○環の貫通側	○環の側面側	○環の貫通側	○環の側面側	○
	50	13.7	閉	4	×	○環の貫通側	○環の側面側	○環の貫通側	○環の側面側	○
	51	13.7	閉	3	×	○環の貫通側	○環の側面側	○環の貫通側	○環の側面側	○
	52	16.7	閉	5	×	○環の貫通側	○環の貫通側	○環の貫通側	○環の貫通側	○
	53	19.3	閉	5	×	×	×	×	×	○
	54	11.3	閉	4(中鈷が球)	×	×	×	×	×	○
⑤顔面に加え，環形を伴うもの	55	20.0	閉	5	菩薩	×	×	×	×	○
⑥牛の背に五鈷がついたもの	56	18.0	閉	5	×	×	×	×	×	素文

※○は「有り」、×は「無し」をあらわす。
①ジャカルタ国立中央博物館資料
②Juynboll,1909.
③ボゲム地域・歴史的古代遺物管理施設資料
④ミュゼオン（ハーグ／オランダ））資料
⑤国立ベルリン・インド博物館資料
⑥Lohuizen-de Leeuw,1984.
⑦Fontein. 1990.
⑧Lerner and Kossak, 1991.
⑨DraTri Lestari Hartati, *Genta koleksi Museum Sonobudoyo*, Yogyakarta 1999.
⑩Lunsingh Scheurller and Klokke, 1988.

第３章　インドネシアの宗教美術における法具　235

裾	その他	所蔵博物館・番号	出土地	推定年代（世紀）	資料
金剛杵・線・蓮		ジャカルタ国立中央博物館　899	中部ジャワ（Purworejo）	7後-9	①
線		ジャカルタ国立中央博物館　904c	中部ジャワ（Yogyakarta,）	8-10	①
蓮		ライデン国立民族学博物館　1403-2406	中部ジャワ（Dieng）	8-10前	②p.146
線		ボゲム地域・歴史的古代遺物管理施設	中部ジャワ（Prambanan）	8-10	①
金剛杵・線・蓮		ライデン国立民族学博物館1403-1821	ジャワ	不明	②p.146
蓮		ミュゼオン（ハーグ）7549	ジャワ	不明	④p.6
蛇・蓮	八文様	ライデン国立民族学博物館1403-2226		不明	②p.147
蓮	八文様	国立ベルリン・インド博物館 Ⅱ239		不明	⑤
線	鈷に雲形	リンデン州立博物館18535	ジャワ	10-15	⑥No.70
線		ジャカルタ国立中央博物館　7843	東部ジャワ（Malang）	13-15？	①
線	鈷に雲形	ジャカルタ国立中央博物館　883	ジャワ	13-14	①
線	鈷に雲形	メトロポリタン博物館1987.142.243	バリ（Jembrana）	13-14	⑧No.167
線	鈷に雲形	ジャカルタ国立中央博物館　882	東部ジャワ（Pasuruan）	14-15	①
線		ジャカルタ国立中央博物館　885	東部ジャワ（Pasuruan）	14-15	①
線		ジャカルタ国立中央博物館　888	ジャワ	14-15	①
金剛杵・線	鈷部に獣の形有り	ジャカルタ国立中央博物館　910	中部ジャワ（Magelang,）	8-10前	①
×		ジャカルタ国立中央博物館　911	中部ジャワ（Magelang）	8-10前	①
欠失	鈴身部なし	リンデン州立博物館35283	中部ジャワ	8-10	⑥No.68
金剛杵・上12下16	鈷に雲形・肩に蓮八葉	ジャカルタ国立中央博物館　8349	中部ジャワ（Kedu）	8-10	①
蓮		ジャカルタ国立中央博物館　6626	中部ジャワ（Brebes）	9	①
金剛杵・蓮		ジャカルタ国立中央博物館　914	中部ジャワ（Purworejo）	7後-9	①
蓮		ジャカルタ国立中央博物館　7934	中部ジャワ（Prambanan）	8-10前	①
金剛杵・線		ジャカルタ国立中央博物館　8353	中部ジャワ（Kudus）	8-10前	①
金剛杵・線・蓮		ソノブドヨ博物館　4599／88	中部ジャワ	8-10	⑨
金剛杵・蓮		ソノブドヨ博物館	中部ジャワ	8-10	⑨
金剛杵・蓮	鈷に雲形	アムステルダム国立博物館 MAK314	中部ジャワ	9	⑦No.71⑩No.67
金剛杵・蓮	金剛杵と一対	ロンゴ・ワルシト博物館 19	中部ジャワ（Rejoso／Bagelen）	9	⑪p.16
金剛杵・蓮		リンデン州立博物館 35279	ジャワ	9-10	⑥No.61
金剛杵・蓮		リンデン州立博物館35280	ジャワ	9-10	⑥No.62
金剛杵・線		ライデン国立民族学博物館1403-2442	ジャワ	不明	②p.148
線・蓮		トロッペン博物館1772－394	ジャワ	不明	⑫
金剛杵・線・蓮		ロッテルダム博物館　31467	ジャワ	不明	⑬
金剛杵・線・蓮		ライデン国立民族学博物館1630-15	ジャワ	不明	②p.148
金剛杵・線	八文様	リンデン州立博物館 35282	ジャワ	9-10	⑥No.64
金剛杵・線・蓮	八文様	ライデン国立民族学博物館1403-1671	中部ジャワ（Dieng）	不明	②p.148
蓮		ジャカルタ国立中央博物館　913	中部ジャワ	8-10前	①
蓮	No.36と同形	リンデン州立博物館 35281	ジャワ	9-10	⑥No.63
蓮		メトロポリタン美術館 142.26	ジャワ	10後-11	⑧No.165
蓮		大英博物館 Ⅱ240	東部ジャワ	11	⑤pp.53-54
蓮		トロッペン博物館　1292-1	ジャワ	不明	⑫
蓮	No.36と同形	アムステルダム個人コレクション	ジャワ	不明	⑭
欠失	鈴身部下部欠失	ライデン国立民族学博物館1403-2375	Kedu, 中部ジャワ	不明	②p.148
蓮		ライデン国立民族学博物館1403-1648	ジャワ	不明	②p.149
蓮	鈷部が蓮形	ミュゼオン（ハーグ）7550	ジャワ	不明	④
欠失	鈴身部なし	トロッペン博物館 2960-56	ジャワ	不明	⑫
蓮	脇鈷の間に顔面	ジャカルタ国立中央博物館　8278	中部ジャワ	8-10前	①
欠失	鈷部・鈴身部なし	ジャカルタ国立中央博物館　915	中部ジャワ	8-10前	①
線	環の外側に金剛杵	ジャカルタ国立中央博物館　8279	中部ジャワ	7-10前	①
線	環の外側に金剛杵	ジャカルタ国立中央博物館　7295	中部ジャワ（Yogyakarta）	8-10前	①
線	環の外側に金剛杵	ラディヤプスタカ博物館 A111	中部ジャワ（Prambanan）	8-10前	⑮
線	環の外側に◎文様	ラディヤプスタカ博物館 A621	中部ジャワ（Prambanan）	8-10前	⑮
線	鈴身部肩に蓮八葉	ライデン国立民族学博物館1403-2405	中部ジャワ（Dieng）	不明	②p.147
線		ライデン国立民族学博物館1403-2877	ジャワ	不明	②p.147
線	鈴身部縦長	ジャカルタ国立中央博物館　917	ジャワ	不明	①
蓮		大英博物館 152979	中部ジャワ（Kedu）	10-11	⑯
線		ジャカルタ国立中央博物館 828a	西部ジャワ	14	⑰p.138

⑪Ds. Nugrahani, *Katalog Artefak Temuan Rejoso* 1997, Prambanan, 1998.
⑫トロッペン博物館（オランダ）資料
⑬ロッテルダム博物館資料
⑭個人コレクション（アムステルダム）資料
⑮ラディヤプスタカ博物館資料
⑯大英博物館資料
⑰東京国立博物館（1997）

第3項　五鈷鈴の実作例（表2）

　筆者が確認した金剛鈴（五鈷鈴）は、246例である。材質は青銅製が主流である[28]。制作法は蠟型鋳造と考えられ、技法は鈴杵別鋳して組み合わせたもの、または総体一鋳の両様がみられる。総高は完品で12.6cmから23.6cm。形状は、吊鐘形の鈴身部と、その鈴身部の先端に把部と金剛杵を象った鈷部をあわせたもので、鈴内に舌を垂らす。特徴は以下の4つがあげられる。

　1．鈷部は金剛杵と同様、閉鈷式と開鈷式の2種に大別される。
　　　閉鈷式の9割以上の作例は、鈴身部に装飾が施されており、開鈷式は装飾がされない。
　2．脇鈷の背には雲形の文様が1カ所、もしくは2カ所に施されるものがある。
　3．把部の形状が6つに類別できる。
　　　①団形（算盤の珠形）を鬼目部に有するもの（図174）
　　　②一面の顔面があらわされるもの[29]（図175）
　　　③四面の顔面があらわされるもの[30]（図176、177）
　　　④鬼目部に加え、環形を伴うもの[31]（図178）
　　　⑤顔面に加え、環形を伴うもの（図179）
　　　⑥牛の背に五鈷がついたもの[32]（図180）
　4．三昧耶形が確認される。
　　　①四種の三昧耶形が鈷部（脇鈷の基部、図181、182）と鈴身部に刻まれる[33]。（図183）
　　　②八種の三昧耶形が鈴身部に刻まれる（図184）

部分別考察

　以下、上述の特徴について、鈴を鈷部、把部、鈴身部の各部位に分けて考察を行いたい。

鈷部

　金剛杵と同様に、閉鈷式と開鈷式の2種に大別される。形状は金剛杵と同様の形式がとられる。閉鈷式は96例、開鈷式は117例と、約半数ずつの割合で確認される。欠失などの不明の数は33例。それぞれ脇鈷の基部において、閉鈷式の作例

第3章　インドネシアの宗教美術における法具　237

図174

図175

図176

図177

図178

図179

図180

図181

図184

図182

図183

第3章　インドネシアの宗教美術における法具　239

図185

図186

では、獣の形をあらわすもの獅噛（しかみ）〔表2、No.16〕（図185）がみられ、また開鈷式には、明確に三昧耶形と判明できるもの（図182）〔No.10〕が7例あることが注目される[34]。

　また、閉鈷式は嘴形が強調されるものが多く、そのうちの1つには、中鈷に鎖がかかっている[35]。

　特殊な形状として、五鈷全体が蓮華の形をとるもの〔No.44〕[36]、脇鈷が鳥や魚の形を成すもの[37][38]、また脇鈷4本の間に四面（図186）〔No.46〕をあらわすものがみられる。

　各地の博物館所蔵資料の解説をもとに、インドネシアのものと思われる法具の全体的な推定制作年代および出土地を分析してみた。その結果、資料に依れば閉鈷式は7世紀後半～11世紀頃で中部ジャワ地域に、開鈷式は10世紀～16世紀までの東部ジャワ地域、およびバリ島に確認できる。金剛鈴においても閉鈷式が、開鈷式に先行して制作されたであろうことが推定できる。

把部

　以下の6つに類別される。①団形（算盤の珠形）を鬼目部に有するものが205

例、②一面の顔面があらわされるものが5例、③四面の顔面があらわされるものが27例、④鬼目部に加え、環形を伴うものが7例、⑤顔面に加え、環形を伴うものが1例、⑥牛の背に五鈷がついたものが1例である。

鈴身部

鈴身中央部分が、装飾の施されるものと、施されない素文の2種に大別される。

装飾の施される作例の場合、その9割以上に把部からつながる肩部分に、仰蓮と伏蓮からなる2段の蓮弁を組み合わせた蓮華があらわされている。中央部は紐帯、もしくは金剛杵が廻らされ、4カ所または8カ所で括られる花輪飾りが施されるものが主流である。括られた箇所からは飾りが垂れる。4カ所または8カ所の部分には花飾りや三昧耶形が鋳出される。裾まわりは、9割以上の作例が仰蓮と伏蓮からなる蓮華を有している。他に、金剛杵と線を刻むもの、金剛杵の下に蓮華を有するものなどがみられる。中央部と裾まわりの金剛杵の表現は、閉鈷式の三鈷杵の形である。また、中央部、もしくは裾まわりに金剛杵が廻らされる場合、そのすべての作例の鈴身部に三昧耶形が刻まれている。このことから、金剛杵と三昧耶形の相関関係が深いことが導き出される。[39]

素文の作例は、肩部分に花弁模様、もしくは1ないし複数の線が刻まれる。中央部には文様は入らない。裾まわりは、1ないし複数の線が刻まれるのみで、装飾はみられない。

これらのほか、特殊な例として、中央部の四方に一面ずつ獣（カーラか、図187）の形が鋳出されたものや、裾まわりの蓮華の上に蛇（図188）〔No.7〕が鋳出されたものがみられる。[40]

なお、鈴身内部の上方には、環状の金具を備え、揺動させて音を出すための舌がかけてある（図189）。[41]

鈷部、鈴身部、把部を考察して、以下のことが導き出せる。

閉鈷式の鈴は、まず把部において、団形（算盤の珠形）を鬼目部に有するもののほかに、一面や四面の顔面、環形、顔面に加え環形を伴うものなど、特徴ある形状があらわされる。鈴身部には、作例の9割以上がさまざまな装飾が施され、中央部、花輪飾りの括る箇所が花飾りの場合は、すべて閉鈷式である。また四種と八種の三昧耶形がみられる。

開鈷式の鈴は、脇鈷の基部にさまざまな装飾が施され、なかには三昧耶形が刻

第3章　インドネシアの宗教美術における法具　241

図187

図188

図189

まれる作例もみられる。また、把部は、鬼目部に団形（算盤の珠形）があらわされるのみで、閉鈷式のように、特徴ある形状はみられない。鈴身部も全作例において、装飾がみられない素文である。

　早い時期の中部ジャワ期には装飾が施された閉鈷式の鈴が使用され、時代が下るに従い、東部ジャワ期に装飾が簡素化された開鈷式の鈴が制作されたと考えるのが妥当であろう。

把部別形状の考察

　さて、インドネシアの金剛鈴の形状を、把部による分類から確認をしたい。とりあげる作例は、欠失部が少なく、細部の確認が可能で、できるだけ完品に近いものを選出した。

①団形（算盤の珠形）を鬼目部に有するもの（図174）〔No.1〕

　鬼目部に団形を有し、その上下に円盤形が重なるもので、全体として205例が確認される。閉鈷式、開鈷式の両方の鈴にみられ、団形には装飾は施されない。

②一面の顔面があらわされるもの（図175）〔No.16〕

　全体として、5例が確認される。把部の中央に一面があらわされ、その頭上に蓮弁帯を飾り、五鈷杵を載く形状をとる。鈷部の鈷先は欠失している1例を除き、閉鈷式である。面相は不詳の1例（図184）〔No.46〕以外は、菩薩が鋳出される。すべての作例が頭飾、耳飾をつけ、髻には、頭頂で結う作例〔Nos.16, 18, 20〕と後頭部で結う作例〔Nos.17, 19〕の2通りがある。また、額の中央に、白毫状の円形の突起が表現される鈴〔No.18〕が1例みられる。首より下部は、仰蓮と伏蓮からなる蓮華が備えられ、それが鈴身部につながる。〔No.19〕のみが蓮華にかわって、文様の施された団形が備わる。鈴身部は、三昧耶形が鋳出される作例が2例と、ほかに素文、欠失、紐帯が廻らされるものが各1例である。裾まわりは、三昧耶形が鋳出される作例には金剛杵が廻らされ、紐帯が廻らされるものには蓮華が刻まれる。判明する出土地は、5例すべてが中部ジャワで、推定制作年代は8～10世紀頃である。

　一例をジャカルタ国立中央博物館蔵の鈴〔No.16〕にみると、総高が14.2cm、口径は6.5cm。舌は欠失している。鈷部は鈷数が5本、閉鈷式である。脇鈷の基部には獣の形（ガルダか）をあらわすもの（8mm）がみられる。鈷部の下、把部には蓮肉を伴う蓮弁帯が飾られる。円盤形を隔てて一面の菩薩面があり、髻を頭頂で結い、頭飾、耳飾をつける。首より下部は蓮肉を伴う蓮華が鈴身部につながる。鈴身部の中央は紐帯と連珠が廻らされ、8カ所を括る連珠の花輪飾りが施され、括る下部から連珠が垂れる。この8カ所中、把部にあらわされた一面の前後左右にあたる4カ所には、正面に金剛杵、右に宝珠、背面に蓮華、左に羯磨杵の三昧耶形が配され、ほかの4カ所には花飾りが施される。裾まわりは金剛杵（1.3cm）が8つ、花輪飾りで括られる8カ所の真下の同位置に廻らされ、その下に三条の線が刻まれる。

　この顔面と三昧耶形の位置関係は〔No.19〕も同様であり、この作例の場合、三昧耶形は連珠の花輪飾りの内側に刻まれる。

第3章　インドネシアの宗教美術における法具　243

③四面の顔面があらわされるもの（図176、177）〔No.28〕[42]

　全体として、27例が確認される。把部の中央四方に一面ずつを配し、その頭上に蓮弁帯を飾り、五鈷杵を載く形状をとる。鈷部の鈷先は欠失している7例を除き、閉鈷式である。面相は、菩薩と推察される作例〔No.46〕と、下牙を有する忿怒相の作例（図177）〔No.47〕の2例以外、菩薩である。それらはNo.46を除いて、頭飾、耳飾をつけている。また、額の中央に、白毫状の円形の突起、または窪みの表現が確認できる鈴〔Nos.24, 25, 26, 28, 29, 30, 32, 33, 34, 40, 41, 43, 55〕が13例にみられる。首の下部は、蓮肉を伴う蓮華が鈴身部につながっている。鈴身部は欠失している2例を除き、すべての作例に花輪飾りなどの装飾がなされ、中央部に金剛杵が廻らされる例もみられる。また、約半数の15例には四種の三昧耶形が鋳出されており、それらは共通して把部にあらわされる四面の真下に位置している。後述する2例〔Nos.7, 8〕には、武器をおもわせる八種の三昧耶形が確認される。裾まわりは、蓮華、金剛杵、蓮華と金剛杵の3通りがみられる。

　三昧耶形の作例の15例中12例に、中央部もしくは裾部に金剛杵が廻らされており、三昧耶形と金剛杵の相関関係がここにもみてとれる。判明する出土地は27例すべてが中部ジャワで、推定制作年代は7世紀後半～11世紀頃である。

　一例をリンデン州立博物館蔵の鈴〔No.28〕にみると、総高が17.8cm、口径は6.8cm。舌は欠失している。鈷部は、鈷数が中鈷を含み3本で、2本は欠失している。閉鈷式で、嘴口がある。把部は蓮肉を伴う蓮弁帯が飾られ、その下に円盤形を隔て4つの菩薩面がある。面相は髻を結い、頭飾、耳飾をつけ、額の中央に円形の突起の表現がされる。首より下部は蓮肉を伴う蓮華が飾られる。鈴身部は、中央部に紐帯が廻らされ、8カ所を括る連珠の花輪飾りがみられ、括る箇所より連珠が垂れる。把部の四面の真下に位置する4カ所には、金剛杵、宝珠、蓮華、羯磨杵の三昧耶形がみうれ、ほかの4カ所は花飾りが施される。裾まわりは、金剛杵が廻らされ、その下に三条の線と、蓮肉を伴う蓮華が刻まれる。

④鬼目部に加え、環形を伴うもの（図178）〔No.51〕

　全体として、7例が確認される。把部の中央に鬼目部を有し、その下に円形に貫通する環形を備える形状をとる。鈷部の鈷先は欠失している1例を除き、すべて閉鈷式である。鈷部の下に蓮弁帯を有し、鬼目部を隔て環がある。鬼目部と環の間には、蓮華を象るもの〔Nos.49, 50, 51〕、円盤形のもの〔Nos.52, 53, 54〕、そ

244

図190

の円盤形の四方に金剛杵が鋳出されるもの〔No.48〕がみられる。また、環の側面(外枠)の表面には文様が施され、金剛杵が刻まれる場合〔Nos.48, 49, 50〕(図190)が多い。鈴身部は、すべての作例に装飾が施されており、5例に三昧耶形が確認される。この三昧耶形の位置は、環形の貫通部の真下と側面部の真下に位置している。裾まわりは、すべての作例に線が刻まれる。

判明する出土地は、いずれの作例も中部ジャワで、推定制作年代は7〜10世紀初期である。

一例をラディヤプスタカ博物館〔No.51〕にみると、総高が13.7cm、口径は5.8cm。鈷部は鈷数が中鈷を含み3本で、2本が欠失している。閉鈷式で、嘴口がある。鈷部の下の把部には蓮弁帯が飾られる。中央部分に団形の鬼目部があり、その上下は連珠帯で締められる。連珠帯の下には蓮弁が象られ、環がつづく。環の側面(外枠)の表面には円形の文様が刻まれている。環の下は蓮肉を伴う二重蓮華が鈴身部につながる。鈴身部は、中央部に二重円の文様が廻らされ、その文様上に三昧耶形が鋳出される。三昧耶形は、把部の環の側面に当たる位置に金剛杵、貫通部側に宝珠、側面部側に蓮華、貫通部側に羯磨杵があらわされる。裾まわりには一条の線が刻まれる。鈴身部内部には、先端に文様を刻んだ露玉形の舌をつる。

⑤**顔面に加え、環形を伴うもの**(図179)〔No.55〕

把部に環形を備え、その下の二重蓮華を隔てて四面を有する形状で、1例のみである。大英博物館所蔵の鈴は、総高が20.0cm、口径は6.7cm。舌は欠失している。鈷部は鈷数が中鈷を含み3本で、2本が欠失している。閉鈷式で、嘴口がある。把部には蓮肉を伴う蓮弁帯が飾られ、その下に環が象られる。環の下には蓮肉を伴う二重蓮華を挟み、四方に菩薩面が一面ずつあらわされ、首より下には蓮肉を伴う二重蓮華が刻まれ、鈴身部につながる。鈴身部は、中央部が紐帯で廻らされ、8ヵ所を括る花輪飾りが施される。裾まわりには線と二重蓮華が刻まれる。判明する出土地は中部ジャワで、推定制作年代は10〜11世紀頃である。

第3章　インドネシアの宗教美術における法具　245

⑥牛の背に五鈷がついたもの（図180）〔No.56〕

　五鈷の基部に牛を有する形状で、１例のみである。この作例に関しては、牛を象るところから、ヒンドゥー教の要素が強いものと思われる。少なくとも仏教、密教の表現ではない。ジャカルタ国立中央博物館所蔵の鈴（図180）〔No.56〕は、総高が18.0cm、口径は9.0cm。舌は欠失している。鈷数は５本、開鈷式である。牛が把部の蓮弁飾り上にあらわされる形をとり、装飾の施されない鬼目部をはさんで上下２つずつの円盤形が重なる。鈴身部は素文で、肩部と裾まわりには線が刻まれる。判明する出土地は西部インドネシアで、推定制作年代は14世紀頃である。

	金剛杵	宝珠	蓮華	羯磨杵
No.4 把部・団形				
No.16 把部・一面				
No.30 把部・四面				
No.49 把部・環形				
No.10 脇鈷の基部				
No.19 把部・一面				
No.52 把部・環形				

表3　四種の三昧耶形

第4項　五鈷鈴・四種三昧耶形（表3）

　現段階の資料で、インドネシアの鈴に三昧耶形が刻まれる作例は五鈷鈴のみで、246例中、37例にみられる。標幟は四種三昧耶形（金剛杵、宝珠、蓮華、羯磨杵）と武器などが鋳出される八種三昧耶形である。以下、特徴をのべる。

　四種の三昧耶形の標幟は、すべての作例において、時計まわりに金剛杵、宝珠、蓮華、羯磨杵の順であらわされている（表3）。鋳出される箇所は、1.鈷部の脇鈷基部（7例）、もしくは、2.鈴身部（26例）である。この四種の三昧耶形は、7世紀後半〜15世紀頃の中部ジャワから東部ジャワの地域において制作されたようである。

　まず、三昧耶形の表現についてのべると、さまざまな形状がみられる。金剛杵はすべての作例において、三鈷杵の形にあらわされる。宝珠は三弁宝珠のようにみえ、とくに〔No.30〕はその特徴をあらわしている。蓮華は正面からみたものと、上からみたものとがあり、正面から見たものは未開敷蓮華、上からみたものは開敷蓮華で、四葉、八葉がみられる。羯磨杵は全作例を通し、三鈷を十字に交差させた十二鈷羯磨杵と思われる。

　これらの広義の『金剛頂経』系の三昧耶形は、蓮華座上にあらわされることが多く、蓮華座を伴わないものとしては、脇鈷基部に鋳出される作例〔Nos.9, 10, 11, 12, 13, 14, 15〕、把部に一面の顔面があらわされる作例〔No.19〕、鬼目部に加え環形を伴う作例〔No.52〕があげられる。

　次に、三昧耶形が鋳出される箇所の違いにより鈴に一定の特徴がみられるので、それをのべたい。

1．鈷部の脇鈷基部に三昧耶形があらわされる場合　（図181、182）〔No.10〕

　鈷部は、判明するものはすべて開鈷式で、鈴身部は素文である。開鈷式の鈴の117例中、明確に三昧耶形と判明できる鈴は7例みられ、その表現は、鈴身部にあらわされるものよりも多様化している。例として、開敷蓮華が上下二段に重なり、宝珠が台座上に表現されるもの〔Nos.14, 15〕などがある。また、小区画に鋳出されるためか、全体に細部までは表現されない。判明する出土地は東部ジャワやバリで、推定制作年代は13〜15世紀頃である。東部ジャワ期には、鈷部に三昧耶形を有した開鈷式の鈴が、密教の儀礼に使用されていたことが推察される。

2．鈴身部に三昧耶形があらわされる場合（図183）〔No.19〕

　鈷部は、判明するものはすべて閉鈷式である。鋳出される箇所は、中央部の花輪飾りのなかの括られる4カ所か、花輪飾りの内側である。三昧耶形があらわされる鈴を、把部の形状で類別すると、鬼目部に加え、環形を伴うものの7割、ついで一面や四面の顔面があらわされるものの半数以上に鋳出されることが確認される。以下、特徴をのべる。

　①団形を鬼目部に有するものの場合、205例中6例にみられ、脇鈷の4本の真下に当たる鈴身部の箇所に三昧耶形があらわされる。②一面の顔面をあらわすものは、4例中（1例欠失は含まず）の2例で、顔面正面の真下に当たる鈴身部の箇所に金剛杵、右に宝珠、背面に蓮華、左に羯磨杵が配され、金剛界系のマンダラに重ねると、顔面正面が東、右が南、背面が西、左が北にあたるものと考えられる。③四面の顔面をあらわすものは、27例中の13例で、各顔面の真下にあたる位置に三昧耶形があらわされる。④鬼目部に加え、環形を伴うものは、7例中の5例で、貫通部側の真下、もしくは側面部側真下の位置に金剛杵、宝珠、蓮華、羯磨杵がみられる。これらの判明する出土地は、中部ジャワで、推定制作年代は7～10世紀後半の間であることから、中部ジャワ期には、三昧耶形を鋳出した閉鈷式の鈴が、密教の儀礼に使用されていたことが推察される。

　この三昧耶形について、『金剛頂経』系の文献資料と対応させると、金剛界の四仏、もしくは四部、四波羅蜜との関係が想起され、また諸氏により研究もされているが、現在のところ、いずれかの一つに特定することは困難であり、複合的な対応関係があったものと考えられる[43]。

　インドネシアの三昧耶を教典にてらしあわせると、四仏については、アーナンダガルバの『サルヴァヴァジュローダヤ[44]（Sarvavajrodaya）』には五鈷金剛杵、金剛宝、蓮華輪、羯磨金剛杵とあり、『タットヴァーローカカリー[45]』には、五鈷金剛杵、金剛宝、金剛蓮華、羯磨金剛杵とあり、アバヤーカラグプタ（Abhayākaragupta）の『ニシュパンナヨーガーヴァリー[46]（Niṣpannayogāvalī）』に青い五鈷金剛、金剛のついた宝石、金剛の印のついた蓮華、十二鈷の二重金剛とあり、四種の三昧耶形に金剛杵が付随することがうかがわれる。これらの系統のものは、インドネシアの金剛鈴に鋳出される四種三昧耶形とは完全な一致をみないことがわかる。ほかの系統の文献資料との照合は今後を期したい。

　四波羅蜜については、『真実摂経[47]』は、金剛波羅蜜は「大金剛（杵）の形をと

図191

って出現して、世尊、毘盧遮那の前方において月輪に依止し」と毘盧遮那仏の前方の月輪に住することが説かれ、宝波羅蜜は大金剛宝、法波羅蜜は大金剛蓮華、羯磨波羅蜜は大羯磨金剛と表現され、それぞれが毘盧遮那の右側、後方、左側の月輪に住することが説かれる。『サルヴァヴァジュローダヤ[48]』では、毘盧遮那仏の面前に五鈷金剛杵、右脇に五鈷金剛杵を先端に持つ如意宝珠、背後に十六葉の白と赤の蓮華（葉間に五鈷杵）、左に五色の十二鈷羯磨杵とある。『タットヴァーローカカリー[49]』には、五鈷金剛杵、五鈷金剛杵を先端に持つ如意宝珠、十六葉の蓮華上に五鈷金剛杵、十二鈷羯磨杵とあり、『ニシュパンナヨーガーヴァリー[50]』には、赤い五鈷金剛、先端に宝石のついた五鈷金剛、五鈷金剛の印のついた八葉のピンク蓮華、五如来の色の十二鈷の二重金剛とある。これらには、金剛杵が四種三昧耶形に付随していることがみられ、やはりインドネシアの鈴にはあてはまらない。

以上のように、金剛界の四仏、もしくは四部、四波羅蜜についても、金剛杵を伴う三昧耶形がインドの文献資料から確認されるが、インドネシアの金剛杵を伴わない四種三昧耶形とは、厳密には一致をみないものと思われる。

さて、この同形式の三昧耶形をインドの現存作例に求めると、オリッサ出土の10世紀頃の五鈷鈴があげられる（図191）[51]。総高13.5cm、鈷部の脇鈷が４本すべて欠失し、把部に冠帯、耳飾をつける一面の顔面があらわされる鈴で、把部の顔面正面真下にあたる鈴身部には、４カ所が括られ、その内側に三昧耶形が、正面真下にあたる位置に羯磨杵、右側に宝珠、背面に蓮華、左側に刀が鋳出されている。また裾まわりには、金剛杵が廻らされており、インドネシアの一面の顔面があらわされる金剛鈴と類似点がみられることから、研究上、重要な資料といえよう。ただし、左側に「刀」が入るのは、少し時代の下る三昧耶形である。

また、中インドのナーランダー寺院遺跡に９世紀頃と推定される小型仏塔の周囲に彫りだされたものがある。配置は東に金剛杵、南に金剛杵と宝珠、西に金剛杵と蓮華、北に羯磨杵である[52]。

第3章　インドネシアの宗教美術における法具　249

　さらに、伝ナーランダー出土で10世紀頃とされる阿閦如来坐像があげられる。[53]
砂岩製で総高59.0cm。台座正面に掛けた布に金剛杵、光背の本像の右側に金剛杵と宝珠、上部に金剛杵と蓮華、左側に羯磨杵をそれぞれ円形内にあらわしている。

　上述の小型仏塔と阿閦如来の三昧耶形は、宝珠と蓮華に金剛杵を伴っており、文献資料で照合すると、9世紀後半から10世紀初頃に活躍したアーナンダガルバの『真実摂経』に対する注釈書と符合するところが多い。

　また、ナーランダー出土、9〜11世紀頃の青銅鍍金の智拳印大日如来像があげられる。[54] 総高24.7cm、蓮華座の蓮肉部上面の四方に、正面に金剛杵、本像の右に宝珠、後方に蓮華、左に羯磨杵が鋳出される。

　インドネシアの四種三昧耶形は、宝珠と蓮華において金剛杵を伴わない。それを考慮すると、ナーランダー出土の智拳印大日如来像は、時代はインドネシアの現存作例より下がるが、同系統に属するものと考えられる。

第5項　五鈷鈴・八種三昧耶形（表4）

　八種の三昧耶形の作例は4例で、標幟は、武器とみられるもの〔Nos. 7、8〕と、四仏、四波羅蜜を基調としたもの〔Nos.34, 35〕とに分けられる（表4）。それぞれの把部は、団形を鬼目部に有するもの〔Nos.7,8〕、四面の顔面があらわされるもの〔Nos.34, 35〕である。鋳出される箇所は、鈴身部の中央に廻らされる

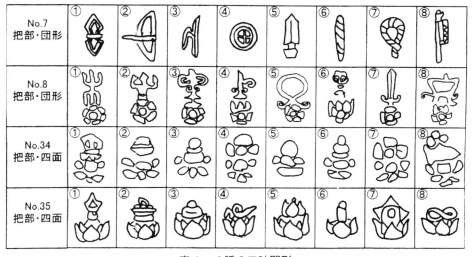

表4　八種の三昧耶形

紐帯上で、出土地は〔No.7, 35〕は中部ジャワ、〔No.8〕は東部ジャワとされている。

銘文がないので推測の域を脱せないが、それぞれに考察を加えると、〔No.7〕は時計回りに金剛杵、弓箭、鈎、輪？、剣、棒？、羂索、旗と推察され、また〔No.8〕は金剛杵、三叉戟、不明、鈎、羂索、髑髏杖？、剣、弓箭？と思われる。2例とも明らかに四仏、四波羅蜜とは系統が異なり、武器とみられる三昧耶形が鋳出されている。断定はできないが、『理趣広経』をはじめとする『理趣経』系のマンダラに説かれる標幟に近い系統と思われる。[55]

また〔No.34〕は摩滅が激しいが、金剛杵、不明、宝珠、不明、蓮華？、不明、羯磨杵、不明と推察される。①③⑤⑦は先の四種三昧耶形と同じ系統と思われ、②を華、⑥を燈、④⑧を煙の象徴と推察すると、④が香、⑧が塗と考えられ、②④⑥⑧は外の四供養菩薩を象徴しているのではないかと推察できる。しかし、即断は避けておきたい。

〔No.35〕は、金剛杵、不明、宝珠、不明、蓮華、不明、羯磨杵、不明と推察され、①③⑤⑦は先と同じ三昧耶形と思われるが、②④⑥⑧はやはり断定できない。〔No.34〕と同様に推察すると、外の四供養菩薩と考察できるが、⑧を羂索とすると四摂菩薩の内、金剛索菩薩の三昧耶形となるので、その場合②④⑥のグループとは少し離れる。

鈴の鈴身部に八種三昧耶形をあらわしたものは、現段階の資料からまったく同内容のものは、ほかの地域には認められず、インドネシア独自のもので、密教法具のなかでも貴重な資料と考えられる。

以上、インドネシアの金剛杵と金剛鈴について、作例の紹介と考察を行った。インドネシアでは密教の法具、杵が18例と、五鈷鈴246例と多数出土しており、37例の鈴には四種と八種の三昧耶形が刻まれていることが確認できた。これにより、広義の『金剛頂経』系の密教が同地に存在していたことのさらなる確証となったと思われる。

金剛杵、金剛鈴の形状は、レリーフや出土品などから、8世紀頃にはすでに存在していたものと考察される。

五鈷杵と五鈷鈴が一式で使用されはじめる年代について述べると、以下のようになる。まず、鈴杵一式の現存作例が2組あり、その内の1組〔表1、No.10〕は、9世紀頃まで遡ると推定することが可能であろう。しかし、杵と鈴の形状は

第3章　インドネシアの宗教美術における法具　251

8世紀からみられ、また当地における法具（金剛杵、金剛鈴）を持つ仏像の制作年代も8世紀頃に認められる。これらのことから、同法具の記載のある現存ジャワ文献の成立年代が10世紀頃ではあるが制作と同様に、8世紀頃にはすでに一式として用いられていたと推定することができよう。

　また五鈷鈴については、把部の形状で6つに類別でき、四種の三昧耶形や八種の三昧耶形が刻まれている作例がみられる。とくに八種三昧耶形は、武器をあらわしているところから、『理趣広経』系の三昧耶形に影響を受けている可能性が高い。[56]

図192

　五鈷杵、五鈷鈴の形状の特徴としては、鈴杵に共通し2種に大別できる。鈷部の4本の脇鈷の先が閉じた「閉鈷式」と、開いた「開鈷式」である。作例の制作推定年代、出土地、およびレリーフから、閉鈷式はインドネシア美術史で区分される中部ジャワ地域の中部ジャワ期（8〜10世紀頃）、開鈷式は東部ジャワ地域を中心とする東部ジャワ期（10〜15世紀頃）に分布していることが導き出される。閉鈷式の作例が開鈷式に先じて制作され、各時代において、密教の修法の所作に用いられたものと推察される。

　使用法については、現時点では明確な資料を確認できないため言及できない。ただし、10世紀後半からジャワの影響を受けたバリに、現在もシヴァ教と仏教とが独特の形で存続し、それぞれ聖職者であるプダンダ・シワ（図192）[57]とプダンダ・ブダによって修法がされている。鈴杵などを用いることから、ジャワの修法を考察する上で、重要な示唆を与えるものと思われる。[58]

　今後は鈴に刻まれた三昧耶形のもつ意味と、またそうした象徴の刻まれない鈴との意味合いの違いについて、ヒンドゥー教との関連を含めながら考察を行うとともに、現存作例の制作年代についても課題としたい。

第3節　五鈷鈴以外の鈴

インドネシアでは、鈷部に多種多様な形、および文様が象られている。それら
は、筆者が確認したインド、チベット、中国、韓国、日本、東南アジア（カンボ
ジア、タイ）などにはみられなかったものである。

その種類は、現段階で大別して約20種を数える。仏教が信仰された地域ではこ
うした形や文様が多様である例はみられず、特異なものといえよう。その一々の
形状については、未だまとまった研究がすすめられていない。仏像という「形」
に思想があらわれるのと同様、鈴においてもまた、その種類の多少、形状の相違
は「思想」の表現である。すなわち、鈷部や鈴身部に象られた「形」は、当時の
思想の一端をあらわしているといえよう。鈷部に象られたものはヒンドゥー教系
と考えられるものを含め、その形がさまざまみられた。推定制作時代は、資料か
ら10世紀〜15世紀頃と推測され、五鈷鈴よりも時代が下る。

以下、資料数の多い順にならべ、説明のつくものはとりあげる。

表5でみられるように、五鈷鈴以外では多い順に、チャクラ（2分割、4分割、
6分割、8分割）が77例、牛が70例、三鈷（三叉戟）が49例、人物が25例、獅子
が23例、蛇か龍と思われるものが21例、旗か花と思われるものが20例、棒状が14
例、ガネーシャが2例、ガルダ3例、炎3例、法螺貝2例、瓢箪形2例、菱形2
例、剣2例、水瓶2例、ハンサ（鵞鳥）2例、獣（人獅子？）1例がみられた。

チャクラ

多い順に4分割、8分割、2分割、6分割、その他の変形などがみられる。現
段階で確認できたチャクラの作例は77例。4分割が9割を占める。すべて青銅製
で、蝋型の鈴杵一鋳と鈴杵別鋳の2通りがみられる。時代は10〜15世紀頃とされ、
出土地は判明するものでは東部ジャワに多い。形状は、杵部は輪形が象られ、輪
を十字に分割する。輪の中心部で交差する点にもう一回り小さい輪をつくる作例
が多い。把部は、鈷部の輪形を円盤形で支え、中央部（鬼目）をはさみ大小の円
形が連なる。鬼目はすべて無模様の楕円である。鈴身部につながる境目に向け裾
がひろがる。鈴身部の肩部分は五鈷鈴とは異なり、すべて円形の線が刻まれてい
る。中央部も文様の施されない素文、裾も肩と同様に数条の線が刻まれる。

第3章　インドネシアの宗教美術における法具　253

　一例をジャカルタ国立中央博物館の鈴（図193)[60]にみると、総高17.0cm、底径は6.5cm。舌は欠失している。鈷部は輪形で十字に分割される。中央の交差する点で小さな輪形を形成する。輪形の頂部分には火炎状の飾りが施される。把部は鈷部の輪形を円盤形でささえ、その円盤形の四方には、外側に向かう△状の装飾が施される。中央部（鬼目）をはさみ大小の円形が連なる。鬼目は無模様の楕円である。鈴身部につながる境目に向け、裾がひろがる。鈴身部は別鋳で、鈴身部の肩部分は、円形の線が三条刻まれている。中央部は文様の入らない素文で裾部には一条の線が刻まれる。鈴身部内側は把部と鈴身部の接続部分が確認でき、舌を吊すためのほぞ穴がみられる。

図193

　チャクラ（Cakra）は、音訳で爍迦羅、斫迦羅があるとされる。転輪聖王の所持する七宝の１つの輪宝と同一性質のものとされる[61]。転輪聖王とは統治の輪を転じる聖王の意味[62]。すなわち、天から宝の輪を感得して四方を征服する王のことで、インド神話において、武力を用いず、ただ正義のみによって全世界を統一支配する帝王の理想像。ジャイナ教徒やヒンドゥー教徒の間で流行しており、仏教でもとくに重要な意味を持つ。仏教では三十二相、七宝を具え、武力、刀剣によらず、正義により征服し、支配するといわれる。

　仏教では、『無量寿経』[63]『法華経』[64]に説かれるように、金輪、銀輪、銅輪、鉄輪の四王がおり、輪宝（神聖な車輪）がこの王らを先導して、人間の寿命が２万歳に達したときに、まず鉄輪王が出現し、一天下の王となり、８万歳に達したときに、金輪王が出現し、四天下に君臨し、四方を順化するという。輪宝は、一切の障害を破砕し、降伏する力があるとされる。釈迦の鹿野苑においての説法、初転法輪を意味し、武器としての性格を離れ、法そのもの表徴となる。

　このチャクラをインドネシアの鈴において、ヒンドゥー教とするか仏教とするか難しいが、チャクラをそのまま鈴の杵部に模す作例は、筆者が現段階において調べた、インド、チベット、東南アジア（タイ、カンボジアなど）、中国、韓国、日本など金剛鈴を有する地域にはみられない[65]。

牛

図194

　ヒンドゥー教の神々の乗り物の一つ、牛、とくに雄牛ナンディン（Nandin）は、シヴァ神[66]の乗り物として崇拝されている。

　インドネシアにおいて牛があらわされる鈴は、①坐す、②立つ、③前足を立てる、④三鈷の中央に坐すの4タイプがみられる。牛には耳から口にかけて紐がかけられる例もみられる。以下代表的な形状をみたい。

　①タイプ例は、ジャカルタ国立中央博物館の例（図194)[67]があげられる。総高19.0cm、底径は6.5cm。鈷部は背にこぶをつけた牛の形状をなす。耳から口にかけてと、背のこぶに飾りをつけた紐でくくられる。8枚の花弁が施された盤形に坐す。把部は、中央部（鬼目）は文様のない楕円で、その上下を小さい円形が連なる。杵部と鈴身部の境目は蓮華が施される。鈴身部の肩部分は反花が彫刻され、その下に円形の線が二条刻まれている。中央部は文様の入らない素文で裾部には数条の線が刻まれる。鈴身部内側は把部と鈴身部の接続部分が確認でき、舌を吊すためのU字形のかけ口が杵部の底にある。そこに環を通して舌がつながる。舌の先端は4弁の花形が施される。鈴身部は正面横からみて台形をしている。

三鈷（三叉戟）49例

　三叉戟は、梵語でトリシューラ（Triśūla）といい、三叉の槍をいう。種種の形がある。シヴァの持物としてしられている。仏教では、三鈷戟、三鈷鉾ともいう。時代は10～15世紀頃、形状は、五鈷と同様、「閉鈷式」（図195)[68]「開鈷式」がみられた。そのほかに牛が中央にあしらわれたもの（図196)[69]、刀状のもの、三鈷に把部が牛をあらわしたもの、くちばしが変形したもの、蓮華があしらわれたものなど、五鈷よりも多様性に富む。

　このほか、人物24例（図197)[70]がみられる。膝をかかえる像が多く、ほかに菩薩や、羽を持つ像、四臂像、立像など、多くのバリエーションがみられる。獅子

第3章 インドネシアの宗教美術における法具　255

図195　　　　　　　　図196　　　　　　　　図197

図198　　　　　　　　図199　　　　　　　　図200

図201　　　　　　図202

23例（図198）は、①後ろ足で立ち、前足をあげて威嚇するポーズと、②足を地につけ、口を大きくあけるポーズの2通りがみられる。多くの像にオスの生殖器があらわされる。蛇と龍が背中あわせのもの21例（図199）は、龍の頭頂に角を意図した突起形をつけた作例が多い。①頭から尾までの全身をあらわすもの、②とぐろを巻くもの、③蛇と龍が一体となり、体の両端にそれぞれ蛇と龍を配する形状がみられる。旗と思われるものが20例（図200）。この形状は、資料によっては花をあらわすとの説もあり、形の断定が明確ではない。棒状は14例（図201）、明確に鈷を象っているものはない。①角形と②円柱形があり、それぞれの先端に突起がつけられている。独鈷であれば、仏教に属すると考えられるが、ここでは断定はさけたい。

ガネーシャ2例

ガネーシャ（Gaṇeśa）は、シヴァとパールヴァティーの息子としてヒンドゥー教の一尊として認められる。ガネーシャは智慧の神であり、日本では聖天とされる。インドでは重要なことを始める際は、まずこの尊を拝む。インドネシアにおいて、鈴は2例確認された。2例ともに二臂で左手の壺に鼻先をつけ、両足の

第3章　インドネシアの宗教美術における法具　257

足底を合わせるインドネシアの単独像と同形の形状
をとる。ミュゼオン（図202）蔵の鈴にみると、総
高12.8cm、底径は5.8cm。舌は欠失している。鈕部は
象形で、頭部に高髻を結い、大きな耳をもつ。装飾
はつけないが、腰から下に文様の入った裙を着ける
二臂で左手に壺をもち、その中に鼻先をつける。右
手は牙状のものを執る。両足は足底を合わせた坐法
をとり、円盤形に坐す。把部は鈕部の象を円盤形で
支え、中央部（鬼目）をはさみ、大小の円形が連な
る。鬼目は無模様の楕円である。鈴身部につながる
境目に大円がつけられる。鈴身部の肩部分は、円形
の線が三条刻まれている。中央部は文様の入らない
素文で裾部には一条の線が刻まれる。鈴身部内側は
把部と鈴身部の接続部分が確認でき、舌を吊すため
のほぞ穴がみられる。鈴身部は椀形をなしている。

図203

ガルダ

　ヒンドゥー教の神々の乗り物の一つ、ガルダ（Garuḍa）は聖鳥として、ヴィ
シュヌ神の乗り物として崇拝されている。ガルダの身体は、人間の姿をし、頭と
くちばし、翼と爪だけが鷲の形をしている。顔は白く、翼は赤く、身体は黄金に
輝いている。ガルダがヴィシュヌ神の乗り物になった由来は、『マハーバーラ
タ』にある。ヴィシュヌと激しい戦いの際、決着がつかず、ヴィシュヌからの申
し出、すなわち「不死を与え、自分よりも高い座を約束する。そのかわり自分を
運ぶ乗り物になってほしい」ということである。ガルダはこの申し出を受け入れ、
以降ヴィシュヌの乗り物になったという。

　さて、インドネシアにおいてガルダがあらわされる鈴は、単独で2例、人物が
あらわされている1例が確認できた（ヴィシュヌではない）。インドネシアでは、
石像などでヴィシュヌをあらわす際、ガルダがあらわされる作例が多い。その際
の姿は全身の鳥の姿であらわされることから、本作例もガルダと比定した。

　その形状はジャカルタ国立中央博物館の鈴（図203）にみると、総高16.3cm、
底径は8.5cm。鈕部は、身体が人間の姿をし、頭とくちばし、翼と爪が鳥の形状

図204　　　　　　　　図205

をしているガルダが大きく羽を広げる像があらわされる。ガルダは眼をむき出し、手を広げ、その背部で羽が広がる。羽の裏には線刻で、羽の1本1本が刻まれている。顔はくちばしの先から舌をのばし、その上に粒状のものを乗せている。そしてガルダの上には二臂の人物が乗る。人物は頭にターバン状のものを巻き付け、右手を与願印、左手に珠形の持物を握っている。腰から下は欠損して形状をとどめていない。把部は蓮弁8枚がしつらえられた円盤形があり、そこにガルダが立つ。中央部（鬼目）をはさみ、大小の円形が連なる。鬼目は無模様の楕円である。鈴身部につながる境目に向け、裾がひろがる。鈴身部の肩部分は、蓮華が彫刻されている。中央部は文様の入らない素文で、裾部には二条の線が刻まれる。鈴身部内側は把部と鈴身部の接続部分が確認でき、舌を吊すためのU字型つりさげ部がみられる。環は現在欠損しているが、針金で舌がつながれている。

　炎3例（図204）[81]は、その形から判明は難しいが、ジャカルタ中央国立博物館のリストの名称に従った。蓮華3例（図205）[82]は、蓮蕾や蓮弁をあらわしたものがみられる。法螺貝2例（図206）[83]はヒンドゥー教系の像の持物になることが多い。法螺貝に羽のついたものがみられる。また、瓢箪形2例（図207）[84]は、下のふくらみの中央に穴があくものがみられる。菱形2例（図208）[85]、剣2例（図

第3章　インドネシアの宗教美術における法具　259

図206

図207

図208

図209

図210

209)は先端が尖るもの、水瓶2例(図210)がみられる。

ガチョウ（ハンサ）

ヒンドゥー教の動物のなかには神々の乗り物（Vāhana）に考えられているものがある。そして神々との密接な関係から、神聖視され崇拝されている。

ガチョウ（ハンサ、Haṃsa）はブラフマー神の乗り物として崇拝されている。

インドネシアの鈴は現段階において2例。トロッペン博物館の例（図211）は、総高19.0cm、底径は6.5cm。舌は欠失している。鈕部はガチョウの形状をなす。首が長く歪曲し、くちばしが細く長い、また足に大腿部をもつことなどから、ガチョウとみら

図211

れる。胸はふくらみ、背に向かい羽を広げる姿勢をとるが、脇から先は欠損している。胸から羽先にかけて文様が刻まれる。大腿部は太く、つま先が大きく広がり、薄い盤形の台座に立つ。盤形にはガチョウの顔の向く方向に、胸を支えるように△状の支えがしつらえられる。把部は中央部（鬼目）は薄い円形で、その上下を小さ目の円形が連なる。鈴身部は杵部と色が異なるので、本来つながっていた鈴身部とは異なる可能性がある。鈴身部は、肩部分に円形の線が二条刻まれている。中央部は文様の入らない素文で、裾部には一条の線が刻まれる。鈴身部内側は把部と鈴身部の接続部分が確認でき、舌を吊すためのほぞ穴がみられる。

人獅子か

インドネシアの鈴に、体が人間、顔が獣（獅子か）が1例確認できる。ヴィシュヌの化身の数は、一般に野猪、人獅子、倭人、魚、亀、パラシュラーマ、ラーマ、クリシュナ、仏陀、カルキの10種がよく知られている。とくに野猪、人獅子、倭人はインドのグプタ期後期から隆盛してくるヒンドゥー教美術の主題となり、バーダーミ石窟寺院やエローラのヒンドゥー教石窟寺院などに壁面に浮彫りとして表現されている。

第3章　インドネシアの宗教美術における法具　261

図212　　　　　　　　　図213

　ヴィシュヌが獅子頭人身の姿ヌリシンハの姿をとる話は、『クールマ・プラーナ[93]』『パドマ・プラーナ』『ヴィシュヌ・プラーナ[94]』にみられる。インドネシアにおける例はジャカルタ国立中央博物館の鈴（図212）にみると、総高11.8cm、底径は6.8cm。舌は欠失している[95]。鈷部は獅子頭人身で、形状はインドのバーダーミ石窟寺院やエローラのヒンドゥー教石窟寺院でみられる像に酷似する。頭部の耳を2つたて、顔は獅子で口が大きく、牙をむく。胸飾、臂釧、腕釧、足釧をつけ、左足を立てた遊戯坐をとる。右手は右足におき、左手は屈臂して胸前におく。把部と鈷部の間にしつうえられた蓮華上の台上に坐す。把部は、中央部（鬼目）をはさみ大小の円形が連なる。鬼目は無模様の薄い円盤である。鈴身部につながる境目に大円がつけられる。鈴身部の肩部分は、円形の線が二条刻まれている。中央部は文様の入らない素文で、裾部には二条の線が刻まれる。鈴身部内側は把部と鈴身部の接続部分が確認でき、舌を吊すためのほぞ穴がみられる。鈴身部は椀形をなしている。
　そのほか、鈴として、明らかに杵部に独鈷を意図した鈴（図213[96]）がみられたのであげておく。鈴身部は通常の鈴のように湾曲した形をとるもので、杵部に蓮弁を配するなど、杵部が握れるように作られている。特殊な例といえよう。

262

　以上、杵部に象られた多種多様な形や文様を考察してきた。ナンディン（牛）、ガルダ、ガネーシャなど、ヒンドゥー教的要素が色濃く反映しており、また当時の好まれた形状が明らかにあらわされていると考えられる。この法具の背景には、ヒンドゥー教的な思想を読みとらないわけにはいかないだろう。

第4節　日本との比較

　日本において鈴杵は、すでに奈良時代に伝えられ、正倉院文書などにみられる。[97]おそらくこれが、現在の研究段階では、日本に請来された最古の鈴杵を記載したものと考えてよいだろう。明らかに儀礼を目的として制作され、使用されたと思われる密教法具としては、空海による入唐からの請来品にみることができる。これは、密教の教義と結びついた実用具的な側面での鈴杵の使用を物語るものであろう。空海が請来品の成果を目録として公的に上表した『上新請来経等目録表（御請来目録）』[98]には、経典461巻、曼荼羅、祖師像などとともに、五鈷杵と五鈷鈴がもたらされたと記載されている。密教を日本において紹介し、広めるための重要な要素の一つとして、経典とともに請来されたことを考慮すれば、いかに密教において法具が重要度の高いものであったかが推察できる。

　日本に現存する完成度の高い法具の多くは、平安時代の中国、唐代のものがほとんどである。東寺の鈴杵は、日本最古のものとされ、それは中国、唐代のものが伝来したものと考えられる。[99]平安時代には、唐代の明王[100]、四天王[101]、梵釈四天王[102]などが刻まれた仏像鈴（五鈷鈴）が流伝した。しかし、日本では、新たに制作されなかったと考えられている。

　これらの仏像鈴よりも、仏像を種子（梵字）[103]や三昧耶形（図214）[104]であらわした2種が独自に制作された。遺品から、その成立は平安から鎌倉前期とみられる。[105]また、平安後期から鎌倉時代にかけては五種鈴として、塔鈴を中心に五鈷鈴・宝珠鈴・独鈷鈴・三鈷鈴の組み

図214

第3章　インドネシアの宗教美術における法具　263

合わせがみられるようになる。

　日本では、唐代の法具をもとに、種子鈴や三昧耶鈴が制作された。この三昧耶形はインドネシアの図案と共通するところがある。また、日本の三昧耶鈴の鬼目には、インドネシアでみられたように四面に顔が配される作例もあり、その場合、鬼の面が多い。この点において、よく似た法具を使用していたことがわかり、日本とインドネシアの受容した密教にいくつかの共通点を見出すことが不可能ではない。

　一方、インドネシアでは仏像鈴と種子鈴はみられない。これは、中国から請来された日本の密教法具との大きな差異を物語るものといえよう。日本には五鈷鈴以外にみられたインドネシアの大別して約20種が象られた作例はみられない。五種鈴のような組み合わせの例はインドネシアには存在していない。

　杵については、日本では五鈷とともに、三鈷、独鈷がみられ、鈴と同様に、鬼目にやはり顔が配されるもの[106]もみられるが、インドネシアには五鈷しかみられず、鬼目に顔が配されるものはみられない。流行期間がある程度限定されたため、標準的なもの、つまりインド系のものが重視されたのであろう。

註

1) 本書では、同一時代、同一場所に異なる性質の遺品が存在していたことを、さすものとする。

2) 梵語でGhaṇṭāをさす。鈴形の楽器。修法において、諸尊を驚愕させ、歓喜させるために振り鳴らす楽器。形は、持つ部分の杵部（鈷部と把部）と音のでる本体の鈴身部からなり、把手を握り、振ると椀形の鈴身部（内側に舌をつける）が鳴る。佐和隆研（1955）246頁。有賀要延編著（1993）。

3) 梵語でVajraをさす。一義としてダイヤモンドを意味する。もとはインドの武器であったが、密教では智徳をあらわす法具とされ、尊重されるに至る。堅固・催破の二徳があり、仏の智慧は堅固で煩悩を破る徳用があるとされる。杵形の武器で中央部が把部、両端利刃（鈷・股・鋒）がある形。佐和隆研（1965）241頁。有賀要延編著（1993）219頁。

4) 阪田宗彦（1989）35頁、図は43頁。

5) Ito, 2003, pp.1022-1025.

6) 鈷の数で、その鈴の名が付く。例えば一鈷であれば独鈷鈴、三鈷であれば三鈷鈴、五鈷であれば五鈷鈴となる。チベット、中国などにはほかの国に例をみない九鈷鈴もある。

7） 五鈷、三鈷、牛、獅子、蛇、チャクラ、法螺、槍の先、人物、鳥、ガルダなど。

8） 梵語で Samaya をさす。佐和隆研（1965）276頁。覚りの境地を象徴したもの。および像をその象徴であらわしたもの。三昧耶曼陀羅は、尊格をすべて象徴（シンボル）であらわす。

9） 阪田宗彦（1989）。「閉・開鈷式」の名称について関根俊一先生にご教示頂いた。

10） Kats, 1910, pp.52（b46）, 56（b49）, 58（a51）. 石井和子（1988b）74頁（95）・77頁（102、104）。

11） Jong, 1974, pp.471, 473, 474. 岩本裕（1977）83・84・90・91頁
石井和子（1988a）295・298頁。荻原雲來（1915）115〜116・119〜120頁。

12） 石井和子（1988a）292頁。
酒井紫朗（1950）41頁。

13） 大正蔵第18巻、723頁上中。

14） 大正蔵第18巻、899頁下〜900頁上。

15） 大正蔵第19巻、607頁上。

16） 大正蔵第18巻、556頁中。

17） 堀内寛仁編著（1983）「金剛界品」第1章§24・25・25-2・36・224・228・232・233・236〜240・291。津田眞一（1995）38〜39・47・146・148・151・152・155〜159・196頁。遠藤祐純（2013）38〜39・44・125・127・129〜134・162頁。

18） 大正蔵第18巻、250頁下〜253頁上。

19） 大正蔵第18巻、284頁上中。

20） 一部分を補説増広して成る、15世紀には成立していたと考えられるインドの文献、阿闍梨作法集『アーチャリヤクリヤーサムッチャヤ』の章内「ガンターラクシャ」に金剛杵・金剛鈴の記述がみられる。吉崎一美（1980）による論文有り。把部の一面を、「般若母の顔」とする。

21） 現状では三鈷杵の形をしているが、立体を平面に表現する場合、重なる部分ないし隠れる部分を省略する作例もあり、五鈷杵である可能性も考えられる。中部ジャワの Magelang 出土。銘文には Śaka 暦797年（875年）に Layuwatang（Kadiluwih）により、この地域を Sima（もしくは Peridikan といって、免税措置が執られる特別地域）とすると記されている。Setyowati, 1989, p.19. 金剛鈴についての碑文は現在見当たらない。関根俊一（1994）。

22） Krom, 1920, *Beschrijving van Barabudur, samengesteld*. pl. I, No.46 ; Series II, pl. I, No |s|. 10 and 32 ; Series II, pl. II, No. 63; Series III, pl. XIII, No. 26 ; Series III-B, pl. IX, No. 40 ; Series IV, pl. IX, No. 17; Series IV, pl. XVIII, No. 36, Series IV-B, No. 75. Soekmono, 1978,

第3章　インドネシアの宗教美術における法具　265

　　　　p.75. Setyowati, 1989, pp.78-95.

23)　青銅製金剛手菩薩像：8〜10世紀、ジャカルタ国立中央博物館蔵、Nos. 8476, 8670, 9
　　世紀前半、ライデン国立民族学博物館蔵、No.1403-1775.
　　　　青銅製金剛薩埵像：8〜10世紀、ジャカルタ国立中央博物館蔵、No.602a, 10世紀、国
　　立ギメ東洋美術館蔵、No.2173.

24)　伊藤奈保子（2001）。開鈷式はNo.839m（表1、No.2）、開鈷式はNo.33987（表1、No.15）
　　Lunsingh Scheurleer and Klokke, 1988, No.66.

25)　ここでは、把部の中央部の球形の部分を鬼目部と称することとする。日本の作例では、
　　この部分の四方に、円形もしくは楕円形の鬼目と呼ぶ突起を付けるのが一般的である。

26)　ソノブドヨ博物館蔵。

27)　閉鈷式はNo.19, ロンゴ・ワリシト（Ronggo Waristo）博物館蔵、開鈷式はNo.648, ム
　　プ・タントゥラル（スラバヤ）博物館蔵。

28)　〔表2、No.28〕表面が銀色を呈し、一部に鍍銀が施されたかと思われる鈴がある。

29)　インド（Mitra, 1978, p.138）とチベット（インド・チベット研究会〈1982〉口絵⑯）、
　　中国（阪田宗彦〈1989〉、奈良国立博物館編〈1988〉）に類例有り。

30)　日本・中国（阪田宗彦〈1989〉、奈良国立博物館編〈1988〉、石田茂作〈1965〉）に類
　　例多数有り。

31)　チベット（インド・チベット研究会〈1982〉口絵⑯）に類例有り。

32)　東京国立博物館編（1997）192頁。

33)　日本にも三昧耶鈴として、平安時代作とされる金峯山寺、高貴寺蔵の鈴をはじめ多
　　数の作例が知られる。この2例は把部に四面が鋳出されており、この場合は鬼面である。

34)　脇鈷の基部の表現は、小区画にあらわされているので、形状の判別が難しい作例があ
　　る。今回は明確に三昧耶形と判明するもののみをとりあげる。

35)　No.1403-2653, ライデン国立民族学博物館蔵。

36)　No.6941, ジャカルタ国立中央博物館蔵。

37)　No.8925, ジャカルタ国立中央博物館蔵。

38)　No.892, ジャカルタ国立中央博物館蔵。

39)　三昧耶形をマンダラの諸尊、もしくは諸部族とすれば、金剛杵を連ねたものは、イン
　　ド、チベット系マンダラにおいて、外周を守護する金剛杵輪に相応し、インドネシアの
　　金剛鈴がマンダラを意識していると考えることもできるかもしれない。

40)　No.899a, ジャカルタ国立中央博物館蔵。

41)　No.927, ジャカルタ国立中央博物館蔵。

42)　No.35279, Lohuizen-De Leeuw, 1984. No.64.

43)　堀内寛仁（1984）160頁、松長恵史（1999）215〜223頁に金剛界曼荼羅の経典別の五
　　仏・四波羅蜜などの尊容比較がある。田中公明（1996）90〜103頁に四波羅蜜の形態に
　　ついて、116〜117頁に五仏と四波羅蜜菩薩の尊容についてのべられる。日本現存の金剛
　　鈴の三昧耶形の意味するところをのべた書籍・論文は以下に詳しい。
　　　〈四波羅蜜とする見解〉
　　　石田茂作（1965）9頁、阪田宗彦（1989）47頁、奈良国立博物館編（1988）26頁、岡
　　崎譲治（1983）8頁。
　　　〈金剛界五（四）仏、五部（族）の可能性を指摘する見解〉
　　　関根俊一（1998）28頁。
　　　〈四仏とする見解〉
　　　Lohuizen-de Leeuw, 1984. Lunsingh Scheurleer and Klokke, 1988. Lerner and Kossak,
　　1991.

44)　密教聖典研究会（1987）、（四仏）256頁。

45)　デルゲ版東北No.2510,（四仏）113a2-7.

46)　立川武蔵（1995）、（四仏）pp.V-Vii.

47)　堀内寛仁編著（1983）、（四仏）§. 32、285、291-2、（四波羅蜜）§. 140・143・146、
　　149. 津田眞一（1995）、（四仏）196頁、（四波羅蜜）98〜103頁。
　　　遠藤祐純（2013）、（四仏）160頁、（四波羅蜜）86〜90頁。

48)　密教聖典研究会（1987）、（四波羅蜜）254頁。

49)　デルゲ版東北No.2510,（四波羅蜜）113a2-b2.

50)　立川武蔵（1995）、（四波羅蜜）p.iii.

51)　Mitra, 1978, p.138. 後期密教の場合、ヘーヴァジュラタントラにでてくる三昧耶形では、
　　羯磨杵に変え刀（khaḍga）を用いることもある。Snellgrove, 1959, p.98. 頼富本宏（1990a）
　　443頁。把部の顔面の左側にあたる鈴身部には、三昧耶形が刀が鋳出されている。これ
　　を羯磨杵と考えると、正面の羯磨杵は意識的に、もしくは間違えて鋳出されたのではな
　　いだろうか。

52)　頼富本宏・下泉全暁（1994）82頁。密教聖典研究会（1987）254頁。

53)　朝日新聞社（1999）No.97, 301頁。

54)　朝日新聞社（1999）No.53, 295頁。Ray, 1986, pl.41a and b では975年頃。 Schroeder,
　　1981, pp.58-259, pl.57G では9世紀。Huntington and Huntington, 1985, p.402では11世紀。
　　宮治昭（1995）23頁では11世紀。頼富本宏（1990a）558・656頁、図27。

55)　立川武蔵・正木晃編（1997）93・94頁参照。栂尾祥雲（1930）181〜195頁参照。松長
　　恵史（1998）、川﨑一洋（2000）。

第3章　インドネシアの宗教美術における法具　267

　　Nos.7, 8は『理趣広経』般若分「降伏三界金剛三昧大儀軌分」第3、真言分「大金剛火焔日輪儀軌分」第17（大正蔵第8巻、790頁下〜791頁上、806頁中〜下、デルゲ版東北 Nos.487, 488, Ta 帙159a7-b5, 214b7-215a5）の、それぞれ降三世・金剛日輪火焔を中尊とするマンダラに類似する。

　　また、甘粛省博物館所蔵の「彩絵仏像木塔」（五代、楡林窟出土）の名称で、八角形を基盤とした屋根つきの塔で、上中下段よりなる三段板上に、類似の文様有り。

56）　ジャワでは『真実摂経』に関連する遺品以外にも、『サマーヨーガタントラ』に関連する遺品も報告されている。この文献についても『理趣広経』からの影響がうかがえるとされる。松長恵史（1990）（1996）（1998a）。

57）　嘉原優子（1994）114頁。

58）　Hooykaas, 1966. Hooykaas, 1973. Kleen（et al.）, 1970. インドの儀礼に関するものは、以下に詳しい。Snellgrove, 1987. 桜井宗信（1996）、森雅秀（1999・1994）、野口圭也（1985）、Yamaguch, 2016.

59）　杵部と鈴部をつなげて鋳型をつくり、制作したものを一鋳と呼び。それに対し、杵部と鈴身部を別にして鋳型をつくり、後につなげるものを別鋳という。

60）　No.5056/919e.

61）　逸見梅榮（1935）。

62）　中村元（1981）991頁。

63）　大正蔵第12巻、278頁中。

64）　大正蔵第9巻、2頁中。

65）　Ito, 2003, pp.123-135.

66）　立川武蔵・他（1980）図版129、エローラ第15窟。

67）　No.5771.

68）　No.SA35285, Lohuizen-De Leeuw, 1984, No.71.

69）　No.8666b, ジャカルタ国立中央博物館蔵。

70）　No.8114, ジャカルタ国立中央博物館蔵。

71）　No.8181, ジャカルタ国立中央博物館蔵。

72）　No.8111, ジャカルタ国立中央博物館蔵。

73）　No. SA35287L, Lohuizen-De Leeuw, 1984, No.73.

74）　Setyowati, 1989.

75）　No.6212, ジャカルタ国立中央博物館蔵。

76）　菅沼晃（1985）109頁。

77）　No.48669, ミュゼオン蔵。

78）　立川武蔵・他（1980）図版25・26、エローラ第16窟、コルカタ・インド博物館蔵。

79）　Walker, 1968, p.381.

80）　No.8255, ジャカルタ国立中央博物館蔵。

81）　No.875c, ジャカルタ国立中央博物館蔵。

82）　No.1403-2371, ライデン国立民族学博物館蔵。

83）　No.7039, ジャカルタ国立中央博物館蔵。

84）　No.943b, ジャカルタ国立中央博物館蔵。

85）　No.68849, ウィーン民族学博物館蔵。

86）　No.4596/943c, ジャカルタ国立中央博物館蔵。

87）　No.19576, フランクフルト民族学博物館蔵。

88）　Martin, 1972, p.221. Wilkins, 1882, pp.448-449.

89）　立川武蔵・他（1980）図版9、プリンスオブウェールズ博物館蔵（ムンバイ）。

90）　No.1387-249, トロッペン博物館蔵。

91）　立川武蔵・他（1980）図版32、バローダ博物館蔵、33、バーダーミ第3窟.

92）　立川武蔵・他（1980）図版34〜36、エローラ第15・16窟.

93）　Kūrma-purāṇa. I, 15-16, pp.145-146.

94）　Viṣṇu-purāṇa. I, 20, pp.148-149.

95）　ジャカルタ国立中央博物館蔵。所蔵番号不明。

96）　ミュゼオン蔵。

97）　石田茂作（1930）。日本の鈴杵については石田茂作（1965）、奈良国立博物館編（1988）、阪田宗彦（1989）に詳しい。

98）　『大日本仏教全書』No.877.

99）　阪田宗彦（1989）扉絵。

100）　金銅五大明王五鈷鈴・東京国立博物館蔵。唐時代。24.0cm. 石田茂作（1965）、奈良国立博物館編（1988）2頁。阪田宗彦（1989）。

101）　金銅四天王独鈷鈴、和歌山県金剛峯寺蔵。唐時代。25.5cm. 石田茂作（1965）、奈良国立博物館編（1988）8頁。阪田宗彦（1989）。

102）　銅梵釈四天王五鈷鈴、広島県西国寺蔵。唐〜宋時代。22.1cm. 石田茂作（1965）、奈良国立博物館編（1988）12頁。阪田宗彦（1989）。

103）　金銅四種子五鈷鈴（胎蔵界四種子）、広島県厳島神社蔵。鎌倉時代。20.9cm. 石田茂作（1965）、奈良国立博物館編（1988）21頁。阪田宗彦（1989）。

104）　阪田宗彦（1989）表紙より転載。金銅三昧耶五鈷鈴、東京護国寺蔵。平安時代。19.7cm. 石田茂作（1965）、奈良国立博物館編（1988）27頁。

105)　奈良国立博物館編（1988）18頁。

106)　石田茂作（1930）、阪田宗彦（1989）。

写真出典（下記以外は筆者撮影）

図179　所蔵館提供（大英博物館 No.152979）

図191　Mitra, 1978, p.138.

図214　阪田宗彦『密教法具』（日本の美術　No.282）至文堂、1989年。

第4章　インドネシア宗教の特質

　本書の主題は、インドネシアにイスラームが入る以前に、どのような宗教、と
くに密教が信仰されていたかを考察することを目的とするものであった。その手
段として、美術遺品をとりあげ、いまだ体系的な整理のされていなかった鋳造像、
および研究未着手の法具を資料に選び、考察を試みた。そして、その結果として、
アジアの一地域であるインドネシアの未整理で体系化されていない宗教美術を確
認することを第二の目的に据えた。

　美術遺品を一次資料に選択した理由は、おおむね以下のように要約できる。す
なわち、序章でのべたように、ある地域での宗教、とくに仏教を考察する際には、
文献や碑文、遺跡、仏像などの整理が重要となる。しかし、インドネシアにおい
ては、経典は10世紀頃の文献しか残存しておらず、碑文や遺跡、および海外の史
書などからも、その断片しかうかがい知ることができない。先学諸氏による研究
のアプローチも、残存する当地の仏教経典を中心とした文献研究、また図像研究
が成果をあげながらも、各分野に分かれ、その断片を確認するにとどまっていた。
また、インドネシアの宗教形態においても、「ヒンドゥー教と仏教が並存してい
た」とする見解は見出されるが、具体的に美術遺品などで実証されることはほと
んどなかった。しかし近年、松長恵史氏による文献と図像をともに駆使した研究
が成果をあげ、各分野による研究の枠、および文献を中心とした研究の足踏みを
乗り越える可能性を示唆している。ただし、松長恵史氏の研究は密教的な要素に
集中して美術遺品と経典との確認作業を行っており、ヒンドゥー教と仏教、密教
の関係についてはふれておらず、また美術遺品において、鋳造像や法具を網羅さ
れていない。

　本書は、こうした動向をうけ、鋳造像、法具といった未着手の資料を用い、宗
教の別にこだわらず、これらの情報を網羅的に収集し、分析したものである。こ
うした新たなる実証的な見地から、イスラーム化される以前の、インドネシアの

宗教の特徴を導きだすことを目的に定めたものである。

　第1章では、インドネシアの宗教美術史として、先行研究をもとに、碑文や史書、中部ジャワ、東部ジャワの遺跡、出土像などからよみとれるインドネシアの宗教の要素、および王朝や政権の動向をみた。そうした上で第2章、第3章において、美術遺品の新資料である鋳造像と法具を総括的に調査研究し、文献や経典などと対照することで、インドネシアの7世紀頃からイスラーム化される以前までの宗教、とくに仏教、密教のあり方を考察した。

　本章では、まず、第2章、第3章の鋳造像と法具の類別分析の成果を重点にふまえる。そうした上で、こうした美術遺品だけからではよみとれない部分を、第1章で確認した作業によって補い、インドネシアで、対象とする時代において、どのような宗教体系が存在し得たのかを再検討してみたい。鋳造像と法具の数や形態を把握することは、ある集団の性質を、ある程度特定する根拠となろう。

　本書においてとりあげた鋳造像・法具は、現在のところ判明している作例の総数、および判明する時代や地域を図示すると、おおむね以下のようになる。次表は、本書でのべた順に従ったものであり、続く地図資料に尊格ごとに表化している。尊名の番号は、地図とそこに付した表に対応している。

ヒンドゥー尊

　①シヴァ　38軀　②（シヴァとパールヴァティーの対3組）

　③ガネーシャ　34軀

　④ヴィシュヌ　24軀

　⑤ハリハラ　2軀

　⑥ブラフマー　7軀

　⑦財宝神（ヒンドゥー教のクベーラか、仏教のジャンバラか）　90軀

　⑧女神…パールヴァティー　4軀

　⑨女神…ドゥルガー　5軀

　⑩女神…サラスヴァティー　1軀

　⑪女神…ラクシュミー（シュリー・ヴァスダラー）　18軀

仏教尊

　⑫如来…坐像　161軀　（触地印76軀・定印33軀・与願印22軀・第1・2指（親

指・人差し指）を捻ず８軀・説法印６軀・施無畏印３軀・欠損13軀）

⑬如来…倚像　17軀（説法印11軀・第１・２または第１・３指捻ず３軀・欠損３軀）

⑭如来…立像　53軀（第１・２指を捻ず16軀・施無畏印12軀・与願印２軀・垂下１軀・欠損22軀）

⑮二尊形式（７組）・⑯三尊形式（10組）

　　二臂観音（化仏あり）　81軀（⑰持物なし28軀・⑱持物あり蓮華手50軀・水瓶３軀）

　　二臂菩薩（化仏なし）　62軀（⑲持物あり27軀・⑳持物なし35軀）

㉑文殊　27軀

㉒弥勒　７軀

密教尊

二臂像　６軀（㉓金剛法１軀、㉔思惟像５軀）

四臂像　85軀（㉕思惟像23軀・㉖坐像（化仏）踏み下げ坐15軀・半跏趺坐３軀・結跏趺坐２軀・㉗立像（化仏）33軀・㉘立像化仏なし９軀）

六臂像　９軀（㉙思惟像２軀・㉚坐像（化仏）踏み下げ坐２軀・結跏趺坐１軀・立像（化仏）３軀）・三面六臂像１軀

八臂像　15軀（㉛単独像（化仏）／立像11軀・踏み下げ像１軀・㉜浮彫り（化仏）３軀）

十臂像　２軀（㉝立像（化仏））

十二臂像　１軀（㉞立像（化仏））

女尊…㉟二臂女尊　36軀

　　　智拳印像　３軀

　　　㊱二臂…転法輪印像７軀

　　　㊲四臂　21軀

　　　㊳六臂　３軀

　　　㊴八臂　６軀

　　　㊵十二臂　１軀

女尊…㊶十四臂　2軀

女尊…㊷十八臂　1軀

女尊…その他㊸三面六臂…1軀

金剛部尊（仏部・金剛部）

大日如来　101軀（㊹如来形78軀・㊺菩薩形23軀）

金剛手　31軀（金剛手か14軀）

（㊻金剛杵を抽擲する1軀・㊼のせる2軀・㊽握る14軀・㊾金剛
杵を蓮華上に垂直にのせる7軀・㊿蓮華上に水平にのせる7
軀）

51金剛薩埵　11軀（金剛薩埵か9軀）

52持金剛　3軀

53降三世・4軀（橛1橛・展左像3軀）　54マンダラ・3組

法具

金剛杵（五鈷杵）…55閉鈷式16例・56開鈷式2例

金剛鈴（五鈷鈴）…57素文205例・58一面5例・59四面27例・60環形7例
61四面環形1例・62五鈷と牛1例）

63五鈷鈴以外の鈴（杵部約20種）　327例

像容について（インド）

　像容は、各尊格ごとに、本書で詳しく照合しているが、総じて多少の変化を伴いながらも、インドの様式、とくにグプタ様式を受け継いでいることがわかる。技法においても、白眼の部分に銀や、下唇に金などを象嵌することがみられ、東インドのブロンズに通じることがうかがわれる。頭頂にみられる宝珠のような土饅頭形の突起は、現バングラデッシュ南東部にみられる彫像に頻出することなどからも、インドとの共通性が見出される。鈴杵については、インドにおいて残存作例が皆無に等しいことから考察は難しいが、鈴が1点確認される（第3章、図191）。それは杵部に一面を有するもので、鈴身部に三昧耶形を象っている。インドネシアの三昧耶形に通じるものと考えられ、インドネシアの鈴の原型がインドにあったものと推察できよう。

第4章 インドネシア宗教の特質 275

○ヒンドゥー尊

	尊格名	総数(軀)	時代(世紀)	地域
シヴァ系	①シヴァ	38	7-10	中部ジャワ・東部ジャワ・スマトラ
	②シヴァとパールヴァティー	3	7-10	中部ジャワ
	③ガネーシャ	34	9-13	中部ジャワ・東部ジャワ・スマトラ
ヴィシュヌ系	④ヴィシュヌ	24	7-10	中部ジャワ
	⑤ハリハラ	2	11	中部ジャワ・東部ジャワ
ブラフマー	⑥ブラフマー	7	8-11	中部ジャワ
	⑦財宝神	90	8-13	中部ジャワ・東部ジャワ
女神	⑧パールヴァティー	4	7-10	中部ジャワ
	⑨ドゥルガー	5		中部ジャワ
	⑩サラスヴァティー	1		
	⑪ラクシュミー(シュリー・ヴァスダーラー)	18	8-10	中部ジャワ

○以下の図は、すべて第2章の分析、記述に基づいたものである。

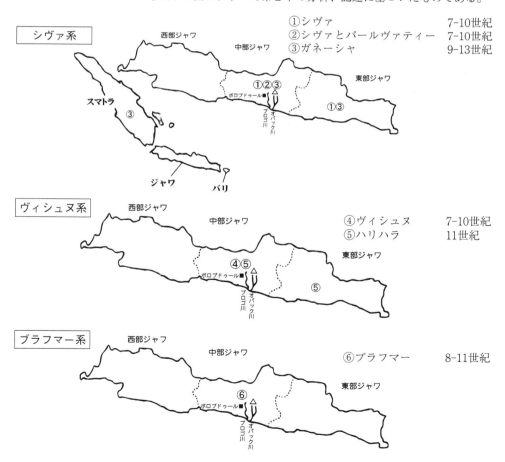

財宝神

⑦財宝神　　　　　　　　　　8-13世紀

女神

⑧パールヴァティー　　　　　　　7-10世紀
⑨ドゥルガー
⑩サラスヴァティー
⑪ラクシュミー（シュリー・ヴァスダラー）　8-10世紀

第4章 インドネシア宗教の特質

○仏教尊

		総数(軀)	時代(世紀)	地域
⑫如来(坐像) 161軀	触地印	76	8-14	中部ジャワ・東部ジャワ
	法界定印	33	8-11	中部ジャワ・東部ジャワ・西ボルネオ
	与願印	22	8-11	中部ジャワ・東部ジャワ
	施無畏印	3	／	／
	第一指、第二指捻ず	8	9-12	中部ジャワ・東部ジャワ
	説法印(転法輪印)	6	8-10	中部ジャワ
	欠損	13	8-10	／
⑬如来(倚像) 17軀	説法印(転法輪印)	11	8-10	中部ジャワ
	第一指、第二指捻ず	3	7-9	中部ジャワ
	欠損	3	8-9	／
⑭如来(立像) 53軀	第一指、第二指捻ず	16	7-10	中部ジャワ・東部ジャワ・西ボルネオ
	施無畏印	12	7-12	中部ジャワ・東部ジャワ・スマトラ
	与願印	2	10	中部ジャワ
	垂下	1	8-9	ロンボク島(Bali東)
	欠損	22	8-10	スマトラほか
⑮二尊形式	観音2・如来1・菩薩2	5組	8-12	中部ジャワ
⑯三尊形式	如来8	8組	8-11	中部ジャワ・東部ジャワ・スマトラ
二臂観音(化仏あり) 80軀	⑰持物なし	28	7-11	中部ジャワ・東部ジャワ・スマトラ
	⑱持物あり(蓮華)	50	8-11	中部ジャワ・スマトラ
	(水瓶)	2	8-9	スマトラ
二臂菩薩(化仏なし) 62軀	⑲持物あり(蓮華)	27	8-11	中部ジャワ・東部ジャワ・西ボルネオ
	⑳持物なし	35	8-13	中部ジャワ・東部ジャワ
㉑文殊		27	8-11	中部ジャワ・東部ジャワ・スマトラ
㉒弥勒		7	8-9	中部ジャワ・スマトラ

○以下の図は、すべて第2章の分析、記述に基づいたものである。

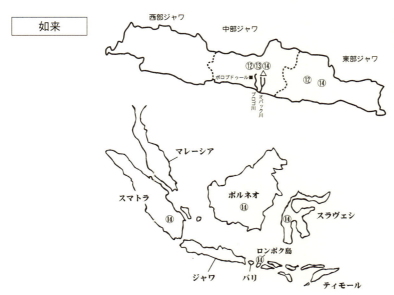

如来

⑫坐像　8-14世紀
⑬倚像　7-10世紀
⑭立像　7-12世紀

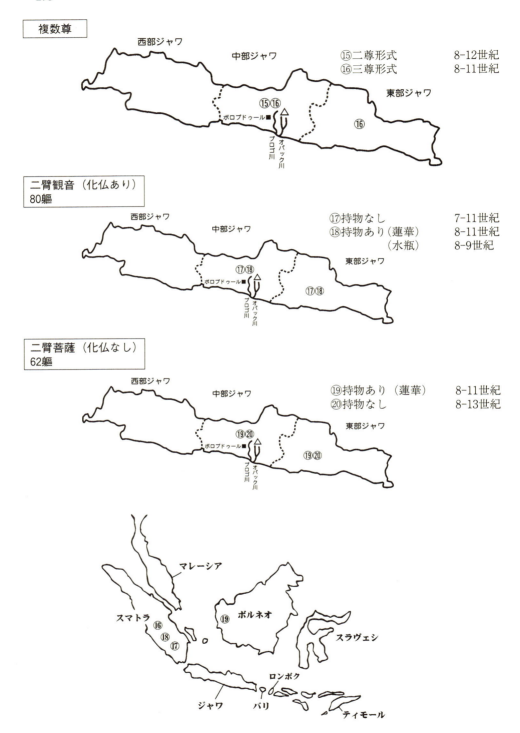

第4章　インドネシア宗教の特質　279

㉑文殊　　　　　　　8-11世紀

㉒弥勒　　　　　　　8-9世紀

○密教尊(多臂像尊・女尊)

	尊格名	総数(軀)	時代(世紀)	地域
二臂	㉓金剛法	1	11-12	東部ジャワ
	㉔思惟像	5	8-10	中部ジャワ
四臂	㉕思惟像	23	8-10	中部ジャワ・東部ジャワ
	㉖観音(坐)	20	8-10	中部ジャワ
	㉗観音(立)	33	7-11	中部ジャワ・東部ジャワ・スマトラ・ロンボク島
	㉘菩薩(化仏なし)	9	8-11	中部ジャワ・スマトラ
六臂	㉙思惟像	2	8-9	中部ジャワ
	㉚観音(立)	3	7-9	中部ジャワ・スマトラ
三面六臂1	(坐)1(踏み下げ)2	3	8-10	中部ジャワ・スマトラ
八臂	㉛単独像・観音(立)11(踏み下げ)1	12	7-10	中部ジャワ・スマトラ
	㉜浮彫	3	13(1268-1292)	東部ジャワ
十臂	㉝十臂・観音	2	8-11	中部ジャワ
十二臂	㉞十二臂・観音	1	8-10	中部ジャワ
女尊	㉟二臂(坐)28(踏み下げ)5(立)3	36	8-13	中部ジャワ・東部ジャワ
	大日	3	11	／
	㊱プラジュニャーパーラミター(般若波羅蜜・二尊形式)	7	8-12	中部ジャワ・東部ジャワ
	㊲四臂	21	9-12	中部ジャワ・東部ジャワ
	㊳六臂	3	8-11	中部ジャワ・東部ジャワ・西ボルネオ
	㊴八臂	6	9-11	中部ジャワ・スマトラ
	㊵十二臂	1	9-10	／
	㊶十四臂	2	9-10	／
	㊷十八臂	1	／	／
	㊸三面六臂	1	8-10	中部ジャワ

○以下の図は、すべて第2章の分析、記述に基づいたものである。

二臂

㉓金剛法 11-12世紀
㉔思惟像 8-10世紀

四臂

㉕思惟像 8-10世紀
㉖観音（坐） 8-10世紀
㉗観音（立） 7-11世紀
㉘菩薩（化仏なし） 8-11世紀

六臂

㉙思惟像 8-9世紀
㉚観音（立） 7-9世紀
（坐）1（踏み下げ）2 8-10世紀

第4章 インドネシア宗教の特質　281

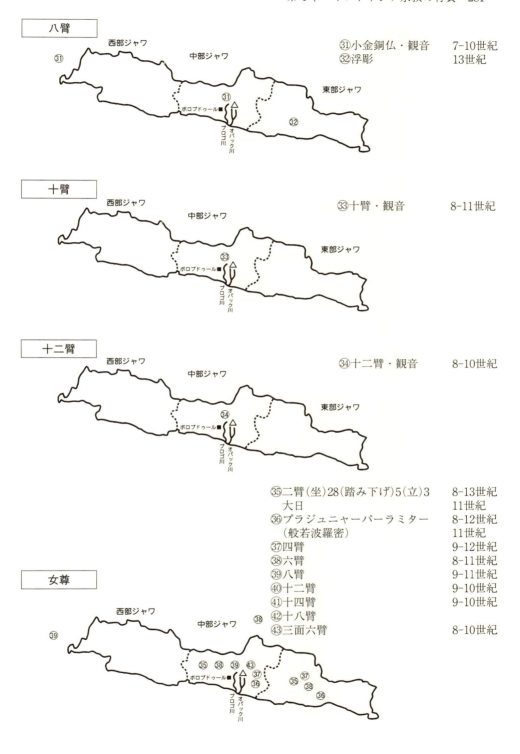

㉛小金銅仏・観音　　　7-10世紀
㉜浮彫　　　　　　　　13世紀

㉝十臂・観音　　　　　8-11世紀

㉞十二臂・観音　　　　8-10世紀

㉟二臂(坐)28(踏み下げ)5(立)3　8-13世紀
　大日　　　　　　　　　　　　11世紀
㊱プラジュニャーパーラミター　8-12世紀
　（般若波羅密）　　　　　　　11世紀
㊲四臂　　　　　　　　9-12世紀
㊳六臂　　　　　　　　8-11世紀
㊴八臂　　　　　　　　9-11世紀
㊵十二臂　　　　　　　9-10世紀
㊶十四臂　　　　　　　9-10世紀
㊷十八臂
㊸三面六臂　　　　　　8-10世紀

第4章 インドネシア宗教の特質　283

○金剛部系尊

	尊格名等	総数(軀)	時代(世紀)	地域
㊹大日如来	如来形	78	8-13	中部ジャワ・東部ジャワ
㊺	菩薩形	23	8-10	中部ジャワ・東部ジャワ
㊻金剛手	金剛杵を抽擲	1(9)	8-11	中部ジャワ・東部ジャワ
㊼	金剛杵をのせる	2(4)	8-10	中部ジャワ・東部ジャワ
㊽	金剛杵を握る	14(1)	8-13	中部ジャワ・東部ジャワ・西ボルネオ
㊾	蓮上垂直	7	8-10	
㊿	蓮上水平	7	8-10	中部ジャワ
51金剛薩埵	抽擲(2)握る(7)鈴のみ(2)	11(9)	8-11	中部ジャワ・東部ジャワ
52持金剛	三面六臂(1)二臂(2)	3	10-11	西部ジャワ
53降三世	橛(1)四面(2)五面八臂(1)	4	8-11	中部ジャワ・東部ジャワ
54マンダラ		複数組	8-10	中部ジャワ(スロチョロ)
			9-12	東部ジャワ(ンガンジュク)(ポノゴロ)

○以下の図は、すべて第2章の分析、記述に基づいたものである。
　( )は可能性のある像数。

仏部

㊹大日如来　（如来形）　　8-13世紀
㊺大日如来　（菩薩形）　　8-10世紀

金剛部

㊻金剛手（金剛杵を抽擲）　8-11世紀
㊼金剛手（金剛杵をのせる）8-13世紀
㊽金剛手（金剛杵を握る）　8-13世紀
㊾蓮上垂直　　　　　　　　8-10世紀
㊿蓮上水平　　　　　　　　8-10世紀
51金剛薩埵　　　　　　　　8-11世紀
52持金剛　　　　　　　　　10-11世紀
53降三世　　　　　　　　　8-11世紀
54マンダラ　　　　　　　　8-12世紀

○法具

		総数	時代(世紀)	地域
金剛杵(五鈷杵)18	㊸閉鈷式	16	8-14	中部ジャワ
	㊹開鈷式	2	10-16	東部ジャワ
金剛鈴 五鈷鈴246鈴	㊻五鈷鈴・素文(三昧耶形・四種13八種2)	205	7-15	中部ジャワ・東部ジャワ・バリ島
	㊼五鈷鈴・一面(三昧耶形・四種2)	5	8-10	中部ジャワ
	㊽五鈷鈴・四面(三昧耶形・四種13八種2)	27	7-11	中部ジャワ・東部ジャワ
	㊾五鈷鈴・環形(三昧耶形・四種5)	7	7-10	中部ジャワ
	㊿五鈷鈴・四面・環形	1	10-11	中部ジャワ
	㊱五鈷鈴・牛	1	14	西部ジャワ
五鈷鈴以外(約20種)	㊳五鈷鈴以外	327	10-16	東部ジャワ・バリ島

○以下の図は、すべて第3章の分析、記述に基づいたものである。

金剛杵（五鈷杵）

㊸閉鈷式　　8-14世紀
㊹開鈷式　　10-16世紀

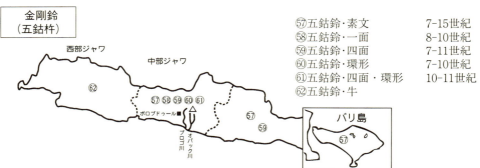

金剛鈴（五鈷杵）

㊻五鈷鈴・素文　　7-15世紀
㊼五鈷鈴・一面　　8-10世紀
㊽五鈷鈴・四面　　7-11世紀
㊾五鈷鈴・環形　　7-10世紀
㊿五鈷鈴・四面・環形　10-11世紀
㊱五鈷鈴・牛

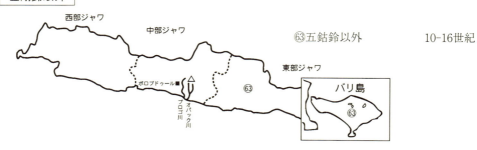

金剛鈴以外

㊳五鈷鈴以外　　10-16世紀

数値などから見えてくるもの

　本書でとりあげた対象総体を、作例件数についてみると、像の総数は、ヒンドゥー尊は226軀、仏教尊は420軀、密教尊は199軀、金剛部尊は150軀（マンダラ尊は３組）の存在が確認された。

　こうしてみると、ヒンドゥー教よりも仏教系の鋳造像が数を上回ることがわかる。とくに尊格として数が多い順は、如来240軀、大日如来101軀、財宝尊81軀、二臂観音80軀、シヴァ38軀、ガネーシャ34軀、ヴィシュヌ24軀などであり、如来でも、とくに坐像が161軀と群をぬく。如来の総数は、ヒンドゥー尊の数を上回っている。

　ヒンドゥー教、仏教、密教いずれの像をとってみても、中部ジャワ（８〜10世紀頃）、東部ジャワ（10〜13世紀頃）地域を中心に、スマトラ、ボルネオ、スラウェシなどにみることができる。例えば、８〜11世紀頃の中部ジャワにヒンドゥー尊のブラフマーが出土しているのとほぼ同時期に、仏教系の如来や三尊形式、二臂像など、密教系尊の十臂像など、また大日如来、金剛部系尊の金剛手、降三世等も、宗教を問わず制作されていることが導き出せる。法具については、杵が中部ジャワ（７〜11世紀頃）、東部ジャワ（10〜13世紀頃）に、鈴は中部ジャワ（８〜10世紀頃）、東部ジャワ（11〜15世紀頃）、バリ（13〜14世紀頃）にみられる。法具には、時代における形状の変化がみられた。

　像の系統でみると、まず第１節においてのべたヒンドゥー尊については、シヴァ系が42軀と圧倒的に多く、ブラフマー系やヴィシュヌ系の尊格より数の上で勝る。財宝神はジャンバラとの区別が困難であるが、90軀と突出して多い。また女神も多臂がみられ、図像にヴァリエーションが多くみられることが特徴といえよう。時代は７〜13世紀頃にかけて制作されたようで、判明する出土地も中部ジャワ、東部ジャワ、スマトラに広がる。材質は青銅が多数を占めるが、金製のシヴァやヴィシュヌなど[2]が中部ジャワの８〜９世紀に出土している。金は材質が貴重であることから、制作される像は重要度が高いものと推察される。すなわち、この時代にヒンドゥー教が重要な位置を占めつつ、仏教と並存して信仰されていたことが考えられる。

　次に第２節でのべた仏教系については、密教以前からみられる尊像群、たとえば如来、観音、文殊、弥勒、菩薩、二尊・三尊形式の作例がみられ、時代は７〜14世紀頃に広くわたっており、判明する出土地も中部ジャワ、東部ジャワ、スマ

トラ、ボルネオ、ロンボク島などに確認できる。

　第3節での密教系尊については、初期密教の段階でみられる変化観音として二臂、四臂、六臂、八臂、十臂、十二臂の像、および三尊形式（中尊が四臂像2組）の作例が確認できた。尊名は断定できないが、本書では思惟像としてとりあげた二臂、四臂、六臂像は初期密教に属するとされる如意輪観音と同定できる可能性があり、それらが8〜10世紀の中部ジャワ、および東部ジャワにみられた。また八臂像には初期密教に属するとされる不空羂索観音が、13世紀の東部ジャワにみられる。その浮彫の像には、不空羂索をあらわす尊名が刻まれている（銘文がある）。これを基準にみるならば、他の作例中にも不空羂索観音の可能性のある尊格がいくつか考えられる。それらは、8〜11世紀の中部ジャワに、9〜10世紀の南スマトラ、13世紀頃の西スマトラ、13世紀頃の東部ジャワと、一地域にとどまらず、時代も長きにわたって制作されていたと推察される。以上のことから、8〜11世紀頃の中部ジャワと、9〜13世紀頃のスマトラ、13世紀の東部ジャワに、初期密教に属する像が制作されていた事実が立証できる。また、女尊も四臂、六臂、八臂、十二臂、十四臂、十八臂、二尊・三尊形式もみられ、ターラーや、チュンダー、プラジュニャーパーラミターと同定可能な作例もみられ、出土地は定かではないが、8〜12世紀頃の作例である。

　次に密教の作例について、さらに詳しくみてみたい。第4節で検討した金剛部系尊格については、中期密教の段階でみられるものとされる尊格のなかでも『金剛頂経』系の系統に属する尊格のうち、大日如来、金剛手、金剛薩埵、持金剛などが確認され、これらは8〜10世紀の中部ジャワ、10〜13世紀頃の東部ジャワにみられる。また後期密教の段階でみられる尊格は、後期密教のなかでもちょうど中期密教からの過渡期の尊格のものが、松長恵史氏がとりあげた『サマーヨーガタントラ』に属するマンダラのなかなどにみられ、10世紀頃にその形跡が確認できる。ただし、それ以外のグヒヤサマージャやヘーヴァジュラといった多面多臂のいわゆる秘密仏は、本書の調査範囲内では確認するに至らなかった。

　その一方で忿怒尊として降三世とみなす作例も8〜11世紀頃の中部ジャワと東部ジャワに出土しており、注目される。

　続いて、第3章でのべた法具については、以下で詳しくのべる。

地図からみえること

　本書では、像や法具の編年に関しては、博物館などが公表している情報によって、考察を行った。個々の像、および法具の様式や技術水準をたよりに、さらに時代をしぼった編年を提唱することは、今後の課題となろう。そうしたなかで、法具についてみる限り、その形状と時代、出土地域から、ある程度の傾向をよみとることができた。それを地図に起こすと新知見として、以下のことが導き出せる。

　法具として考察した金剛杵と金剛鈴は、ともに密教で使用されることが知られている。まず杵について特徴をのべると、杵は第３章第１節の図にあるように、切っ先（鈷）が５つある杵形をしており、日本には切っ先が１つの独鈷杵、３つの三鈷杵などがみられるが、インドネシアでは、五鈷杵のみが認められた。確認作例数は18例で、鈷先の閉じた「閉鈷式」のものが16例、鈷先の開いた「開鈷式」のものが２例確認された。その発見地域と時代を特定すると、「閉鈷式」は８〜10世紀頃に中部ジャワ・バリ地域で出土したものであり、「開鈷式」は10〜16世紀頃に東部ジャワ・バリ地域で出土したものであることが、第３章の検討から確認された。なおここで確認しておけば、第１章でふれたように、ジャワの美術史編年では、遺品の確認される地域と年代、王朝の移行などの理由から、８〜10世紀頃を「中部ジャワ期」、10〜15世紀頃を「東部ジャワ期」と区切っている。上にのべた五鈷杵の形状の明白な変化からも、「中部ジャワ期」から「東部ジャワ期」への移行にともなって、儀礼あるいは信仰形態に、なんらかの変化が生じたことが推測されよう。

	形	確認個数	推定制作年代	出土地
五鈷杵	閉鈷式	16	８-10世紀	中部ジャワ
	開鈷式	2	10-16世紀	東部ジャワ・バリ
五鈷鈴	閉鈷式	96	７-11世紀	中部ジャワ
	開鈷式	117	10-16世紀	東部ジャワ・バリ
五鈷鈴以外の鈴	約20種	327	10-16世紀	東部ジャワ

　次に、五鈷鈴の場合、確認された作例数をみると、判明する出土数は中部ジャワに96例、東部ジャワ117例とほぼ同数の割合である。しかし、先にもふれたように、中部ジャワに多くみられる「閉鈷式」五鈷鈴は、五鈷鈴を６種に分けた場

合、そのうちの5タイプを占めており、密教の図案である三昧耶形が刻まれた37例中、33例が中部ジャワに集中している。また細部にわたり装飾が丁寧に施されていることなどから、中部ジャワ（8～10世紀）期のほうが、東部ジャワ期（10～16世紀）よりも信仰が盛んであったとの仮説も立てられよう。ただし現在まで確認されている法具の件数が限られているため、残存作例数から信仰の盛衰を推定することは、なお統計学的な処理にはなじまない弱点が残されているかもしれない。

　第3に、鈴と杵とは、密教儀礼で用いられる場合には、対にして一組をなすことが知られているが、インドネシアでは閉鈷式（9世紀、中部ジャワ出土とされる作例）1例、開鈷式（東部ジャワ、10～13世紀とされる作例1例）を問わず、杵と鈴とが対になっている様子が観察できた。これらの杵と鈴は、一緒に出土し、形状、材質、大きさなどから対であることが認められる。閉鈷式、開鈷式の出土地域と制作年代を勘案すれば、ジャワにあっては、9～13世紀にかけ、中部から東部ジャワへと移行しつつも、密教的な修法的儀礼が一貫して実施されていた可能性が示されているものと推定できる。さらにバリに、東部ジャワでみられる「開鈷式」で三昧耶形が刻まれた鈴が認められることから、10世紀頃に儀礼が次第に東の地に流伝していったことが推測できる。

　五鈷鈴以外の、特異な形状を呈する鈴327例のうち、杵部（上部）の形状は、チャクラ、牛、三鈷、人物、獅子、蛇か龍、旗か花、棒、ガネーシャ、ガルダ、炎、蓮華、法螺貝、瓢箪形、菱形、剣、水瓶、鷲鳥、人獅子など、約20種確認でき、ヒンドゥー的造形を意図したもの、当時好まれたデザインがふんだんに象られていることがうかがえる。これら327例の法具は、所蔵元が公開している資料に従えば、いずれも10～16世紀に東部ジャワから出土したものに該当している。

　これら五鈷鈴以外の形状を呈する鈴は、インドネシア以外の地域では、現段階で類例が報告されていない。先にふれた「開鈷式」五鈷鈴もまた、東部ジャワに集中して確認できる特有の形状である。こうした事実から、10～16世紀にかけての東部ジャワでは、一種独自の展開がなされていたと推定できる。そこには密教的な儀礼の痕跡が濃厚だが、はたしてこれがいかにヒンドゥー的要素やジャワ土着の儀礼と結びついていたものかは、現在のところ、まだ不明である。

　いずれにせよ、このように開鈷式の五鈷鈴や、五鈷鈴以外の特異な形状を呈する鈴の存在からは、ジャワの美術史編年でいわれる東部ジャワ期（10～16世紀）

という単位の有効性が確認されたのみならず、密教的儀礼の実践においても、それに先立つ中部ジャワ期（8～10世紀）とは、明らかに性格を異にした、特異な発展がみられたことを示唆する物証が得られたことになる。

　なお付言すれば、五鈷鈴の「6タイプ」の分類、および「開、閉」という形状における差異は、筆者が提唱する以前には、これまでのところ出土地域や年代比定の際の基準としてはとりわけ意識して用いられてはこなかった区分である。すなわち、第3章であつかった法具の地域や年代の比定は、五鈷鈴の「開、閉」という形状上の差異とは無関係に行われてきたものである。したがってここから、一方では、中部ジャワ期と東部ジャワ期を区別する新たな基準をひとつとして、法具の形状の異同という指標を提唱できることが確認される。それとともに他方では、法具の形状の時代的・地域的発展という事実から、それを背後から統御する信仰体系、あるいは儀礼上に、中部ジャワ期から東部ジャワ期への移行に伴い、なんらかの変化が生じたのではないか、との仮説が導かれる。

　こうした法具の変化に対応したような変化が、鋳造像の形状にも見出されるのか否かが、続く問題となる。第2章で分類した尊格の地域的分布を地図のうえであらためて確認することにより、以下この作業仮説の有効性を検証してみることとしたい。

　まず、各系統の像の形状（像容）においては、法具のように、時代、地域による明確な変化は今回確認できなかった。これは、鋳造像では変化がみえにくいことを示している。

　次に、仏教系と密教系の女尊が、8～12世紀頃のスマトラ、ボルネオ、バリなど広い地域と時代にわたって制作されていることがうかがわれるとともに、重要な点として、ヒンドゥー系尊、仏教系尊、密教系尊、金剛部系尊、いずれの系統も、ともに8～10世紀頃の中部ジャワ期を中心に、多くみられた。このことは、ヒンドゥー系、仏教系、密教系、金剛部系の作例が、並存して制作されていたことを示唆するものである。

　また、密教に限っていえば、密教系女尊の存在が確認されることから、インドを中心に8世紀後半から10世紀において、中・後期の密教が存在したのと同様に、インドの周辺地域であるインドネシアにおいても密教が栄えたことを示している。

　以上、第2章、第3章で検討した鋳造像と法具について、作例数と地域、時代の関係を概観した。これを通して、現段階で判明する時代、地域によれば以下の

点がインドネシアの宗教の流れとして推測できる。

①ヒンドゥー教神像は、7世紀頃よりシヴァやヴィシュヌ、ハリハラがみられるのをはじめ、ブラフマーや財宝神、女神がみられる。シヴァは7～10世紀の中部ジャワ、東部ジャワ、スマトラにみられ、ガネーシャは9～13世紀の中部ジャワ、東部ジャワ、スマトラに、ヴィシュヌは7～10世紀の中部ジャワに、ハリハラは11世紀の中部ジャワ、東部ジャワに、ブラフマーは8～11世紀の中部ジャワ、財宝神は8～13世紀の中部ジャワ、東部ジャワに、女神のうち、パールヴァティーが7～10世紀に中部ジャワ、ラクシュミーが8～10世紀の中部ジャワなどにみられた。像容は、法具にみられたような変化はよみとれないものの、出土地と時代は、ジャワ美術史の「中部ジャワ期」「東部ジャワ期」にほぼ合致している（8世紀頃の作例は中部ジャワに出土しているなど）。7～13世紀頃中部ジャワ、東部ジャワ、スマトラ島などにおいて、ヒンドゥー教が信仰されていたことが導きだせる（第2章第1節）。

②仏教系の尊像は、7世紀頃より如来立像がみられるのをはじめ、如来坐像、如来倚像、二尊形式、三尊形式、二臂観音、二臂菩薩、文殊、弥勒がみられ、ヒンドゥー系尊と同様、その出土地と時代からジャワ美術史の「中部ジャワ期」、「東部ジャワ期」にほぼ合致していることが確認された。地域がスラウェシ、スマトラ、ボルネオ、ロンボク島と広くにわたっていることがみてとれる。7～13世紀頃の中部ジャワ、東部ジャワ、スマトラなど、多地域において仏教が信仰されていたことは明らかである（第2章第2節）。

③ジャワ島のほか、スラウェシやスマトラにおいても7～13世紀頃に、ジャワと同系の仏教と初期密教の作例が確認される（第2章第2節・第3節）。

④密教に関してみると、中部ジャワにおいて、初期密教の作例や、中期密教、中期～後期密教の作例が、7世紀頃から、ほとんど時代や地域に差がなく、まんべんなく確認される。東部ジャワでは、初期密教と中期密教系とされる像が10～13世紀頃に、また中部ジャワ～東部ジャワにおいては、後期密教系の初期にあたるとされる像が、8～12世紀頃にかけて確認された。このことから、密教の初期、中期、後期とされる像は、その尊格の性格に関わらず制作されていたことが推察できる（第2章第3節、第4節）。

⑤第2章第3節、4節でのべた密教の尊格以外の像、明らかに後期密教（秘密

仏）に属するとされる尊像は、現段階では確認できなかった。

⑥第2章の鋳造像の考察を通して、ジャワ島の密教の美術遺品には、西インドの石窟や東インドのオリッサ地区に現存する遺品と共通性がみられることが確認された。また、遺跡に残る構造プランなどに関しては、パーラ朝の勢力範囲であった地域と共通性がみられる。

⑦密教で使用される金剛杵と金剛鈴の一式が、9世紀頃の中部ジャワと、10〜13世紀頃の東部ジャワに出土した。このことは、密教の儀礼が各時代に両地域で行われていたことを示唆する。また杵や鈴を持つ尊像、金剛薩埵像も制作年代が8世紀頃に遡れることから、法具は8世紀頃より、存在していたものとも推察できる（第2章第4節第3項、第3章）。

⑧密教で使用される金剛鈴に、聖なるものを意図する図案の三昧耶形が刻まれていることが確認された。それらが中期密教〜後期密教にかかる『理趣広経』系の図案に類似することから、中部ジャワ、東部ジャワにそれに対応する信仰が存在していた可能性が考えられる（第3章第2節第4、5項、第4節）。

⑨金剛鈴（五鈷鈴）以外の、チャクラ、牛、獅子、人物など20種の独特な形状の鈴は、開鈷式の五鈷鈴とともにあらわれるのが10世紀以降、東部ジャワにおいてである。この形状が他地域では知られていない特異なものであることから、ジャワ独自の文化が展開したことと推定できる（第3章第3節）。

　これらは、特定の宗教に限定せず、鋳造像、および法具といった資料を、実証的に分析し、網羅的に分類することにより、導きだされた結論である。

　本書では、ヒンドゥー教と思われる作例も含め、鋳造像との総体を網羅し、個々の作例の細かい検討を行った。そこから、暫定的ではあるが、密教の3分類でいうところの初期、中期、中期から後期にかかる作例の存在することが判明した。さらに、仏教の作例が制作されるのと同じ時期に、同じ地域においてヒンドゥー教の鋳造作例も見出せたことから、仏教とヒンドゥー教の作例との並存していたことが立証できる。

　こうした状況からは、インドネシアではヒンドゥー教と仏教（大乗・密教）が、同時期に並行、もしくは混在して信仰されていた可能性が具体的に論証されたとはいえないだろうか。

292

　信仰形態に関するこうした推測を補強するためには、残存文献とのつきあわせが有効となる。先学諸氏も注目していた当地の文献だが、10世紀以降成立したとされる『サン・ヒアン・カマハーヤーニカン』の第108項に「毘盧遮那の全智の活動からイーシュワラ神・ブラフマー神・ヴィシュヌ神が生まれる」と説かれていることが無視できない。というのも毘盧遮那、すなわち大日如来は、密教の中心であり、本尊とされているが、本経典には、毘盧遮那からヒンドゥー教の神々が生まれると記されているからである。したがって、本経典は、ジャワ独自のかたちで、ヒンドゥー、仏教、密教が混交しているさまを如実にものがたるものと考えられる。

まとめ

　ここで、第2章の鋳造像、第3章の法具の悉皆分析で得られた知見を、あらためて第2章でみておいた碑文、史書などの検討を含めた先行研究の成果のうえに重ねてみると、おおむね以下のような見取り図を示すことができるだろう。

　すなわち碑文、史書といった文献資料、遺跡、鋳造像、法具などを、総合的に照らし合わせると以下のような見解が得られる。

　インドネシアに最初にインドから伝来した宗教はヒンドゥー教と考えられ、5世紀頃に盛んであったことがみられる。中部ジャワ地域にチャンディ・ロロ・ジョングラン（Candi Loro Jonggrang）を建立したマタラーム王朝を絶頂期とし、15世紀頃までヒンドゥー教の文化が続くとする通説は、本書からも追認できた。

　仏教も5世紀前半には伝わっていたと考えられ、7世紀中頃にはシュリーヴィジャヤ王国（7〜12世紀頃）、8世紀中頃にはシャイレーンドラ朝が興り、大乗仏教が信仰され、中部ジャワ地域にチャンディ・ボロブドゥールをはじめとする寺院建築と造像を行い、美術的にも爛熟されたジャワ美術の黄金期を迎えた。その像容はインドの流れをくむものであった。一方、この期間はマタラーム朝においてもヒンドゥー教が信仰されており、仏教、密教との宗教が混在、並存の形態で信仰されていたことは、本書での鋳造像、法具といった資料の分析を通し、実証的に裏付けられる。

　その後、政権は東部ジャワ地域のクディリ王朝へと移り、仏教とヒンドゥー教が混在し、シヴァ・ブッダなる融合観念が定着した信仰がはじまるとされる。

　15世紀以降は、イスラームの侵攻によりインドネシアでは仏教、ヒンドゥー教

第4章　インドネシア宗教の特質　293

は滅び、10世紀以降、同宗教の文化が流伝していたバリへ、その一端が集中、土着して受け継がれていく[12]。そのことは、現在でも、聖職者のプタンダ・シワ、プタンダ・ボダにより、なされる修法にシヴァ教、仏教の形跡をたどることができる。鈴や杵を用いたり、印を組むなど、日本の真言宗、天台宗といった密教の修法と類似することから注目に値し、今後の検討が必要と考えられる。また、バリにおいて、東部ジャワと同形の三昧耶形の法具が確認できた。これも、ジャワがイスラーム化される際、バリに文化が流出したことを物語るものといえよう。

　次に地域をジャワに焦点をしぼってみる。ジャワ美術史の編年は、中部ジャワ地域を中心とした中部ジャワ期（8～10世紀頃）、東部ジャワ地域を中心とした東部ジャワ期（10～16世紀頃）に区分されているが、中部ジャワ期に展開した美術は、ヒンドゥー教（とくにシヴァ信仰）と大乗仏教および密教に属し、インドの要素が強く反映し、水準の高いものと評価されている。東部ジャワ期は、王を神格化した像が祀られ、王族を収める霊廟として寺院が建立され、クディリ王朝、シンガサーリ王朝とマジャパイト王朝時代において、全般に、いわゆる土着化がすすみ、ジャワ固有の傾向が顕著となり、また技法的な衰退もみられるようになるとされる。

　第1章で、中部ジャワ期に、インドの影響の強い水準の高い美術品が制作されたとのべたが、それは建造物や石像などからよみとれるものであった。本書の第2章の鋳造像からも、パーラ朝に近い造形表現がうかがわれ、第3章の法具においても、中部ジャワ地域の作例は東部ジャワのものより、水準が高いことが確認できる。

　同じく第1章で、東部ジャワ期に、ヒンドゥー教、仏教の混交したシヴァ・ブッダなる融合観念が定着するということが、従来いわれていることにふれたが、本書第2章で検討した鋳造像の像容上には、同様の変化はみられなかった[11]。一方、第3章の法具の研究から、10～16世紀にかけて、密教の図案である三昧耶形が刻まれた「開鈷式」五鈷鈴と、五鈷鈴以外のヒンドゥー教や土着的なものを意図するさまざまな形状の鈴があらわれる。これは混交のあらわれの一つとみなしていいかもしれない。

　第2章、第3章の分析で、ヒンドゥー系尊、仏教系尊、密教系尊、密教のなかでも金剛部系尊が、同地域で並存して制作されていたことは確認できる。

　さて、密教の尊像についてみてみると、中部ジャワ、東部ジャワ、ボルネオな

どにおいて、その作例が確認された。その内容は、第2章第3節、第4節で分析したように、密教の分類でいう初期、中期、（金剛頂経系）、中期密教〜後期密教のものが確認できた。また、金剛鈴には、中期密教〜後期密教にかかる『理趣広経』系の図案も確認できたことから、その系統の信仰があった可能性も考えられる。

また、胎蔵系資料の存非について両説があるが、現段階において断定はできない[12]。インドネシアにおいては、中期、中期から後期にかけての金剛部系の密教がヒンドゥー教や仏教系尊格とともに、ほぼ同時期に流布していたのではないかと考えられる。

残る問題点——方法論的反省

さて、ここで、新たな3つの大きな疑問がうかびあがる。

1つは、鋳造像では、仏教系・密教系尊格が、ヒンドゥー教系尊格に比べ圧倒的に多いのに対し、第1章で確認した多くの石像では、もっぱらヒンドゥー系が確認され、仏教系、密教系尊格がほとんど見当たらないという事実である。これは、インドネシアにおける仏教、密教の信仰形態とも深く関わる問題となろう。すなわち鋳造の仏教系・密教系尊格が数多く確認できたからといって、ただちにその宗教が当地において隆盛を極めたことにはつながらないということ、また、その思想内容の理解をともなって信仰されていたとは限らない、ということ。そして、それらの像はどのような役割を果たしていたのかということである。

2つめは密教の尊格を分類する上で、経典を中心においた従来の（日本を中心とする）分類法が、『大日経』や『金剛頂経』の両経典が存在したか不明であるインドネシアでは、あてはまるとは限らないのではないか、という点である。

3つには、博物館などによる推定制作年代についてである。鋳造像には、碑文にみられるような年号、および尊名が刻まれるものはほとんどみられない。それゆえ、年代の編年には、さまざまな観点を統合した判断が要求されるはずである。現在公表されている資料に示された編年は、その多くが判断の基準も明確ではなく、博物館などの資料にみられる記載は、定めた年代の範囲が広すぎるものがほとんどで、必要な限定に欠き、安全な上限加限を示すのにとどまる場合が多い。このことは、分析に、ある程度の支障をきたすものと考えられる。

以上の緒点に対して、以下試論をのべたい。

第4章　インドネシア宗教の特質　295

　１つめの疑問について、インドネシアにおいて、ヒンドゥー教に属する鋳造像、法具が存在することは、本書で確認できた。また、残存する寺院においては、ヒンドゥー教の尊格がいわば本尊として祀られることが多く、また石像の単独像も、博物館などに置かれている例が多く確認できる。しかし、仏教、とくに密教においては、鋳造像や法具は、ヒンドゥー教系より多く確認できるのに対し、石像は如来や菩薩など少数である[13]。例えば単独尊をあげると、ジャカルタ国立中央博物館に般若波羅蜜、スダナクマーラ立像、ブリクティー立像、ローチャーナー坐像、パーンダラヴァーシニー、金剛手など（第２章参照）と同定される作例がみられるが、知られている作例はいずれも数軀にとどまる。ほかに、大日如来は菩薩形で智拳印を結ぶ作例[14]と、菩薩形で定印を組む作例がごく少数[15]、確認されるのみである。寺院の中尊、もしくは中心をなしたと考えられる仏教系の尊格も、チャンディ・ボロブドゥール、チャンディ・ムンドゥットのみで、ほかにはみあたらない。

　仏教、とくに密教の尊格が、大きな石像としては、ほとんどみあたらず、一方で、本書で判明したように、鋳造像は、数の上でヒンドゥー教系尊の残存作例数を上回る。これは一体何を意味するのだろうか。

　筆者が考えるに、インドネシアにおいては、仏教、密教は限られたごく一部の層に信仰されていたにすぎなかったのではないか。仏教、密教系の鋳造像が、ヒンドゥー教系の尊格と並存しているのに、ヒンドゥー教の場合のように寺院に祀られるような石像は、仏教系、密教系の尊格ではほとんど確認できないのである。これは、インドネシアにおいて、ヒンドゥー教のように、その信仰が寺院を拠点とした大規模なものになることはなかったことを示唆しているのではないだろうか。

　また、その信仰にしても、当時の人々が、仏教、密教を独立した宗教として信仰し、認識していたか否かは、なお確証が得られない。例えば、ヒンドゥー教の最高神シヴァを信仰しながら、そのシヴァとその妃を踏みつける密教の降三世が同時期に同地域に存在するのは、矛盾した事態ではなかろうか。また、一方では、ヒンドゥー教を信仰した信者、また密教を信仰していた信者が同地域に存在していたとの推測も可能であろう。

　そう考えると当地の人々にとって、ヒンドゥー教、仏教、密教といった厳密な分類も、必要であったかのかが疑問となってくる。インドより流伝してきた神像、

仏像をもとに、ある程度の理解を示しながらも、厳密な体系性のある教義は不在のまま、造像されていったのかもしれないとも推察できる。これらの点については、今後の課題としたい。

では、数ある鋳造像は、どのように扱われていたのだろうか。正確には断定はできないが、インドネシアでは仏教、密教の仏像は、石像のように寺院の本尊として祀られていたというよりも、念持仏、もしくは個別の密教儀礼として用いられていた可能性が考えられる。ごく限られた層によって、祀られたと考えられる理由の一つに、大衆に広く受け入れられていれば、例えば聖天（歓喜天）のように、象頭人身でありながら、日本独自の展開をしめす抱擁像のように、仏教、密教が変化したと考えられる作例があってもいいはずである。しかし、それが現段階において、インドネシアではみあたらない。インドの作例を踏襲した形にとどまるものが多いのである。当地における尊像の発展性がみられないことからも、密教は主流に至らなかったのではないかと考えられる。それは、密教の受容とも関わりをもっており、日本においては、中国の唐から初期密教、中期密教が流伝した当初より、国から庇護を受け、密教の仏像は密教寺院の本尊として祀られたが、インドネシアにおける密教の受容は、これとはかなり異なるものではなかったのかと推定される。

２つめの密教像の分類については、方法論上の議論が必要となろう。すなわち、本書では、密教像を分析する上で、密教経典に基準をおいて初期・中期・後期の３つに分けるという、最も一般的な分類法を仮説作業として採用し、これがインドネシアにおいてどの程度まで適合するかの検証にも力点をおいてきた。この分類は、『大日経』『金剛頂経』を基礎として体系化された知的再構成であり、インドを基準として、全段階の経典およびそれに基づく作例の存在を踏まえ、それを基礎とした信仰の存在したことを前提とした分類法である。それゆえ、インドネシアのように両経典を基礎とした確証の得られない地域において、その分類法がインドネシアに合致するか否かは未検証であった。

本書の実際の作業では、３種の分類に加えて、仏教図像学で用いられる造形上の基準など、複数の基準を用いて総合的に勘案することが必要となった。というのも、図像学は如意輪観音、不空羂索観音、女尊などといった尊名を同定する造形の基準だからである。しかし、これらの基準だけでは、なお不十分なため、本書では、密教系尊格と思われる作例について、臂数による分類を行うにいたった。

第 4 章　インドネシア宗教の特質　297

　以上の操作から、作例については、上述のごとくジャワを中心として、初期、中期、中期から後期といわれる密教図像に対応する作例が 8 世紀〜13世紀頃、中部ジャワや東部ジャワ地域を中心に確認を行った。ただし、これらの制作時期と地域については、博物館等の資料に曖昧な点が多いことから、年代、出土地が的確であるとはいいがたく、比定にも限界がある。それらを考慮した上で、なお分類を行ってみると、初期・中期・後期に属する密教系とみなされる作例が、インドネシアでは、ほとんど時代差なく、一貫して制作されており、同時に仏教系尊、ヒンドゥー教系尊も並在していることが今回の研究から明確となった。つまり、鋳造像の作例も、初期・中期・中期から後期にかけて、時系列的にも展開するものではなかったといえるのである。すなわち、インドネシアの鋳造像をみると、例えば宝塔を頭部正面においた弥勒や多臂観音などがあるが、これらは初期密教から中期密教にかけて成立した尊像であり、それらが、降三世といった中期密教から後期密教の尊像と混在しているさまを十分に説明しにくい。

　初期・中期・後期という作例の三分類法は、『大日経』『金剛頂経』といった経典を中期の基準においたものであり、経典がみあたらないインドネシアにおいては、これに従って分類することには無理があるのではないかと考えられる。初期・中期・後期に関わらず、一貫して同時的に制作される例がある一方、初期に属する作例（不空羂索観音など）が、13世紀と時期として遅くに東部ジャワにおいて流行するようになるなどの矛盾が生じる。これは、上にみた分類法が、インドネシアにおいてはかならずしも当てはまらないということ、また、密教そのものが同様の体系によって整理されなかったことを示唆しているのではないだろうか。

　つまり、密教の両部経の内容が正確に理解され、信仰されていたか否かが確認できないインドネシアにおいて、両部大経に立脚した分類法を施すには、そもそも方法論的に無理があるのではないだろうか。両部大経の 1 つである『大日経』は、インドネシアでは、その断片が10世紀以降の経典に散見されるのみで、両経をもととする大きな石像の存在も確証を得られていないのが現状である[17]。

　像の存在は、要素論的な一項目の確認にとどまり、密教が体系的システムとしてインドネシアにおいて確立され、信仰されていたことを証明するには不十分である。このことは、当地の人々がどういう宗教、信仰としてこれらの仏教、密教に属する像を認識していたのかを考えるうえで、従来の研究方法では、なお不十

分な側面があることを示唆しているものと思われる。

　３つめの疑問としては、編年についてである。形状による様式変遷や技法の変化を追跡する可能性や、各像の詳細な分析をほかの像と総合的にくみあわせる工夫など、また、成分分析などによる科学的なデータも考慮されていくべきと考える。

　以上をふまえて、筆者の現在の見解を最後にまとめておこう。

　インドネシアでは、ヒンドゥー教、仏教、密教の鋳造像が７～13世紀頃、ジャワを中心にほぼ同時期に、並存する形で祀られていたと考えられる。その内容はなお、性格には把握しがたいが、石像などの巨大な尊像が認められないことなどから、仏教、密教は、インドネシアにおいて、中心を占めることなく、それ自体独自の体系として信仰されることはなかったのではないかと推測される。しかしながら、仏教、密教の鋳造像は、ヒンドゥー尊よりはるかに多数確認されることから、これらの小さな鋳造像は、念持仏として、あるいは儀礼などの際に用いられたことが多かったのではないかと考えることができる。その信仰者は、儀礼を行える特定の宗教者（僧など）、あるいは個人の信者（貴族階級）によってであったと推察する。

　インドネシアの密教の分類に適応するような、新しい座標軸、ないし枠組みを提出するには、今しばらくの努力が必要である。これを今後の課題としたい。

　以上の新知見から、インドネシアのこうした像や法具をもととして、仏教、密教の信仰がこの地でなされていた可能性を否定することだけは、もはやできないだろう。

註

1）　Kats, 1910. 石井和子（1987）（1988b）、岩本裕（1977）、石井和子（1988a）、『Kalpa-buddha』Bosch, 1961.

2）　ジャカルタ国立中央博物館蔵、シヴァ（No.A4,497a）、ヴィシュヌ（No.A31,486a）、パールヴァティー（No.A5,519a）など。

3）　伊藤奈保子（2001）。

4）本書では、同一時代、同一場所に、両立しない信仰体系に属する遺品が存在することをさすものとする。

5）　Kats, 1910, pp.52（b46）, 56（b49）, 58（a51）.　石井和子（1988b）74 頁（95）・77 頁

第4章　インドネシア宗教の特質　299

（102, 104）。

6）　尊名として、大乗仏教系の毘盧遮那を使用している。

7）　大正蔵第51巻、866頁。

8）　朴亨國（2000）88頁。

9）　求那跋摩が闍婆に滞在し、王母、国王を仏教に帰依せしめたとある（431）。『高僧伝』
　　第3。ほかに『宋書』巻97にも仏教の要素がみられる。岩本裕（1973）31頁。

10）　バリでは現在でもプタンダ・シワ、プタンダ・ボダといわれる聖職者により、鈴杵を
　　使用する儀礼がなされている。嘉原優子（1994）。

11）　例えば、ガネーシャを例にあげると、中部ジャワのチャンディ・バノン（8〜9世紀
　　頃）の石像は、頭体のバランスのとれた姿で、装飾をほとんど施さずにあらわされるが、
　　東部ジャワのチャンディ・バラ（13世紀頃）の石像は、頭体のバランスが崩れ、髑髏や
　　蛇といったモティーフを加味して過度な装飾が施される。こうした傾向はほかの石像、
　　守門神などにもみることができる。10世紀以降、装飾が増す傾向は、インドや東南アジ
　　アでも認められる。シヴァやガネーシャにおいても同様の変化がみられる。すなわち、
　　その変化をシヴァ・ブッダと直接的な関係はないにしろ、他地域より顕著にあらわれる
　　ことに、間接的な影響関係が認められるであろう。東京国立博物館編（1997）26頁、伊
　　東照司（1989）、伊藤奈保子（2004a）。

12）　松長恵史（1999）126〜128頁。中部ジャワ地域のチャンディ・ムンドゥットの壁面に
　　は、初期密教、および中期密教に属する八大菩薩が彫刻されており、それが胎蔵系資料
　　と重なるとの見解がある。
　　　佐和隆研（1973）53頁。東部ジャワのケディリに11〜12世紀頃とみなす、胎蔵大日如
　　来像と考えられる像を指摘。頭部と右手が欠尊した定印をくむ菩薩形。頭部を欠き、銘
　　文がないことなどから、判断は難しい。

13）　ボロブドゥール、プラオサン、ジャゴなどの像を含め、所蔵番号 Nos. 14037X1, 1587,
　　247a, 112a, 248a, 248b, 103h ほか。

14）　Lunsingh Scheurleer, 1994, pl.10. ほか。

15）　佐和隆研（1971）図版129の像を大日如来像（頭部と右手が欠損、定印状の菩薩形）
　　ではないかとする報告がある。№123/KDR/96, アイルランガ博物館蔵、総高92cm。松長
　　（2015）。

16）　Śaka 暦700年（778年）の中部ジャワ、カラサン碑文には、密教の女神、ターラー（多
　　羅菩薩）を祀るためにチャンディ・カラサンを建立するとある。像は確認されていない
　　が、本尊として祀られた可能性がある作例である。

17）　チャンディ・ムンドゥット、チャンディ・ボロブドゥール。

参考文献一覧

あ———

青山亨（2019）：「プランバナン寺院ラーマーヤナ浮彫が語る「死」の諸相―テクスト伝承と比較から―」肥塚隆責任編集『アジア仏教美術論集　東南アジア』、中央公論美術出版社、2019年。

浅井和春（1998）：浅井和春『不空羂索・准胝観音像』（日本の美術 No.382）、至文堂、1998年。

朝日新聞社（1999）：朝日新聞社『西遊記のシルクロード　三蔵法師の道』図録、朝日新聞社、1999年。

有賀要延編著（1993）：有賀要延編著『平成新編仏教法具図鑑』国書刊行会、1993年。

有吉厳編訳、N. J. クロム著（1985）：有吉厳編訳、N. J. クロム著、天理南方文化研究会監修『インドネシア古代史』道友社、1985年。

石井和子（1987）：石井和子「古代ジャワの密教教理書『サン・ヒアン・カマハーニカン』について」『東京外国語大学論集』第37号、東京大国語大学、1987年。

石井和子（1988a）：石井和子「古ジャワ『サン・ヒアン・カマハーヤーナン・マントラナヤ（聖真言道大乗)』」『東京外国語大学論集』第38号、東京外国語大学、1988年。

石井和子（1988b）：石井和子「古ジャワ『サン・ヒアン・カマハーヤーニカン（聖大乗論)』全訳」『伊東定典先生・渋澤元則先生古希記念論集』東京外国語大学、1988年。

石井和子（1989）：石井和子「『サン・ヒアン・カマハーヤーニカン（聖大乗論)』にみる古ジャワの密教」『東南アジア研究』27巻1号、京都大学東南アジア研究センター、1989年。

石井和子（1991）：石井和子『NHK 美の回廊をゆく2』日本放送協会、1991年。

石井和子（1994）：石井和子「ボロブドゥールと『初会金剛頂経』―シャイレーンドラ朝密教受容の一考察―」『密教大系』第2巻・中国密教、法藏館、1994年。

石黒淳（1984）：石黒淳「金剛手の系譜」『密教美術大觀』第3巻、朝日新聞社、1984年。

石田茂作（1930）：石田茂作『写経より見たる奈良朝佛教の研究』東洋文庫論叢　第11、東洋文庫、1930年。

石田茂作（1965）：石田茂作「密教法具の研究」『密教法具』講談社、1965年。

和泉市久保惣記念美術館（1988）：和泉市久保惣記念美術館『中国古式金銅仏と中央・東南アジアの金銅仏』図録、和泉市久保惣記念美術館、1988年。

逸見梅榮（1935）：逸見梅榮『印度に於ける禮拝像の形式研究』東洋文庫論叢第21、東洋文庫、1935年。

出光美術館（1996）：出光美術館『パリ・ギメ美術館展：シルクロードに花開いた仏教美術の精華』図録、出光美術館、1996年。

伊東照司（1975）：伊東照司「不空金剛とチャンディ・ムンドゥット」『インドネシア―その文

化社会と日本―』早稲田大学出版部、1975年。

伊東照司（1985）：伊東照司『東南アジア仏教美術入門』雄山閣、1985年。

伊東照司（1989）：伊東照司『インドネシア美術入門』雄山閣、1989年。

伊東史朗（1992）：伊東史朗『弥勒像』（日本の美術 No.316）、至文堂、1992年。

伊藤奈保子（1997）：伊藤奈保子「ジャワの Vairocana 仏像―小金銅仏を中心として―」『佛教文化学会紀要』第6号、佛教文化学会、1997年。

伊藤奈保子（2001）：伊藤奈保子「ジャワの金剛杵・金剛鈴について」『密教図像』第20号、密教図像学会、2001年。

伊藤奈保子（2002）：伊藤奈保子「ジャワの金剛部系尊格の現存作例について」『密教図像』第21号、密教図像学会、2002年。

伊藤奈保子（2004ａ）：伊藤奈保子「インドネシアにおけるガネーシャの現存作例について」『インド学諸思想とその周延：佛教文化学会十周年北條賢三博士古稀記念論文集』山喜房佛書林、2004年。

伊藤奈保子（2004ｂ）：伊藤奈保子「インドネシアの財宝尊の現存作例について」『密教図像』第23号、密教図像学会、2004年。

伊藤奈保子（2005）：伊藤奈保子「インドネシアにおける守門像の現存作例について」『マンダラの諸相と文化：頼富本宏博士還暦記念論文集　上　金剛界の巻』法藏館、2005年。

伊藤奈保子（2008）：伊藤奈保子「チャンディ・ムンドゥットの三尊像についての一考察」『豊山教学大会紀要』第36号、豊山教学振興会、2008年。

伊藤奈保子（2017）：伊藤奈保子「スマトラ島パダン・ラワスの遺跡について」『豊山教学大会紀要』第45号、豊山教学振興会、2017年。

井上一稔（1992）：井上一稔編著『如意輪観音像・馬頭観音像』（日本の美術 No.312）、至文堂、1992年。

猪川和子（1980）：猪川和子『観音像』（日本の美術 No.166）、至文堂、1980年。

井原徹山（1943）：井原徹山『印度教』大東出版社、1943年。

入澤崇（1986）：入澤崇「ヴァジュラパーニをめぐる諸問題」『密教図像』第14号、法藏館、1986年。

岩本裕（1953）：岩本裕「ジャヴァの佛教文献について」『印度學佛教學研究』第2巻第1号、日本印度学佛教学会、1953年。

岩本裕（1962）：岩本裕「Śailendra 王朝と Matarām 王国の Java 支配について」『西南アジア研究』第8号、西南アジア研究会、1962年。

岩本裕（1973）：岩本裕『アジア仏教史』インド編6、東南アジアの仏教、佼成出版社、1973年。

岩本裕（1977）：岩本裕「聖大乗真言理趣論」『講座密教』第2巻、密教の歴史、春秋社、1977年。

岩本裕訳、ヴァールミーキ著（1980）：岩本裕訳、ヴァールミーキ著『ラーマーヤナ1』東洋文庫376、平凡社、1980年。

岩本裕（1981、1982、1983）：岩本裕「Śailendra 王朝と Candi Borobudur」『東南アジア―歴史と文化―』10、平凡社、1981年。「ジャワ碑文研究（一）（二）（三）」『南方文化』第8、9、10号、天理南方文化研究会、平凡社、1982、1983年。

インド・チベット研究会（1982）：インド・チベット研究会『チベット密教の研究―西チベット・ラダックのラマ教文化について―』永田文昌堂、1982年。

氏家覚勝（1983）：氏家覚勝「タボ寺の尊像美術―毘盧遮那像と阿弥陀像を中心として―」『密教図像』第2号、密教図像学会、1983年。

宇治谷祐顕（1986）：宇治谷祐顕『仏教遺跡ボロブドゥールの研究』アジア文化交流センター、言文社、1986年。

宇治谷祐顕（1987）：宇治谷祐顕『甦るボロブドゥール』アジア文化交流センター、言文社、1987年。

遠藤祐純（2013）：遠藤祐純『梵蔵対照『金剛頂経』金剛界品金剛界大曼荼羅〈三巻本相当〉和訳』蓮花寺仏教研究所研究叢書、ノンブル社、2013年。

大村西崖（1925）：大村西崖「ボロブヅュルは曼荼羅なり」『闍婆佛蹟ボロブヅュル解説』、ボロブヅュル刊行會、1925年。

岡崎譲治（1983）：岡崎譲治「仏像を表現する金剛鈴の展開」*MUSEUM*、No.392、東京国立博物館美術誌、1983年。

小川貫弌（1963）：小川貫弌「土俗神パンチカとハーリティーの帰仏縁起」『龍谷大學論集』第373号、龍谷大学、1963年。

荻原雲來（1915）：荻原雲來「瓜哇に於いて發見せられたる密教要文」『密教』第5巻第2号、1915年。

小野邦彦（2001）：小野邦彦「非対象の伽藍構成を有するシヴァ教チャンディの成立過程について」『日本建築学会計画系論文集』第545号、2001年。

小野邦彦（2002）：小野邦彦「ヒンドゥー教寺院の非対称伽藍と仏教寺院の対称伽藍―古代ジャワのチャンディの伽藍構成に関する研究―」『日本建築学会計画系論文集』第562号、2002年。

小野邦彦（2019）：小野邦彦「古代ジャワ建築の編年論―プランバナン寺院の建築年代を中心に―」肥塚隆責任編集『アジア仏教美術論集　東南アジア』、中央公論美術出版社、2019年。

　　か———

勝又俊教編修（1970）：勝又俊教編修『弘法大師著作全集』第2巻、山喜房佛書林、1970年。

金子啓明（1992）：金子啓明『文殊菩薩像』（日本の美術 No.314）、至文堂、1992年。

鎌田弘志（2008）：鎌田弘忘「ボロブドゥールの五仏思想研究」『密教学会報』第45号、高野山大学密教学会、2008年。

川﨑一洋（2000）：川﨑一洋「チャンパ・ラカン現存の『理趣広経』「真言分」所説の曼荼羅」『高野山大学大学院紀要』第4号、高野山大学、2000年。

河本敦夫（1944）：河本敦夫「ボロブドゥルの浮彫（1）」『密教研究』89、密教研究会、1944年。

神林隆淨（1910）：神林隆淨「金剛手菩薩」『密教』第 1 巻第 2 号、1910年。

北村太道（1977）：北村太道「金剛頂経における金剛薩埵についての一考察」『密教学研究』第 9 号、日本密教学会、1977年。

京都国立博物館（1994）：京都国立博物館『大英博物館所蔵　インドの仏像とヒンドゥーの神々』展図録、朝日新聞社、1994年。

肥塚隆・宮治昭編集（1999）：肥塚隆・宮治昭編集『世界美術大全集　東洋編』第14巻、インド（2）、小学館、1999年。

肥塚隆・宮治昭編集（2000）：肥塚隆・宮治昭編集『世界美術大全集　東洋編』第13巻、インド（1）、小学館、2000年。

肥塚隆編集（2001）：肥塚隆編集『世界美術大全集　東洋編』第12巻、東南アジア、小学館、2001年。

肥塚隆（2005）：肥塚隆（研究代表者）『東南アジア彫刻史における〈インド化〉の再検討』（平成14年度～平成16年度科学研究費補助金〔基盤研究（A）（1）〕研究成果報告書）、大阪大学総合学術博物館、2005年。

肥塚隆編集（2019）：肥塚隆編集「東南アジアの古代中世美術」『アジア仏教美術論集　東南アジア』中央公論美術出版、2019年。

駒井洋監訳、山田満里子訳、レジナルド・ル・メイ著（1999）：駒井洋監訳・山田満里子訳、レジナルド・ル・メイ著『東南アジアの仏教美術』、明石書店、1999年。

さ———

斎藤昭俊（1984）：斎藤昭俊『インドの民俗宗教』吉川弘文館、1984年。

斎藤昭俊（1986）：斎藤昭俊『インドの神々』吉川弘文館、1986年。

酒井紫朗（1950）：酒井紫朗「ジャバ發見密教要文の一節に就いて」『密教文化』第 8 号、高野山大學出版社、1950年。

酒井眞典（1989）：酒井眞典「ジャバ発見密教要文の一節」『酒井眞典著作集』第 4 巻、法藏館、1889年。

坂井尚夫（1956）：坂井尚夫『インドの宗教』山喜房佛書林、1956年。

阪田宗彦（1989）：阪田宗彦『密教法具』（日本の美術 No.282）、至文堂、1989年。

佐久間留理子（1991）：佐久間留理子「パーラ朝における観自在菩薩の図像的特徴（1）」『名古屋大学古川総合研究資料館報告』第 7 号、名古屋大学古川総合研究資料館、1991年。

佐久間留理子（2001）：佐久間留理子「インドにおける変化観音」（観音菩薩像の成立と展開—変化観音を中心にインドから日本まで）『シルクロード学研究』Vol.11, シルクロード学研究センター、2001年。

佐久間留理子（2002）：佐久間留理子「インド密教の観音像と『サーダナ・マーラー』—カサルパナ観音を中心として—」『佛教藝術』262号、毎日新聞社、2002年。

佐久間留理子（2005）：佐久間留理子「ハーラハラ成就法の翻訳研究」『東方』第21号、東方研究会、2005年。

佐久間留理子（2010）：佐久間留理子『インド密教の観自在研究』山喜房、2010年。

桜井宗信（1996）：桜井宗信『インド密教儀礼研究：後期インド密教の灌頂次第』法藏館、1996年。

佐和隆研（1955）：佐和隆研『密教美術論』便利堂、1955年。

佐和隆研編（1962）：佐和隆研編『仏像図典』吉川弘文館、1962年。

佐和隆研（1965）：佐和隆研「インドネシアの美術」『佛教藝術』58号、毎日新聞社、1965年。

佐和隆研編（1965）：佐和隆研編『密教辞典』法藏館、1965年。

佐和隆研（1969）：佐和隆研「大日如来像の展開」『佛教藝術』73号、毎日新聞社、1969年。

佐和隆研（1971）：佐和隆研『佛像の流傳　インド・東南アジア篇』法藏館、1971年。

佐和隆研（1973）：佐和隆研『インドネシアの遺蹟と美術』日本放送出版協会、1973年。

佐和隆研編（1982）：佐和隆研編『密教美術の原像　インド・オリッサ地方の仏教遺蹟』法藏館、1982年。

佐和隆研（1997）：佐和隆研『佐和隆研著作集』第4巻、法藏館、1997年。

島岩・池田健太郎訳、R. G. バンダルカル著（1984）：島岩・池田健太郎訳、R. G. バンダルカル著『ヒンドゥー教―ヴィシュヌとシヴァの宗教―』せりか書房、1984年。

静谷正雄（1970）：静谷正雄『パーラ時代仏教碑銘目録』II、平楽寺書店、1970年。

菅沼晃（1976）：菅沼晃『ヒンドゥー教―その現象と思想―：東洋人の行動と思想〈4〉』評論社、1976年。

菅沼晃編（1985）：菅沼晃編『インド神話伝説辞典』東京堂出版、1985年。

関根俊一（1994）：関根俊一「東南アジアの美術・工芸品―11―　インドネシアの金工品―3―法具」『月刊文化財』9月号 No.372、第一法規出版、1994年。

関根俊一（1998）：関根俊一「三昧耶形を表現した金剛鈴」『日本文化史研究』29号、1998年。

た―――

高岡秀暢訳・アモーガヴァジュラ・ヴァジュラーチャールヤ著（1982）：高岡秀暢訳、アモーガヴァジュラ・ヴァジュラーチャールヤ著『百八観音木刻図像集解説書・ネパール百八観音紹介』百八観音木刻図像集刊行会、1982年。

高田修・上野照夫（1965）：高田修・上野照夫『インド美術II』日本経済新聞社、1965年。

高田修（1943）：高田修『印度・南海の佛教美術』創藝社、1943年。

高橋尚夫（1992）：高橋尚夫「アーディカルマプラディーパ『初行のしるべ』」『興教大師覚鑁研究　興教大師八百五十年御遠忌記念論文集』春秋社、1992年。

高橋尚夫（1996ａ）：高橋尚夫「真実摂大乗現証大教王経解題」『新国訳大蔵経』⑫、密教部7、大蔵出版、1996年。

高橋尚夫（1996ｂ）：高橋尚夫「『初会金剛頂経』における「金剛薩埵成就法について」『佛教学』第38号、山喜房佛書林、1996年。

高橋尚夫（1997）：高橋尚夫「アーナンダガルバ作『金剛薩埵成就法略次第』」『智豊合同教学大会紀要』、智山勧学会・豊山教学振興会、1997年。

高橋尚夫・野口圭也・大塚伸夫編（2016）：高橋尚夫・野口圭也・大塚伸夫編『空海とインド中期密教』春秋社、2016年。

高橋堯昭（1987）：高橋堯昭「パンチカとハーリティーに見る仏教の抱容性とその基盤」『日本

佛教學會年報：仏教と神祇』第52号、平楽寺書店、1986年。

立川武蔵ほか（1980）：立川武蔵・石黒淳・菱田邦男・島岩共著『ヒンドゥーの神々』せりか
　　　　　書房、1980年。

立川武蔵（1990）：立川武蔵『女神たちのインド』せりか書房、1990年。

立川武蔵（1995）：立川武蔵「『完成せるヨーガの環』第19章「金剛界マンダラ」訳註」『密教
　　　　　図像』第14号、密教図像学会、1995年。

立川武蔵・正木晃編（1997）：立川武蔵・正木晃「チベット仏教図像研究―ペンコルチューデ
　　　　　仏塔―」、『国立民族学博物館研究報告別冊』18号、国立民族学博物館、
　　　　　1997年。

田辺勝美（2006）：田辺勝美『毘沙門天像の起源』山喜房佛書林、2006年。

田村隆照（1965）：田村隆照「ボロブドゥール―彫刻の周辺―」『佛教藝術』58号、毎日新聞社、
　　　　　1965年。

田村隆照（1984）：田村隆照「ジャワへの密教伝播」『密教の流伝』講座密教文化１、人文書院、
　　　　　1984年。

田辺三郎助（1986）：田辺三郎助『釈迦如来像』（日本の美術 No.243）、至文堂、1986年。

田辺三郎助監修（1990ａ）：田辺三郎助監修『日本の仏像大百科１如来』ぎょうせい、1990年。

田辺三郎助監修（1990ｂ）：田辺三郎助監修『日本の仏像大百科２菩薩』ぎょうせい、1990年。

田中公明（1990）：田中公明『詳解河口慧海コレクション：チベット・ネパール仏教美術』佼
　　　　　成出版社、1990年。

田中公明（1993）：田中公明「インドにおける変化観音像の成立と展開―いわゆる四臂観音の
　　　　　解釈を中心にして―」『美術史』第133冊、美術史學會、1993年。

田中公明（1996）：田中公明『インド・チベット曼荼羅の研究』法藏館、1996年。

田中公明（2015）：田中公明『仏教図像学』春秋社、2015年。

千原大五郎（1969）：千原大五郎『仏跡ボロブドゥール』原書房、1969年。

千原大五郎（1975）：千原大五郎『インドネシア社寺建築史』日本放送出版協会、1975年。

辻直四郎編（1943）：辻直四郎編『印度』南方民俗叢書５、偕成社、1943年。

辻直四郎（1970）：辻直四郎『リグ・ヴェーダ讃歌』岩波文庫、岩波書店、1970年。

辻直四郎編（1986）：辻直四郎編『印度：悠久なる文化の全貌』名著普及会（復刻版）、1986年。

辻直四郎編（1967）：辻直四郎・岩本裕・服部正明訳『ヴェーダ・アヴェスター』『世界古典
　　　　　文学全集』第３巻、筑摩書房、1967年。

津田眞一（1995）：津田眞一『金剛頂経：和訳』東京美術、1995年。

塚本啓祥・松長有慶・磯田熙文（1989）：『梵和仏典の研究Ⅳ　密教経典編』平楽寺書店、1989
　　　　　年。

ティンブル・ハリヨノ（2005）：ティンブル・ハリヨノ「ボロブドゥール寺院と仏教曼荼羅」
　　　　　『論集カミとほとけ―宗教文化とその歴史的基盤―ザ・グレイトブッダ・シ
　　　　　ンポジウム論集第３号』東大寺、法藏館、2005年。

東京国立博物館編（1981）：東京国立博物館編『インドネシア古代美術展：仏跡ボロブドール
　　　　　とその周辺』、共同通信社、1981年。

東京国立博物館編（1997）：東京国立博物館編『インドネシア古代王国の至宝』図録、インド
　　　　　　　　ネシア・日本友好祭'97事務局、1997年。
東京国立博物館等編（2002）：東京国立博物館編『パキスタン・ガンダーラ彫刻展：日本・パ
　　　　　　　　キスタン国交樹立50周年記念』図録、NHK・NHKプロモーション、2002年。
東京国立博物館等編（2003）：東京国立博物館編『アレクサンドロス大王と東西文明の交流
　　　　　　　　展』図録、NHK・NHKプロモーション、2003年。
東武美術館編（1998）：東武美術館編『ブッダ展　大いなる旅路』図録、NHK、NHKプロモ
　　　　　　　　ーション、1998年。
栂尾祥雲（1930）：栂尾祥雲「普賢金剛薩埵の立體曼荼羅としてのボロブヅゥル」『理趣経の研
　　　　　　　　究』高野山大學、1930年。
栂尾祥雲（1959）：栂尾祥雲「金剛乗の教義とボロブヅゥル」『金剛頂経の研究』平楽寺出版、
　　　　　　　　1959年。
栂尾祥雲（1982）：栂尾祥雲『理趣經の研究』『栂尾祥雲全集』第5巻、高野山大学密教文化研
　　　　　　　　究所編刊、臨川書店、1982年。
栂尾祥雲（1985）：栂尾祥雲『金剛頂經の研究：論文八篇』『栂尾祥雲全集』別巻第3巻、高野
　　　　　　　　山大学、栂尾祥瑞編、臨川書店、1985年。
　　　な───
中塚浩子（2000）：中塚浩子「『理趣広経』における金剛薩埵について」『印度學佛教學研究』
　　　　　　　　第49巻第1号、日本印度学仏教学会、2000年。
中野玄三（1997）：中野玄三『中国唐時代の石造明王像　五大明王像』（日本の美術 No.378）、
　　　　　　　　至文堂、1997年。
永田郁（2002）：永田郁「アジャンター石窟における守門像について─第十九窟ファサードの
　　　　　　　　守門ヤクシャ像を中心に─」『美術史』153冊、美術史學會、2002年。
永田郁（2004）：永田郁「インド初期仏教美術における守門像について」『東海佛教』第49、東
　　　　　　　　海印度学仏教学会、2004年。
永田郁（2016）：永田郁『古代インド美術と民間信仰』中央公論美術出版、2016年。
中村元（1968）：中村元『インド思想史』岩波全書213、岩波書店、1968年。
中村元（1979）：中村元『ヒンドゥー教史　世界宗教史叢書6』、山川出版社、1979年。
中村元（1981）：中村元『佛教語大辞典』東京書籍、1981年。
並河亮（1978）：並河亮『ボロブドールの世界─華厳経の世界』講談社、1978年。
奈良国立博物館編（1988）：奈良国立博物館編『特別陳列・仏像をあらわした金剛鈴』図録、
　　　　　　　　奈良国立博物館、1988年。
錦織亮介（1983）：錦織亮介『天部の仏像事典』東京美術選書35、東京美術、1983年。
西新井大師（1984）：西新井大師『總持寺』西新井大師總持寺、1984年。
野口圭也（1985）：野口圭也「無上瑜伽密教の灌頂について」『南都佛教』第54號、南都佛教研
　　　　　　　　究会・東大寺、1985年。
野口英雄（1969）：野口英雄「中部ジャワの仏教遺跡：北プラオサンの方位について」『東南ア
　　　　　　　　ジア研究』第6巻第4号、京都大学アジア研究センター、1969年。

は────

長谷寶秀（1997）：長谷寶秀『長谷寶秀全集』第5巻、『大師御請来梵字真言集』下巻、法藏館、1997年。

朴亨國（1995）：朴亨國「七獅子蓮華座の図像について─韓国統一新羅後期の石造毘盧遮那仏坐像を中心に─」『密教図像』第14号、密教図像学会、1995年。

朴亨國（2000）：朴亨國「インドネシアの美術」前田耕作監修『カラー版東洋美術史』美術出版社、2000年。

朴亨國（2001a）：朴亨國『ヴァイローチャナ仏の図像学的研究』法藏館、2001年。

朴亨國（2001b）：朴亨國「東南アジアの変化観音について」『観音菩薩像の成立と展開─変化観音を中心にインドから日本まで─』『シルクロード学研究』Vol.11，シルクロード学研究センター、2001年。

朴亨國（2001c）：朴亨國「八大菩薩の成立と図像変化について─インドのオリッサ州および中国の甘粛省の作例を中心に─」『インドから中国への仏教美術の伝播と展開に関する研究』平成10年度〜12年度科学研究費補助金（国際学術研究）研究成果報告書、名古屋大学大学院文学研究科美学美術史研究室、2001年。

朴亨國（2002）：朴亨國「如意輪観音像の成立と展開─インド・東南アジア・中国─」『佛教藝術』262号、毎日新聞社、2002年。

朴亨國監修（2016）：朴亨國監修『東洋美術史』武蔵野美術大学出版局、2016年。

朴亨國（2019）：朴亨國「東南アジアにおける多臂観音の図像について」肥塚隆責任編集『アジア仏教美術論集　東南アジア』、中央公論美術出版社、2019年。

畠中光亨編著（1999）：畠中光亨編著『アジア美術史』、京都造形芸術大学通信教育部、1999年。

干潟龍祥（1965）：干潟龍祥「中部ジャバの密教─ボロブドゥールの大塔の意味するもの─」『密教文化』第71・72号、高野山大学密教研究会、1965年。

干潟龍祥（1981）：干潟龍祥「中部ジャワ　ボロブドゥールの大塔回廊壁面の浮彫りに於けるジャータカ」『ジャータカ概観』春秋社、1981年。

平川彰（1979）：平川彰『インド仏教史　下巻』春秋社、1979年。

福田亮成（1976）：福田亮成「金剛薩埵儀軌類の考察」『密教学研究』第8号、日本密教学会、1976年。

福田亮成（1995）：福田亮成「金剛薩埵試論」『日本佛教學會年報』第60號、日本佛教學會、1995年。

堀内寛仁編著（1983）：堀内寛仁編著『梵蔵漢対照・初会金剛頂経の研究（上）』密教文化研究所、1983年。

堀内寛仁（1984）：堀内寛仁「初会金剛頂経所説の諸尊について（3）─四波羅蜜─」『那須政隆博士米寿記念：仏教思想論集』成田山新勝寺、1984年。

ま────

松長恵史（1991）：松長恵史「チャンディ・ムンドゥーの八大菩薩」『密教文化』第174号、高野山大学出版社、1991年。

松長恵史（1994）：松長恵史「インドネシアの金剛界曼荼羅─ガンジュク出土のブロンズ像

―」『密教図像』第13号、密教図像学会、1994年。

松長恵史（1995）：松長恵史「ガンジュク出土の金剛界曼荼羅の賢劫尊の特徴について」『印度學佛教学研究』第43巻第2号、日本印度学仏教学会、1995年。

松長恵史（1996）：松長恵史「『サマーヨーガタントラ』の金剛薩埵族の曼荼羅―中部ジャワ・スロチョロ出土の青銅像―」『密教図像』第15号、密教図像学会、1996年。

松長恵史（1998a）：松長恵史「『サマーヨーガタントラ』の曼荼羅に関する一考察」『密教図像』第17号、密教図像学会、1998年。

松長恵史（1998b）：松長恵史、*Some bronze statues of mandala excavated from Java*,『高野山大学大学院紀要』、高野山、(2)1-51, 1998年。

松長恵史（1999）：松長恵史『インドネシアの密教』法藏館、1999年。

松長恵史（2015）：松長恵史「ジャワ出土の密教尊像の再考察」『密教図像』第34号、密教図像学会、2015年。

松長恵史（2017）：松長恵史「インドネシア新出密教遺跡・遺品の紹介」『密教学研究』第49号、日本密教学会事務局、2017年。

松長恵史（2019）：松長恵史「インドネシアにおける密教の展開」肥塚隆責任編『アジア仏教美術論集　東南アジア』、中央公論美術出版社、2019年。

松長有慶（1973）：松長有慶「金剛薩埵」『密教の相承者：その行動と思想３』評論社、1973年。

松長有慶（1978）：松長有慶「金剛界曼荼羅について―周辺寺院の調査報告―」『密教学研究』第10号、日本密教学会、1978年。

松長有慶編著（1998）：松長有慶編著『インド密教の形成と展開』法藏館、1998年。

三浦秀之助撰（1925）：三浦秀之助撰『闍婆佛蹟ボロブヅゥル解説』東京美術学校ボロブヅゥル刊行会、1925年。

密教聖典研究会（1987）：密教聖典研究会「Vajradhātumahāmaṇḍalopāyika―Sarvajrodaya―梵文テキストと和訳－(Ⅱ)完」『大正大学綜合佛教研究所年報』第９号、大正大学綜合佛教研究所、1987年。

密教聖典研究会（1997）：密教聖典研究会『不空羂索神變眞言經梵文寫本影印版』大正大学総合仏教研究所、民族出版社、1997年。

密教文化研究所編（1965）：密教文化研究所編『弘法大師全集』第１輯、密教文化研究所、1965年。

宮治昭（1981）：宮治昭『インド美術史』吉川弘文館、1981年。

宮治昭（1991）：宮治昭「インドのブラフマー神とインドラ神」『日本の仏像大百科４天』ぎょうせい、1991年。

宮治昭（1993）：宮治昭『インドのパーラ朝美術の図像学的研究』（科研報告書）、1993年。

宮治昭（1995）：宮治昭「インドの大日如来像の現存作例について」『密教図像』第14号、密教図像学会、1995年。

宮治昭（1997）：宮治昭「スワートの諸難救濟を表す八臂觀音菩薩坐像浮彫について」『國華』第1221号、國華社、1997年。

宮治昭（2001）：宮治昭「觀音菩薩像の成立と展開―インドを中心に―」『観音菩薩像の成立と

　　　　　　　　　展開―変化観音を中心にインドから日本まで―：シルクロード学研究』
　　　　　　　　　Vol.11，シルクロード学研究センター、2001年。

宮治昭（2002）：宮治昭「インドの観音像の展開―密教系観音・変化観音の成立を中心に―」
　　　　　　　　　『佛教藝術』262号、毎日新聞社、2002年。

宮治昭（2004）：宮治昭『仏像学入門』春秋社、2004年。

宮治昭（2010）：宮治昭『インド仏教美術史論』中央公論美術出版、2010年。

宮治昭・平岡三保子（2002）：宮治昭・平岡三保子『インド美術』岩波書店、2002年。

望月海慧（1992）：望月海慧『興教大師覚鑁研究：興教大師八百五十年御遠忌記念論文集』春
　　　　　　　　　秋社、1992年。

森喜子（1990、1991、1992）：森喜子「パーラ朝の女尊の図像的特徴（1）（2）（3）『名古屋大
　　　　　　　　　学古川総合研究資料館報告』第6・7・8号、名古屋大学古川総合研究資
　　　　　　　　　料館、1990、1991、1992年。

森雅秀（1990）：森雅秀「パーラ朝の守護尊・護法尊・財宝神の図像的特徴」『名古屋大学古川
　　　　　　　　　総合研究資料館報告』第6号、名古屋大学古川綜合研究資料館、1990年。

森雅秀（1994）：森雅秀「インド密教における入門儀礼」『密教大系』第9巻、法藏館、1994年。

森雅秀（1997）：森雅秀「パーラ朝の金剛手・金剛薩埵の図像学的特徴」『密教図像』第16号、
　　　　　　　　　密教図像学会、1997年。

森雅秀（1999）：森雅秀「灌頂儀礼」『インド密教』春秋社、1999年。

森雅秀（2000）：森雅秀「オリッサ州出土の四臂観音―密教図像の成立に関する一考察―」『高
　　　　　　　　　野山大学密教文化研究所紀要：密教の形成と流伝』別冊2、高野山大学密
　　　　　　　　　教文化研究所2000年。

森雅秀（2001）：森雅秀『インド密教の仏たち』春秋社、2001年。

森雅秀（2002）：森雅秀「インドの不空羂索観音像」『佛教藝術』262号、毎日新聞社、2002年。

森雅秀（2006）：森雅秀「パーラ朝の仏教美術作例リスト」『密教文化研究所紀要』別冊3、高
　　　　　　　　　野山大学密教文化研究所、2006年。

森雅秀（2016）：森雅秀『密教美術の図像学』法藏館、2016年。

や―――

安元剛（2019）：安元剛『密教美術形成史の研究―北西インドを中心として―』起心書房、
　　　　　　　　　2019年。

山野智恵（1998）：山野智恵「金剛手の変遷」『智山学報』第47輯、1998年。

山本智教訳、ローケーシュ・チャンドラ著（1979）：山本智教訳・ローケーシュ・チャンドラ
　　　　　　　　　著「真言密教の遺跡ボロブドゥール（一）（二）」『密教文化』第130号、131
　　　　　　　　　号、高野山大學出版社、1980年。

山本智教訳、ローケーシュ・チャンドラ著（1986）：山本智教訳・ロケーシュ・チャンドラ著
　　　　　　　　　「胎蔵界曼荼羅としてのチャンディ・ムンドット」『密教文化』第155号、高
　　　　　　　　　野山大學出版社、1986年。

嘉原優子（1994）：嘉原優子「儀礼としてのサンギャン」吉田禎吾監修・河野亮仙・中村潔編
　　　　　　　　　『神々の島・バリ―バリ＝ヒンドゥーの儀礼と芸能―』春秋社、1994年。

頼富本宏（1982）：頼富本宏「金剛薩埵図像覚え書き（上）」『密教図像』創刊号、密教図像学会、1982年。

頼富本宏（1983）：頼富本宏「インドに現存する両界系密教美術」『佛教藝術』150号、毎日新聞社、1983年。

頼富本宏（1984）：頼富本宏「八難救済ターラー考」『インド古典研究Ⅵ：神秘思想論集』、成田山新勝寺成田山佛教研究所、成田山新勝寺成田山佛教研究所、1984年。

頼富本宏（1985）：頼富本宏「文献資料に見る文殊菩薩の図像表現」『雲井昭善古稀記念仏教と異宗教』平楽寺書店、1985年。

頼富本宏（1988）：頼富本宏「インド現存の文殊菩薩像」『仏教思想史論集（11）（1）』成田山仏教研究所、1988年。

頼富本宏（1990ａ）：頼富本宏『密教仏の研究』法藏館、1990年。

頼富本宏（1990ｂ）：頼富本宏「中インド・シルプル遺跡の仏教美術」『佛教藝術』191号、毎日新聞社、1990年。

頼富本宏（1991）：頼富本宏「インド現存の財宝尊系男女尊像」『伊原照蓮博士古稀記念論文集』伊原照蓮博士古稀記念会、1991年。

頼富本宏（1992ａ）：頼富本宏「東インド・オリッサ州所在ウダヤギリ遺跡の新発掘」『佛教万華　種智院大学学舎竣工記念論文集』、永田文昌堂、1992年。

頼富本宏（1992ｂ）：頼富本宏「インド現存の金胎融合要素」『密教学研究』第24号、日本密教学会、1992年。

頼富本宏・下泉全暁（1994）：頼富本宏・下泉全暁『密教仏像図典―インドと日本のほとけたち―』人文書院、1994年。

頼富本宏（1995）：頼富本宏「智拳印について―文献と作例から―」『密教学研究』第27号、日本密教学会、1995年。

頼富本宏（1998）：頼富本宏「明王の成立」『インド密教の形成と展開　松長有慶古稀記念論集』法藏館、1998年。

吉崎一美（1980）：吉崎一美「金剛杵・金剛鈴の製作図―梵文造像量度経註釈による―」『東洋大学大学院紀要』第17集、東洋大学大学院、1981年。

わ―――

渡辺照宏・美田稔共訳、Rerou Louis 著（1960）：渡辺照宏・美田稔共訳、Rerou Louis 著『インド教』文庫クセジュ、白水社、1960年。

A―――

Allen Terry (et al.) 1995：Allen, Terry, *The Asian Art Museum of San Francisco: Selected Works*. University of Washington Press, Seattle, 1995.

B―――

Barrett, 1962：Barrett, Douglas, *Bronzes of Northern India and Western Pakistan*, in Lalit Kala No. 11, p. 35-44. Lalit Kala Akademi, New Delhi, 1962.

Bautze-Picron, 2014：Bautze-Picron, Claudine, Buddhist Images from Padang Lawas Region, in Perret (ed.), 2014 : Perret, Daniel, *History of Padang Lawas II: Societies of Padang La-was (mid-9th-13th CE)*. Cahiers d' Archipel, 2014.

Behl (et al.), 1998 : Behl, Benoy K., *The Ajanta Caves; Ancient Paintings of Buddhist India*. Thames and Hudson, London, 1998.

Bénisti, 1981 : Bénisti, Mireille, *Contribution à l' étude du stūpa bouddhique indien: les stūpa mineurs de Bodh-Gayā et de Ratnagiri*. École Française d' Extrême Orient, Paris, 1981.

Bernet Kempers, 1959 : Bernet Kempers, August Johan, *Ancient Indonesian Art*. C. P. J. van der Peet, Amsterdam, 1959.

Bhattacharyya (ed.), 1968a : Bhattacharyya, Benoytosh (ed.), *Sādhanamālā*. Gaekwad's Oriental Series, No. 26. 41, Vol. I, II. Oriental Institute, Baroda, 1968.

Bhattacharyya (ed.), 1968b : Bhattacharyya, Benoytosh (ed.), *The Indian Buddhist Iconography*, Firma K. L. Mukhopadhyay, Calcutta, 1968.

Bhattacharyya, 1993 : Bhattacharyya, Benoytosh, *The Indian Buddhist Iconography: mainly based on the Sādhanamālā and other cognate tantric texts of rituals*. Asian Educational Services, New Delhi, 1993.

Bhattasali, 1929 : Bhattasali, Nalinikanta, *Iconography of Buddhist and Brahmanical sculptures in the Dacca Museum*. Rai S. N. Bhadra Bahadur, Dacca, 1929.

Bohn, 1844 : Bohn, Henry G., *Antiquarian, Architectural, and Landscape Illustrations of the History of Java*. Atlas of Illustrations, London, 1844.

Bondan (et al.), 1982 : Bondan, Molly; Latupapua, Tetty; Markoes Djajadiningrat, *Candi in Central Java Indonesia*. Provincial Government of Central Java, Indonesia Jakarta, 1982.

Bosch, 1948 : Bosch, Frederick David Kan, De Gouden Kiem: Indische symboliek, Elsevier, Amsterdam, 1948.

Bosch, 1961 : Bosch, Frederick David Kan, *Selected Studies in Indonesian Archaeology*. Martinus Nijhoff, 's-Gravenhage, Leiden, 1961.

C ———

Candra, 1980 : Candra Lokesh, *Borobudur: A New Interpretation*, in Dallapicolla, Libera (ed), The Stupa: its Religious, Historical and Architectural Significance, Franz Steiner Verlag, Wiesbaden, Frans, 1980.

Casparis, 1956 : Casparis, Johannes Gijsbertus de, *Selected inscriptions from the VIIth to the IXth century A. D (Prasasti Indonesia II)*. Masa Baru, Bandung, 1956.

Casparis, 1958 : Casparis, Johannes Gijsbertus de, *Short Inscriptions from Tjandi Plaosan-Lor*. Berita Dinas Purbakala No. 4. Archaeological service, Jakarta, 1958.

Coedès, 1918 : Coèdes, George, Le Royaume de Çrivijaya , in BEFEO vol. 18. Ecole Française d'Extrême Orient, Paris, 1918.

Coomaraswamy, 1971 : Coomaraswamy, Ananda Kentish, *Yakṣas*. New Delhi, Munshiram Manoharlal, 1971.

Chutiwongs, 1994 : Chutiwongs, Nandana, *An aspect the Bodhisattva Avalokiteśvara in ancient*

Indonesia, in Klokke, Marijke J. and Lunsingh Scheurleer, Pauline (ed.), Ancient Indonesian Sculpture. KITLV Press, Leiden, 1994.

Chutiwongs, 2001：Chutiwongs, Nandana, *A ritual object from Java*, in Klokke, Marijke J. and van Kooij, Karel R., Fruits of Inspiration Studies in Honour of Prof. J. G. de Casparis. Egbert Forsten, Groningen, 2001.

D ———

Dowson, 1957：Dowson, John, *A Classical Dictionary of Hindu Mythology and Religion, Geography, History and Literature* (9th edition). Routledge & Kegan Paul Ltd, London, 1957.

Dowson, 1961：Dowson, John, *A Classical dictionary of Hindu Mythology and Religion, Geography, History, and Literature* (10th Edition). Routlegde & Kegan Paul, London, 1961.

F ———

Fontein, 1990：Fontein, Jan, *The Sculpture of Indonesia*. National Gallery of Art, Washington D. C., 1990.

Foucher, 1917：Foucher, Alfred, *The Beginnings of Buddhist art And Other Essays in Indian and Central-Asian Archaeology. Translated by L.A. Thomas and F.W. Thomas.* Humphrey Milford, London, 1917.

G ———

Girard-Geslan (et al.), 1998：Girard-Geslan, Maud (et al.), *Art of Southeast Asia.* Translated from the French by J. A., Underwood. Harry. N. Abrams, New York, 1998.

Gopinatha Rao, 1968：Gopinatha Rao, T. A, *Elements of Hindu iconography*, 2 vols. Paragon Book Reprint Corp., New York, 1968.

H ———

Hariyono, 1999：Hariyono, Timble, *Bimetalic Statue of Siva recently found in Central Java.* Proceeding of the 6th International Conference of the European Association of Southeast Asian Archaeologists, Leiden, University of Hull, 1999.

Hariyono, 2001：Hariyono, Timble, *Logamdan Paradaban Manusia*, Philosophy Press, Yogyakarta, 2001.

Harper, 2000：Harper, Donald J, *Javanese and Sumatran Batiks from Courts and Palaces, Rudolf G. Smend Collection*, Koln, Galerie Smend, 2000.

Hooykaas, 1966：Hooykaas, Christiaan, *Surya-Sevana: The Way to God of a Balinese Siva Priest.* Noord-Hollandsche Uitgevers Maatschappij, Amsterdam, 1966

Hooykaas, 1973：Hooykaas, Christiaan, *Balinese Bauddha Brahmans.* North-Holland Pub. Co., Amsterdam, 1973.

Huntington, 1984：Huntington, Susan L., *The "Pāla-Sena" Schools of sculpture.* Brill, Leiden, 1984.

Huntington and Huntington, 1985：Huntington, Susan L. and Huntington, John C. *The art of ancient India: Buddhist, Hindu, Jain.* Weather Hill, New York, 1985.

Huntington, 1994：Huntington, Susan L., *Some connections between metal images of Northeast*

India and Java, in Klokke, Marijke J. and Lunsingh Scheurleer, Pauline (ed.), Ancient Indonesian Sculpture. KITLV Press, Leiden, 1994.

I ———

Ito, 2003 : Ito, Naoko, *Priest's Hand-bells (Ghaṇṭās) in Asian Countries: Especially on the Samaya Design on Indonesian Bells*. Indogaku Bukkyōgaku kenkyū, 印度學佛教學研究, 51-2 (102), 2003.

Ito, 2015 : Ito, Naoko, *Study of a Four –armed Gilt Bronze Standing Avalokitesvara Statue Unearther in Jambi, South Sumatra*, Indogaku Bukkyogaku kenkyu, 印度學佛教學研究, 63-3 (136), 2015.

Ito, 2016 : Ito, Naoko, *Study of a Four-armed Gilt Bronze Standing Bodhisattva Unearthed in Jambi, South Sumatra*, Indogaku Bukkyogaku kenkyu, 印度學佛教學研究, 64-3 (139), 2016.

Ito, 2018 : Ito, Naoko, *On the Groups of Buddhist Statues Outside the Temples in Candi Plaosan, Central Java*, Indogaku Bukkyogaku kenkyu, 印度學佛教學研究, 67-3 (148), 2018.

J ———

Jong, 1974 : Jong, Jan Willem de, *Notes on the sources and the text of the Sang Hyang Kamahayānan Mantranāya*. Martinus Nijhoff, 's-Gravenhage, Leiden, 1974.

Juynboll, 1909 : Juynboll, Hendrik Herman, *Katalog des ethnographischen Reichsmuseums*. Band V: Javanische Altertümer. Brill, Leiden, 1909.

K ———

Kandahjaya, 1995 : Kandahjaya, Hudaya, *The Master Key for Reading Borobudue Symposium*, Yayasan Penerbit Karaniya, Bandung, 1995.

Kats, 1910 : Kats, J., *Sang hyang Kamahāyānikan*. Martinus Nijhoft's-Grauehage, 1910.

Kinney (et al.), 2003 : Kinney, Ann R. (et al.), *Worshiping Siva and Buddha*. University of Hawaï'i Press, Honolulu, 2003.

Kleen (et al.), 1970 : Kleen, Tyra af. and Campbell, A. J. D., *Mudrās: The Ritual Hand-Poses of the Buddha Priests and the Shiva Priests of Bali*. University Books, New York, 1970.

Klokke, 1994 : Klokke, Marijke J, *The iconography of the so-called portrait statues in late East Javanese art*, in Klokke, Marijke J. and Lunsingh Scheurleer, Pauline (ed.), Ancient Indonesian Sculpture. KITLV Press, Leiden, 1994.

Klokke and Lunsingh Scheurleer, 1994 : Klokke, Marijke J. and Lunsingh Scheurleer, Pauline C. M (ed.),. *Ancient Indonesian Sculpture*. KITLV Press, Leiden, 1994.

Krom, 1920, *Archaeologische Beschrijving* : Krom, Nicolaas Johannes, *Archaeologische Beschrijving*, 2 vols. Martinus Nijhoff, 's-Gravenhage, 1920.

Krom, 1920, *Beschrijving van Barabudur, samengesteld* : Krom, Nicolaas Johannes, *Beschrijving van Barabudur, samengesteld*, Martinus Nijhoff, 's-Gravenhage, 1920.

Krom, 1920, *Inleiding tot de Hindoe-Javaansche kunst* : Krom, Nicolaas Johannes, *Inleiding tot de Hindoe-Javaansche kunst*, 2 vols. Martinus Nijhoff. 's-Gravenhage, 1920.

参考文献一覧　315

Krom, 1926：Krom, Nicolaas Johannes, *L'Art Javanais dans les Musées de Hollande et de Java*. Librairie nationale d'art et d' histoire, Paris, 1926.

Krom, 1927：Krom, Nicolaas Johannes, *Barabudur: archaeological description*, vol. I-II. Martinus Nijhoff, 's-Gravenhage, 1927.

L ———

Lalit Kala Akademi, 1962：Lalit Kala Akademi, *Lalit Kala contemporary*. Lalit Kala Akademi, New Delhi, 1962.

Le Bonheur, 1971：Le Bonheur, Albert, *La sculpture indonésienne au Musée Guimet*. Presses universitaires de France, Paris, 1971.

Lerner, 1984：Lerner, Martin *The Flame and the Lotus: Indian and Southeast Asian Art from the Kronos Collections*. Metropolitan Museum of Art, New York, 1984.

Lerner and Kossak, 1991：Lerner, Martin and Kossak, Steven, *The Lotus Transcendent: Indian and Southeast Asian Art from the Samuel Eilenberg Collection*. Metropolitan Museum of Art, New York, 1991.

Lohuizen-De Leeuw, 1984：Lohuizen-De Leeuw, J. E. van, *Indo-Javanese Metalwork*. Linden-Museum Stuttgart, Stuttgart, 1984.

Lokesh, 1999：Lokesh, Chandra, *Dictionary of Buddhist Iconography*, vol. V. International Academy of Indian Culture: Aditya Prakashan, New Delhi, 1999.

Lunsingh Scheurleer, 1994：Lunsingh Scheurleer, Pauline C. M., *Bronze images and their place in ancient Indonesian culture*, in Klokke, Marijke J. and Lunsingh Scheurleer, Pauline (ed.) Ancient Indonesian Sculpture. KITLV Press, Leiden, 1994.

Lunsingh Scheurleer and Klokke, 1988：Lunsingh Scheurleer, Pauline C. M. and Klokke, Marijke J., *Divine Bronze: Ancient Indonesian Bronzes from A.D. 600 to 1600: Catalogue of the Exhibition Organized in Collaboration with the Society of Friends of Asiatic Art Held in the Department of Asiatic Art, Rijksmuseum, Amsterdam April 30-July 31, 1988*. Brill, Leiden, 1988.

M ———

Mallar, 1980：Mallar, Ghosh, *Development of Buddhist Iconography in Eastern India: A Study of Tārā, Prajñās of Five Tathāgatas and Bhṛikuṭī*, Munshiram Manoharlal, New Delhi, 1980.

Malandra, 1993：Malandra, Geri H., *Unfolding a Maṇḍala: The Buddhist Cave Temples at Ellora*. State University of New York Press, Albany. New York, 1993.

Martin, 1972：Martin, E. Osborn, *The Gods of India: Their History, Character and Worship*. Indological Book House, Delhi, 1972.

Miksic, 1990：Miksic, John, *Borobudur: Golden Tales of the Buddhas*, London, 1990.

Misra, 1979：Misra, Ram Nath, *Yaksha Cult and Iconography*. Munshiram Manoharlal, New Delhi, 1979.

Mitra, 1978：Mitra, Debala *Bronzes from Achutrajpur, Orissa*. Agam Kala Prakashan, Delhi,

1978.

Mitra, 1981 : Mitra, Debala, *Ratnagiri, 1958-61* (*Memoirs of the Archaeological Survey of India*, No. 80, vol. I). Archaeological Survey of India, New Delhi, 1981.

Mitra, 1982 : Mitra, Debala, *Bronzes from Bangladesh: A Study of Buddhist Images from District Chittagong*. Agam, Delhi, 1982.

Mitra, 1983 : Mitra, Debala, *Ratnagiri 1958-61* (*Memoirs of the Archaeological Survey of India*, No. 80, vol. II). Archaeological Survey of India, New Delhi, 1983.

Monier-Williams (et al.), 1999 : Monier-Williams, Monier, Sir (et al.), *A Sanskrit-English Dictionary: Etymologically and Philologically Arranged with Special Reference to Cognate Indo-European languages*. Munshiram Manoharlal, New Delhi, 1999.

Moor, 1984 : Moor, Edward, *The Hindu Pantheon: A New Edition, with Additional Plates, Condensed and Annotated, by Simpson, William Overend*. Indological Book House, New York, 1984.

N ———

Nugrahani, 1998 : Nugrahani, Djaliati Sri, *Katalog Artefak Temuan Rejoso 1997*. Suaka Peninggalan Sejarah dan Purbakala Propinsi Jawa Tengah di Prambanan, Central Java, 1998.

P ———

Pal, 1975 : Pal, Pratapaditya, *Bronzes of Kashmir*. Munshiram Manohalal, New Delhi, 1975.

Pal, 1997 : Pal, Pratapaditya, *A Collecting Odyssey: Indian, Himalayan, and Southeast Asian Art from the James and Marilynn Alsdorf Collection*. Art Institute of Chicago in association with Thames and Hudson, New York, 1997.

Perret (ed.), 2014 : Perret, Daniel, *History of Padang Lawas II: Societies of Padang Lawas (mid-9th-13th CE)*. Cahiers d' Archipel, 2014.

R ———

Raffles, 1988 : Raffles, Thomas Stamford Sir, *Plates to Raffles's History of Java/with a Preface by John Bastin*. Oxford University Press, Singapore; Oxford, 1988.

Ray, 1986 : Ray, Niharranjan, *Eastern Indian Bronzes*. Lalit Kala Akademi, New Delhi, 1986.

Rijksmuseum, 1977 : Rijksmuseum, *Borobudur: kunst en religie in het oude Java: [catalogus van de tentoonstelling in het] Rijksmuseum, Amsterdam, 21 April-3 July 1977*. Rijksmuseum, Amsterdam, 1977.

S ———

Saraswati, 1977 : Saraswati, Sarasi Kumar, *Tantrayāna Art: An Album*. Asiatic Society, Calcutta, 1977.

Sarkar, 1971-72 : Sarkar, Himansu Bhusan, *Corpus of the inscriptions of Java (Corpus inscriptionum Javanicarum), up to 928 A.D*. Vol. I-III. Firma K. L. Mukhopadhyay, Calcutta, 1971-72.

Schotsmans, 1978 : Schotsmans, Janine, *Borobudur: chefs-d'œuvre du bouddhisme et de l'hin-

douisme en Indonésie: [exposition, Paris], Petit-Palais, 24 février-15 juin 1978. Association française d' action artistique, Paris, 1978.

Schoterman, 1994：Schoterman, Jan. Anthony, *A Surviving Amoghapāśa: Its Relation to the five Main Statues of Candi Jago.* in Klokke, Marijke J. and Lunsingh Scheurleer, Pauline (eds.) Ancient Indonesian Sculpture. KITLV Press, Leiden, 1994.

Schroeder, 1981：Schroeder, Ulrich von, *Indo Tibetan Bronzes.* Visual dharma publications, Ltd, Hong Kong, 1981.

Setyowati, 1989：Setyowati, Retno, *Bentuk dan hiasan genta pendeta koleksi Museum Nasional Jakarta.* [s n], Jakarta, 1989.

Shastri, 1959：Shastri, Hari Prasad, *The Rāmāyana of Valmiki*: Vol. Ⅲ, Shanti Sadan, London, 1959.

Singhal, 1985：Singhal, Sudarshana. Devi, *Candi Mendut and Mahāvirocana-sūtra*, in Bahasa Sastra Budaya. [s n.] Gadjah Mada University Press, Yogyakarta, 1985.

Smend (ed.), 2000：Smend, Rudolf G. (ed.), *Batiken von Furstenhofen und Sultanspalasten aus Java und Sumatra: Sammlung Rudolf G. Smend.* Galerie Smend, Koln, 2000.

Snellgrove, 1959：Snellgrove, David Llewellyn, *The Hevajra Tantra: A Critical Study*, 2 vols. Oxford University Press, London, 1959.

Snellgrove, 1987：Snellgrove, David Llewellyn, *Indo-Tibetan Buddhism.* Serindia Publications, London, 1987.

Soebadio-Noto and Soebadio (et al.), 1998：Soebadio-Noto Soebadio, Haryati (et al.), *Art of Indonesia.* Periplus Editions, Singapore, 1998.

Soediman, 1969：Soediman, Drs, *Chandi Mendut: Its Relationship with Pawon and Borobudur.* [s n], Yogjakarta, 1969.

Soeharsono and Sawa'oen, 1964：Soeharsono and Sawa'oen, W. S., *A Short Guide to the Sanctuary of Barabudur.* Jaker, Yogjakarta, 1964.

Soekmono, 1978：Soekmono, Roden, *Candi Borobudur: pusaka budaya umat manusia.* Dunia Pustaka Jaya, Jakarta, 1978.

Speyer, 1913：Speyer, Jacob Samuel, Ein Altjavanischer Mahāyānistscher Katechismus Zeitsxhrift der Deutschen Morgenlandischen, Gesellschaft 67, Germany, 1913.

Srinivasan, 1989：Srinivasan, Doris Meth, *Mathuā: The Cultural Heritage*, New Delhi, American Institute of Indian Studies, 1989.

Stutterheim, 1933：Stutterheim, Frederik Willem, *Is Candi Barabudur een mandala,* Jawa 13, Yogyakarta, 1933.

Stutterheim, 1937：Stutterheim, Frederik Willem, *De Oudheden-Collectie van Z. H. Mangkoenagoro VII.* Te Soerakarta, 1937.

Stutterheim, W. F. 1956：*Studies in Indonesian Archaeology.* Martinus Nijfhoff, 's Gravenhage, the, Hague, 1956.

Sumadio (et al.), 1992：Sumadio, Bambang (et al.), *Pusaka: Art of Indonesia.* Archipelago

Press in association with the National Museum of the Republic of Indonesia, Jakarta, 1992.

T ———

Tantular, Mpu and Santoso, 1975 : Tantular, Mpu and Santoso, Suwito, *Sutasoma: A Study in Javanese Wajrayana*. International Academy of Indian Culture, New Delhi, 1975.

Tantular, Mpu and Supomo, 1977 : Tantular, Mpu and Supomo, S., *Arjunawijaya: a kakawin of Mpu Tantular*. Martinus Nijhoff, 's-Gravenhage, Leiden, 1977.

Teeuw and Robson, 1981 : Teeuw, Andries and Robson, Stuart Owen, *Kuñjarakarna Dharmakahana*. Martinus Nijhoff, 's-Gravenhage, Leiden, 1981.

V ———

Valmiki and Shastri, 1959 : Valmiki and Shastri, Hari Prasad, *The Rāmāyaṇa of Valmiki*, vol. III. Translated by Hari Prasad Shastri. Shanti Sadan, London, 1959.

Van Erp, 1909 : Van Erp, T., *Hindu Monumental Art in Central Java*, in Wright, Arnold, and Oliver T. Breakspear (eds.), Twentieth Century Impressions of Netherlands India: Its history, people, commerce, industries, and resources. Lloyd's Greater Britain Publishing Company Ltd., London, 1909.

Vidya (ed.), 1964 : Vidya, P. L. (ed), *Mahāyānasūtrasaṃgraha, part 2, Darbhanga: Mithila*. Institute of Post-Graduate Studies and Research in Sanskrit Learning, Darbhanga, 1964.

W ———

Walker, 1968 : Walker, Benjamin, *Hindu World: An Encyclopedic survey of Hinduism*, vol. I. Allen & Unwin Ltd., London, 1968.

Wilkins, 1882 : Wilkins, William Joseph, *Hindu Mythology, Vedic and Purānic*. Thacker, Spink and Co., Calcutta, 1882.

With, 1922 : With, Karl, *Java: Buddhistische und Brahmanische Architektur und Plastik auf Java*. Hagen I. W, Folkwang, 1922.

Wulff, 1935 : Wulff, K., *Sang Hyang Kamahāyānan Mantrānaya*. Det. Kgl. Danske Videnskabernes Selskab., Historisk-filologiske Meddelelser, Vol. 21, pt. 4. Copenhagen: Levin & Munksgaard, 1935.

Y ———

Yamaguchi, 2016 : Yamaguchi, Shinobu, *Rites of Passage in Balinese Hinduism: A Study on Telubulanin*, indogaku Bukkyogaku Kenkyu, 印度學佛教學研究, 64-3 (148), 2016.

あとがき

　東京の古美術商でのインドネシア、鋳造大日如来像１軀との出逢いは、その後、私を様々な場所へといざない、多くの方たちとのつながりを生み、今ここに導いてくれている。大正大学で仏教学、真言学を学び、古美術商に勤務し、インドネシアの大日如来像を担当したことから当地の密教に強く興味を抱いた。そして平成11年（1999）総合研究大学院大学に入学し、再び学問の道に足を踏み入れることとなった。インドネシアや欧米の博物館・資料館の収蔵庫内でシャッターを切る日々が続いた。インドネシアにおける密教仏・法具の存在は、遠く海を隔てた日本とインドネシアの距離を縮め、当時の海洋文化の交流へも思いをはせることにつながった。

　平成16年（2004）、博士論文を提出後、インドネシアの２つの大学に非常勤講師として赴き、その地に根を張はろうとしたときに、中部ジャワ地震に遭遇。「生かされた」ことを強く感じ、新たなご縁から、平成19年（2007）に広島大学へ着任することとなり、その年、博士論文の一部を書籍として出版した。そしてこの度、改訂版発刊の運びとなった。各尊像のデータの詳細については、拙論をご高覧頂ければ有難い。

　本書を出版するに至るまで、種智院大学元学長、頼富本宏先生には、懇切丁寧なご指導、ご教示を賜り、また多くの貴重なご縁を結んでいただいた。ここに深く謝意を表し、出版を墓前に報告したい。また常にご指導と励ましを頂いた武蔵野美術大学の朴亨國教授、大正大学名誉教授の石上善應先生、北條賢三先生、真野龍海先生、斎藤昭俊先生、貴重なご助言を頂いた名古屋大学名誉教授の宮治昭先生、高野山大学の松長恵史先生、元東京外国語大学の石井和子教授、総合研究大学院大学指導教官の稲賀繁美教授、白幡洋三郎教授、早川聞多教授にお礼を申し上げたい。また、育てて頂いた大正大学、国際日本文化研究センター、真言宗豊山派、密教図像学会において、多くのご指導を賜りました諸先生に、心から深く感謝を申し上げます。そして、研究の契機を頂いた田辺勝美教授、松本伸之館長、Gallery UR の山西康太さん、渡邉紀代美さん、また眞性寺の鳥居愼譽先生、塚原海順先生、藤田美香さん、松村薫子さん、稲賀真理さん、那須真裕美さん、堀まどかさん、坂本直子さん、大正大学、総合研究大学院大学の諸先輩、後輩、

320

友人たち、ここに全てのお名前を記すことはできないが、さまざまな面でお世話になった方々に謝辞を述べたいと思います。

　拙書を著すにおいて不可欠であった資料収集には、海外の博物館の各館長・学芸員、関係者の方々に多大なご協力、ご尽力を頂いた。特にジャカルタ国立中央博物館元館長 Dra Intan Mardiana 女史、またライデン国立民族学博物館の元学芸員 Nandana Chutiwongs 女史、アムステルダム国立博物館の元学芸員 Pauline Lunsingh Scheurleer 女史、個人コレクターの J.Polak 氏には長年に亘りお世話になり、感謝に堪えない。

　本著の出版にあたり、法藏館社長の西村明高様、戸城三千代編集長、そして担当の上山靖子女史には、格別なご配慮を賜った。心より御礼を申し上げます。そして、私を支えてくれた母、家族、遠間の親類にこの拙著をささげたい。

　本書は、インドネシア宗教美術の一端を実証的に明らかにしたものであるが、未完状態にあるのは明白である。今後、研究を深め、発展させてゆくことで、私に関わってくださった、全ての方々へのご恩、学恩に報いたい。

合掌

Terima kasih yang sebesar-besarnya saya ucapkan kepada rekan-rekan sekalian di Indonesia, yang telah membantu saya dalam proses penulisan dan penerbitan buku ini. Tanpa bantuan mereka, buku ini tidak akan pernah dapat diterbitkan. Secara khusus saya ucapkan terima kasih untuk nama-nama di bawah ini: GPH. Puger dari Karaton Kasunanan; Ibu Intan Mardiana selaku kepala Museum Nasional Jakarta; Ibu Retno Sulistioningsih dan kuratornya, Ibu Ekowati Sundari; Dr. Timbul Haryono dari Universitas Gajah Mada; Bapak Jajar Nugroho, Bapak Tri Hatmadji dari Badan Pengembangan Kebudayaan dan Pariwisata Jawa Tengah; Bapak Agus Waluyo, Ibu Herni Prawastuti, Ibu Ari Setyastuti, Ibu Surayati Supangat MSi. dari Balan Pelestarian Peninggalan Purbakala; Kepala Museum Negeri Sonobudoyo Bapak Martono beserta stafnya Ibu Tri Lestari dan Bapak Susanto; Kepala Museum Radyapustaka KRH. Darmodipuro beserta stafnya Ibu Andrea Ambroatiningsih, Ibu Sumarni Wijayanti; Kepala Museum Negeri Mpu Tantular, Jawa Timur, Bapak Himawan; Kepala Museum Trowulan Mojokerto; Kepala Direktorat Museum pada Kementerian Negara untuk Budaya dan Pariwisata; Kepala Museum Ronggowarsito; Kepala Museum Trowulan; Kepala Museum Airlangga; Balai Pelestarian Cagar Budaya Jambi, Museum Balaputra Dewa dan Museum Sultan Mahmud Badaruddin II di Palembang; Bapak Dr. Agus S.Suryadimulya, Dr. I Ketut Surajaya, Ibu Nora Mokodompit, Dr. Budiman Kazuko, Dr. Susy Ong, Bapak Dady H. Oekon, Ibu Iin Srinindiarti Takemura, Ibu Lussy Ridwan Novaride, Bapak Benados Nugroho Prasatya, Ibu Astiti Yuniarti, dan YONEZAWA, Yoshiyasu Doel.

令和元年 8 月
著　者

伊藤奈保子（いとう　なおこ）

1965年　東京都生まれ。
1994年　大正大学大学院文学研究科真言学博士後期課程修了
2004年　総合研究大学院大学文化科学専攻博士後期課程修了
2004年　博士（学術）学位取得
2005年　インドネシア、パジャジャラン大学非常勤講師
2006年　インドネシア、ガジャマダ大学非常勤講師
2007年　広島大学文学研究科　准教授

著　　書：『インドネシアの宗教美術』（2007年、法藏館）

主要論文：「ジャワのVairocana仏像─小金銅仏を中心として─」
　　　　　（『仏教文化学会紀要』第6号）、「ジャワの金剛杵・金剛
　　　　　鈴について」（『密教図像』第20号）、「インドネシアの財
　　　　　宝尊の現存作例について」（『密教図像』第23号）。
　　　　　「チャンディ・ムンドゥットの三尊像についての一考
　　　　　察」（『豊山教学大会紀要』第36号）、「中部ジャワ、チャ
　　　　　ンディ・プラオサン、祠堂外の仏像群について」（『印度
　　　　　學佛教學研究』第67巻第3号）ほか。

改訂版　インドネシアの宗教美術
　　──鋳造像・法具の世界──

2019年9月21日　初版第1刷発行

著　者　伊藤奈保子

発行者　西村明高

印刷　立生株式会社
製本　新日本製本株式会社

発行所
株式会社　法　藏　館
京都市下京区正面通烏丸東入
電話　075-343-0030（編集）
　　　075-343-5656（営業）
郵便番号　600-8153
Ⓒ2019 Naoko Ito
ISBN978-4-8318-6378-2 C3015

インドネシアの密教	松長恵史著	16,000円
インド密教儀礼研究 後期インド密教の灌頂次第	桜井宗信著	19,000円
ヴァイローチャナ仏の図像学的研究	朴亨國著	35,000円
密教美術の図像学	森雅秀著	20,000円
密教空間史論	冨島義幸著	9,500円
仏教美術と歴史文化	真鍋俊照編著	9,700円
密教美術と歴史文化	真鍋俊照編著	9,700円
アジアの灌頂儀礼　その成立と伝播	森雅秀編	4,000円
アジアの仏教と神々	立川武蔵編	3,000円
大黒天変相　仏教神話学 I	彌永信美著	14,000円
観音変容譚　仏教神話学 II	彌永信美著	18,000円

法　藏　館　　　　　　　　　　価格税別